"十四五"职业教育国家规划教材

纳 税 实 务

（第五版）

乔梦虎　主编

中国教育出版传媒集团

高等教育出版社·北京

内容提要

本书是"十四五"职业教育国家规划教材,是在第四版的基础上,根据现行涉税法规,结合具体操作中办税流程和表证变化修订而成的。

本书站在企业纳税的角度,侧重纳税程序实务操作,以流程为线索,以实际操作方法为主要内容,通过多种多样的实训习题巩固学习内容,力求解决企业实际的涉税问题,主要包括企业纳税程序、具体税种的申报与核算、纳税人法律救济操作等。每个项目的"项目训练"都设有"连一连""猜一猜""看一看""练一练""议一议"等,并配有参考答案,可以通过扫描二维码查看参考答案和拓展内容。本教材由浅入深、通俗易懂,具有很强的可读性、可操作性和趣味性。

本书既可作为职业院校会计专业及相关财经、商贸类专业教学用书,也可作为企业管理人员岗位培训或继续教育教学用书。

图书在版编目(CIP)数据

纳税实务 / 乔梦虎主编 . -- 5 版 . -- 北京 : 高等教育出版社,2023.7(2024.11重印)
  ISBN 978-7-04-060430-6

Ⅰ. ①纳… Ⅱ. ①乔… Ⅲ. ①纳税 - 税收管理 - 中国 Ⅳ. ①F812.423

中国国家版本馆CIP数据核字(2023)第077826号

Nashui Shiwu

策划编辑	刘 睿	责任编辑	刘 睿	特约编辑	王 印	封面设计 李卫青
版式设计	张 杰	责任绘图	马天驰	责任校对	张慧玉 刁丽丽	责任印制 存 怡

出版发行	高等教育出版社	网　　址	http://www.hep.edu.cn
社　　址	北京市西城区德外大街 4 号		http://www.hep.com.cn
邮政编码	100120	网上订购	http://www.hepmall.com.cn
印　　刷	北京市密东印刷有限公司		http://www.hepmall.com
开　　本	889 mm×1194 mm 1/16		http://www.hepmall.cn
印　　张	17.25	版　　次	2005 年 7 月第 1 版
字　　数	340 千字		2023 年 7 月第 5 版
购书热线	010-58581118	印　　次	2024 年 11 月第 4 次印刷
咨询电话	400-810-0598	定　　价	48.40 元

本书如有缺页、倒页、脱页等质量问题,请到所购图书销售部门联系调换
版权所有　侵权必究
物 料 号　60430-00

本书配套数字化资源的获取与使用

二维码资源

　　本书配套税收图表、填表说明、纳税相关申报表模板等学习资源，可扫描书中的二维码进行查看，随时随地获取学习内容，享受立体化阅读体验。

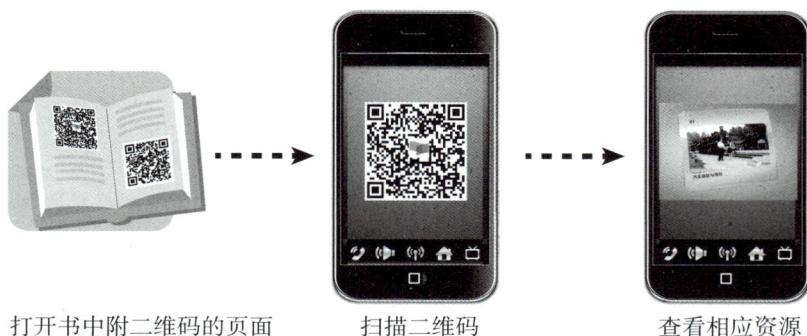

打开书中附二维码的页面　　　　扫描二维码　　　　查看相应资源

Abook 资源

　　本书配套授课教案、演示文稿、参考答案等辅教辅学资源，请登录高等教育出版社 Abook 新形态教材网（http://abook.hep.com.cn）获取相关资源。详细使用方法见本书最后一页"郑重声明"下方的"学习卡账号使用说明"。

注册　　　　　　　　**登录**　　　　　　　　**绑定课程**

Abook APP

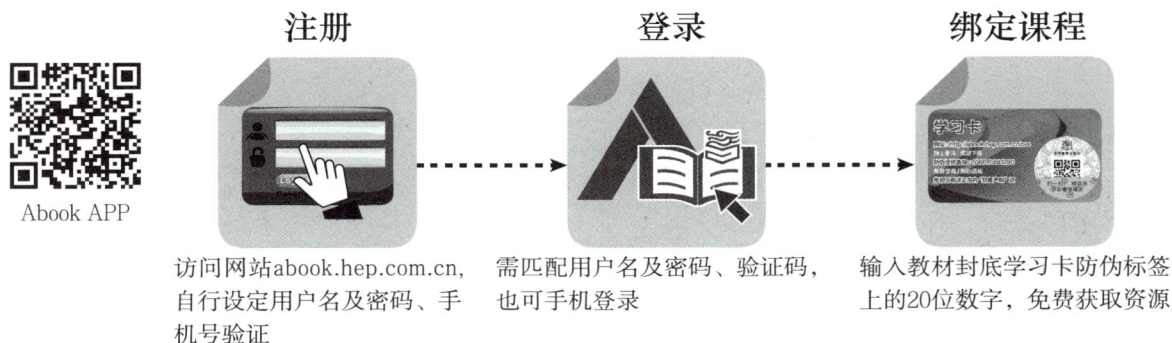

访问网站abook.hep.com.cn，自行设定用户名及密码、手机号验证　　需匹配用户名及密码、验证码，也可手机登录　　输入教材封底学习卡防伪标签上的20位数字，免费获取资源

第五版前言

本书自 2005 年出版以来受到了广大师生的欢迎。随着中国特色社会主义法制体系、社会主义法制国家建设、全面依法治国的推进，税收法治建设不断增强，我国涉税法律法规如印花税法、环境保护税法、资源税法等的颁布和实施，增值税、消费税与附加税费申报表整合，财产和行为税合并申报等税收征管方面均有一些变化，具体操作中办税流程和纳税申报方面也不同程度地发生变化，企业各项涉税业务同时也发生了很大的变化，为此，本书在第四版教材的基础上，对教材的内容和所配套的多媒体教学课件进行了更新和调整。

经过修订的第五版教材，既保留了第一至四版的"可操作性、注意培养学生的综合能力、注意培养学生的人文素养、力求和企业纳税实际情况一致"的特色，职教特色更鲜明，教学适用性更好，体现了课程思政要求，加强了数字化支持，可以通过扫描二维码的形式获取相关学习内容。

本次修订主要体现在以下方面：

1. 全书采用项目任务模式，全书共分为 7 个项目和 28 个任务。

2. 对大量的申报表格和流程图进行更新，如增值税及其税费附加、消费税及其税费附加、企业所得税、个人所得税、财产和行为税等。

3. 依据新法规更新了教材内容。更新了各项目教学建议，增加了项目引例；将纳税程序事项主要集中到项目一，将发票管理放到项目二增值税及附加税费，便于系统学习，纳税人法律救济单独作为一个项目；同时更新了相关内容如增值税及附加税费申报（包括发票操作）、消费税及附加税费申报、财产和行为税综合纳税申报等。增加了拓展学习内容，如出口退税作为项目二增值税及附加税费的拓展内容、电子税务局各税种申报操作实务、发票各环节操作要点等拓展内容，通过扫描二维码的形式呈现。

4. 针对目前绝大多数企业采用电子税务局或者网上申报并自动生成税收缴款书或者完税凭证，删减了税收缴款书填写操作的内容；为了节省篇幅，将大量表单的填报说明通过扫描二维码的形式呈现。

教学建议如下，在教材使用中可根据实际情况进行调整：

项　　目	合计课时	理论教学课时	实训操作课时	讨论课时
项目一　企业纳税程序	12	8	2	2

项　　目	合计课时	理论教学课时	实训操作课时	讨论课时
项目二　增值税及附加税费的申报与缴纳	10	5	4	1
项目三　消费税及附加税费的申报与缴纳	4	2	2	0
项目四　企业所得税的申报与缴纳	10	4	5	1
项目五　个人所得税的申报与缴纳	8	3	4	1
项目六　财产和行为税的综合纳税申报与会计核算	10	5	5	0
项目七　纳税人的法律救济	6	3	2	1
合　　计	60	30	25	6

　　本书由乔梦虎担任主编，并负责统纂定稿工作。参与编写的人员还有林磊、白鸥、谭治宇、黄翠。

　　本书在修订过程中，参阅了许多相关法规、网站、教材、著作等资料，在此表示感谢。

　　由于作者水平有限，书中难免有不妥之处，敬请读者给予批评指正。读者意见反馈信箱：zz_dzyj@pub.hep.cn

编　者

2022 年 11 月

第一版前言

《教育部关于以就业为导向深化高等职业教育改革的若干意见》（教高〔2004〕1号）明确指出："高等职业教育应以服务为宗旨，以就业为导向，走产学研结合的发展道路。职业院校要主动适应经济和社会发展需要，以就业为导向确定办学目标，找准学校在区域经济和行业发展中的位置，加大人才培养模式的改革力度，坚持培养面向生产、建设、管理、服务第一线需要的'下得去、留得住、用得上'，实践能力强，具有良好职业道德的高技能人才。"这就为职业教育指明了方向。因此，职业教育需要与实践结合得紧密的课程和教材。本书就是紧紧围绕生产、建设、管理、服务第一线的需要，在注重培养学生实践操作能力的同时，注意学生职业道德的培养。

本书具有以下特点：

1. 可操作性强。每一涉税事项，首先介绍操作流程，然后指导操作的具体方法，通过实训操作培养学生的实际操作技能。

2. 注意培养学生的综合能力。每章都有相关知识链接，以拓展学生的知识面，也是对课堂知识有机的扩充；案例分析题用来培养学生综合运用知识的能力。

3. 注意增加教学的趣味性。本书大胆尝试，将传统的谜语融入纳税实务的教材里。在猜谜语的过程中，学生可以得到快乐，同时学习一些涉税知识。

4. 内容力求和企业的纳税实际情况相一致。一方面，打破了学科的系统性，将法律责任融入各个涉税事项当中，解决实际问题。另一方面，随着税收征管改革的不断深入和完善，采用信息化、现代化的管理方式已成为趋势，远程电子申报纳税是一种先进的申报方式，但各地的发展情况很不均衡，因此，在本书附录中加入了网上申报简介，以便满足发达地区教学的需要。

本书由乔梦虎任主编，负责拟定全书的框架结构，并编写第一章（纳税人权利部分除外）、第二章、第三章、第五章、第六章和第七章，最后对本书进行统纂定稿。黄玉双负责第四章和附录的编写工作，白鸥负责第八章的编写工作，林磊负责第一章（纳税人权利部分）和第九章的编写工作。

本课程总学时为 64 学时，各章课时分配见下表（供参考）：

章　次	学　时　数				
	合计	讲授	实训	讨论	机动
第一章　企业涉税概览	4	3		1	

章 次	学 时 数				
	合计	讲授	实训	讨论	机动
第二章　税务登记实务	8	5	3	0	
第三章　纳税申报与缴税实务概述	6	4	2	0	
第四章　流转税及其相关税费申报和缴纳实务	10	5	5	0	
第五章　出口退税实务	4	3	1	0	
第六章　所得税纳税实务	12	8	4	0	
第七章　其他税种纳税实务	3	2	1	0	
第八章　账簿凭证、发票和减免税实务	8	5	2	1	
第九章　纳税人法律救济实务	6	4	2	0	
机　动	3				3
合　计	64	39	20	2	3

　　本书在编写过程中，参阅了许多近年来出版的涉税方面的教材、杂志和相关网站（如税务机关网站），高等教育出版社和北京财贸职业学院对本书的出版给予了支持和帮助，在此一并表示衷心的感谢！特别需要说明的是，教育部职业教育与成人教育司聘请北京华信诚税务师事务所有限责任公司注册税务师乔淑平和北京市财政局财政教育中心高级讲师李仲生担任主审，他们提出了大量的意见和建议，编者逐一进行了修改和完善，在此也向他们表示真挚的谢意。

　　虽然本书在编写时力求切合实际，但由于编者水平有限，仍难免有疏漏和不足之处，希望读者给予批评指正。

编　者

2005 年 4 月

目　录

项目一
企业纳税程序

A 学习目标

通过学习，能够说出纳税人应负的纳税义务与享有的权利、企业涉税的税种，能够叙述纳税的基本流程，了解企业涉税的基本内容、纳税申报和税款缴纳的方式、流程和企业的涉税风险，能够熟练操作税务登记、账簿凭证管理、纳税申报、税款缴纳等涉税事项，能够说出保障税款征收的措施及其规程。

重点与难点

纳税人应负的纳税义务与享有的权利、税务登记、税款征收的保障措施及其规程和违反涉税法规应当承担的法律责任。

教学建议

12 学时（其中小组讨论 2 学时），学生需在课前掌握纳税人、扣缴义务人的概念和相关知识，教学中采用理论联系实际的教学方法。

法律法规

《中华人民共和国宪法》《中华人民共和国税收征收管理法》及其实施细则、《国家税务总局关于纳税人权利与义务的公告》《税务登记管理办法》《会计档案管理办法》和《中华人民共和国发票管理办法》及其实施细则等。

项目引例

"网红"主播偷逃税款受处罚

2021年以来，税务机关通过运用税收大数据手段检查发现某些网络主播涉嫌通过隐匿个人收入、改变收入性质、核定征收等方式偷逃税款，相关网络主播相继受到补缴税款、加收滞纳金和罚款等处罚。这些"网红"主播所处的相关网络直播平台也受到相应处罚。在实际工作中，税务机关采用提示提醒、督促整改、约谈警示、立案稽查、公开曝光五步工作法。其中"提示提醒、督促整改、约谈警示"属于非强制性执法方式，这充分体现了税务部门推行柔性执法，打造良好营商环境的做法，让纳税人有了自行整改涉税风险的空间。

思考分析

1. "网红"主播与网络直播平台之间存在什么样的税收法律关系，他们各自有哪些纳税权利和义务，存在哪些涉税风险？

2. "网红"主播的偷逃税手段有哪些？"网红"主播偷逃税，网络直播平台与主播各自应当承担的法律后果有哪些？

3. 纳税人如何分析掌控自身的涉税风险，当接到税务机关的"提示提醒、督促整改、约谈警示"时，应如何及时整改潜在的涉税风险？

任务一 企业涉税认知

一、纳税人、扣缴义务人的义务和权利

《中华人民共和国税收征收管理法》（以下简称《税收征管法》）第一条开宗明义，指出该法旨在"加强税收征收管理，规范税收征收和缴纳行为，保障国家税收收入，保护纳税人的合法权益"。这表明纳税人和扣缴义务人（以下统称纳税人）享有的权利与其法定的义务是相对应的，纳税人一方面要按照国家税收法律法规的规定，自觉地履行纳税义务，另一方面也享有税收法律法规规定的各项权利。纳税人的各项权利是基于纳税义务而产生的，并且是保证其权利得以实现的前提条件。

（一）纳税人、扣缴义务人的义务

"没有无权利的义务，也没有无义务的权利"。纳税人的权利和义务是均衡的，依照我国宪法、税收法律和行政法规的规定，纳税人在纳税过程中负有以下义务：

1. 依法进行税务登记的义务

纳税人应当自领取营业执照之日起 30 日内，持有关证件向税务机关申报办理税务登记。税务登记主要包括领取营业执照后的设立登记，税务登记内容发生变化后的变更登记，依法申请停业、复业登记，依法终止纳税义务的注销登记等。

在各类税务登记管理中，纳税人应该根据税务机关的规定分别提交相关资料，及时办理。同时，纳税人应当按照税务机关的规定使用税务登记证件。税务登记证件不得转借、涂改、损毁、买卖或者伪造。

2. 依法设置账簿、保管账簿和有关资料以及依法开具、使用、取得和保管发票的义务

纳税人应当按照有关法律、行政法规和国务院财政、税务主管部门的规定设置账簿，根据合法、有效凭证记账，进行核算；从事生产、经营的，必须按照国务院财政、税务主管部门规定的保管期限保管账簿、记账凭证、完税凭证及其他有关资料；账簿、记账凭证、完税凭证及其他有关资料不得伪造、变造或者擅自损毁。

此外，纳税人在购销商品、提供或者接受经营服务以及从事其他经营活动中，应当依法开具、使用、取得和保管发票。

3. 财务会计制度和会计核算软件备案的义务

纳税人的财务、会计制度或者财务、会计处理办法和会计核算软件，应当报送税

务机关备案。纳税人的财务、会计制度或者财务、会计处理办法与国务院或者国务院财政、税务主管部门有关税收的规定相抵触的，应依照国务院或者国务院财政、税务主管部门有关税收的规定计算应纳税款、代扣代缴和代收代缴税款。

4. 按照规定安装、使用税控装置的义务

纳税人应当按照规定安装、使用税控装置，不得损毁或者擅自改动税控装置。如纳税人未按规定安装、使用税控装置，或者损毁或者擅自改动税控装置的，税务机关将责令纳税人限期改正，并可根据情节轻重处以规定数额内的罚款。

5. 按时、如实申报的义务

纳税人必须依照法律、行政法规规定或者税务机关依照法律、行政法规的规定确定的申报期限、申报内容如实办理纳税申报，报送纳税申报表、财务会计报表以及税务机关根据实际需要要求纳税人报送的其他纳税资料。

扣缴义务人必须依照法律、行政法规规定或者税务机关依照法律、行政法规的规定确定的申报期限、申报内容如实报送代扣代缴、代收代缴税款报告表以及税务机关根据实际需要要求扣缴义务人报送的其他有关资料。

纳税人即使在纳税期内没有应纳税款，也应当按照规定办理纳税申报。享受减税、免税待遇的，在减税、免税期间应当按照规定办理纳税申报。

6. 按时缴纳税款的义务

纳税人应当按照法律、行政法规规定或者税务机关依照法律、行政法规的规定确定的期限，缴纳或者解缴税款。

未按照规定期限缴纳税款或者未按照规定期限解缴税款的，税务机关除责令限期缴纳外，从滞纳税款之日起，按日加收滞纳税款万分之五的滞纳金。

7. 代扣、代收税款的义务

法律、行政法规规定负有代扣代缴、代收代缴税款义务的扣缴义务人，必须依照法律、行政法规的规定履行代扣、代收税款的义务。扣缴义务人依法履行代扣、代收税款义务时，纳税人不得拒绝。纳税人拒绝的，扣缴义务人应当及时报告税务机关处理。

8. 接受依法检查的义务

纳税人、扣缴义务人有接受税务机关依法进行税务检查的义务，应主动配合税务机关按法定程序进行的税务检查，如实地向税务机关反映自己的生产经营情况和执行财务制度的情况，并按有关规定提供报表和资料，不得隐瞒和弄虚作假，不能阻挠、刁难税务机关及其工作人员的检查和监督。

9. 及时提供信息的义务

纳税人除通过税务登记和纳税申报向税务机关提供与纳税有关的信息外，还应及时提供其他信息。如纳税人有歇业、经营情况变化、遭受各种灾害等特殊情况的，应及时向税务机关说明，以便税务机关依法妥善处理。

10. 报告其他涉税信息的义务

为了保障国家税收能够及时、足额征收入库，税收法律还规定了纳税人有义务向税务机关报告如下涉税信息：

（1）纳税人有义务就与关联企业之间的业务往来，向当地税务机关提供有关的价格、费用标准等资料。纳税人有欠税情形而以财产设定抵押、质押的，应当向抵押权人、质权人说明欠税情况。

（2）企业合并、分立的报告义务。纳税人有合并、分立情形的，应当向税务机关报告，并依法缴清税款。合并时未缴清税款的，应当由合并后的纳税人继续履行未履行的纳税义务；分立时未缴清税款的，分立后的纳税人对未履行的纳税义务应当承担连带责任。

（3）报告全部账号的义务。如纳税人从事生产、经营，应当按照国家有关规定，持税务登记证件在银行或者其他金融机构开立基本存款账户和其他存款账户，并自开立基本存款账户或者其他存款账户之日起15日内，向主管税务机关书面报告全部账号；相关信息发生变化的，应当自变化之日起15日内，向主管税务机关书面报告。

（4）处分大额财产报告的义务。如纳税人的欠缴税款数额在5万元以上，处分不动产或者大额资产之前，应当向税务机关报告。

（二）纳税人、扣缴义务人的权利

纳税人的权利是指纳税人在依法履行纳税义务时，由法律确认、保障与尊重的权利和利益，以及当纳税人的合法权益受到侵犯时，纳税人所应获得的救助与补偿权利。纳税人的权利主要包括以下方面：

1. 知情权

纳税人有权向税务机关了解国家税收法律、行政法规的规定以及与纳税程序有关的情况，享有被告知与自身纳税义务有关信息的权利。纳税人的知情权主要包括：现行税收法律、行政法规和税收政策规定；办理税收事项的时间、方式、步骤以及需要提交的资料；应纳税额核定及其他税务行政处理决定的法律依据、事实依据和计算方法；与税务机关在纳税、处罚和采取强制执行措施发生争议或纠纷时，纳税人可以采取的法律救济途径及需要满足的条件。

2. 保密权

纳税人有权要求税务机关对其商业秘密及个人隐私保密，包括纳税人的技术信息、经营信息和纳税人、主要投资人以及经营者不愿公开的个人事项。上述事项，如无法律、行政法规明确规定或者纳税人的许可，税务机关将不会对外部门、社会公众和其他个人提供。但根据法律规定，税收违法行为信息不属于保密范围。

3. 税收监督权

纳税人有权控告和检举税务机关、税务人员的违法违纪行为，如索贿受贿、徇私舞弊、玩忽职守，不征或者少征应征税款，滥用职权多征税款或者故意刁难纳税人等。同时，纳税人也有权检举其他纳税人的税收违法行为。

4. 纳税申报方式选择权

纳税人可以直接到办税服务厅办理纳税申报或者报送代扣代缴、代收代缴税款报告表，也可以按照规定采取邮寄、数据电文或者其他方式办理上述申报、报送事项。但采取邮寄或数据电文方式办理上述申报、报送事项的，需经主管税务机关批准。

纳税人如采取邮寄方式办理纳税申报，应当使用统一的纳税申报专用信封，并以邮政部门收据作为申报凭据。邮寄申报以寄出的邮戳日期为实际申报日期。

数据电文方式是指税务机关确定的电话语音、电子数据交换和网络传输等电子方式。纳税人如采用电文方式办理纳税申报，应当按照税务机关规定的期限和要求保存有关资料，并定期书面报送给主管税务机关。

5. 申请延期申报权

纳税人不能按期办理纳税申报或者报送代扣代缴、代收代缴税款报告表的，应当在纳税申报期限内向税务机关提出书面延期申请，经税务机关核准，可在核准的期限内办理。经核准延期办理申报、报送事项的，应当在税法规定的纳税期内按照上期实际缴纳的税额或者税务机关核定的税额预缴税款，并在核准的延期内办理税款结算。

6. 申请延期缴纳税款权

纳税人因有特殊困难，不能按期缴纳税款的，经省、自治区、直辖市税务机关批准，可以延期缴纳税款，但是最长不得超过3个月。这里所指的特殊困难主要是指：① 因不可抗力，导致纳税人发生较大损失，正常生产经营活动受到较大影响的；② 当期货币资金在扣除应付职工工资、社会保险费用后，不足以缴纳税款的。纳税人满足以上任何一个条件可以申请延期缴纳税款，税务机关应当自收到申请延期缴纳税款报告之日起20日内作出批准或者不予批准的决定；不予批准的，从缴纳税款期限届满之日起加收滞纳金。

7. 申请退还多缴税款权

纳税人超过应纳税额缴纳的税款，税务机关发现后应当立即退还；纳税人自结算缴纳税款之日起3年内发现的，可以向税务机关要求退还多缴的税款并加算银行同期存款利息，税务机关及时查实后应当立即退还；涉及从国库中退库的，依照法律、行政法规有关国库管理的规定退还。税务机关发现纳税人多缴纳税款的，应当自发现之日起10日内办理退库；纳税人发现多缴税款的，税务机关应当自接到纳税人退还申请之日起

30 日内查实并办理退库手续。

8. 依法享受税收优惠权

纳税人依法享有申请减税、免税、退税的权利，即纳税人有权根据法律、行政法规的规定向税务机关申请享受税收优惠的权利。但必须按照法定程序进行申请、审批。减税、免税期满，纳税人应当自期满次日起恢复纳税。减税、免税条件发生变化的，应当自发生变化之日起 15 日内向税务机关报告；不再符合减税、免税条件的，应当依法履行纳税义务。

纳税人享受的税收优惠需要备案的，应当按照税收法律、行政法规和有关政策规定，及时办理事前或事后备案。

9. 委托税务代理权

纳税人可以委托税务代理人代为办理以下事项：办理、变更或者注销税务登记、除增值税专用发票外的发票领购手续、纳税申报或扣缴税款报告、税款缴纳和申请退税、制作涉税文书、审查纳税情况、建账建制、办理财务、税务咨询、申请税务行政复议、提起税务行政诉讼以及国家税务总局规定的其他业务。按规定必须由纳税人自行办理的其他税务事宜，税务代理人不得办理。

10. 陈述权与申辩权

纳税人对税务机关所作出的行政处罚决定，享有陈述权、申辩权。

陈述权是指纳税人对税务机关做出的决定所享有的陈述自己意见的权利。申辩权是指纳税人对税务机关作出的决定所主张的事实、理由和依据享有申诉和解释说明的权利。

11. 对未出示税务检查证和税务检查通知书的拒绝检查权

纳税人在接受税务检查时，有权要求检查人员出示税务检查证和税务检查通知书，未出示税务检查证和税务检查通知书的，纳税人有权拒绝检查。

12. 税收法律救济权

纳税人对税务机关作出的决定，依法享有申请行政复议、提起行政诉讼、请求国家赔偿等权利。

纳税人、纳税担保人同税务机关在纳税上发生争议时，必须先依照税务机关的纳税决定缴纳或者解缴税款及滞纳金或者提供相应的担保，然后可以依法申请行政复议；对行政复议决定不服的，可以依法向人民法院起诉。如对处罚决定、强制执行措施或者税收保全措施不服的，可以依法申请行政复议，也可以依法向人民法院起诉。

当税务机关的职务违法行为给纳税人和其他税务当事人的合法权益造成侵害时，纳税人和其他税务当事人可以要求税务行政赔偿。

13. 依法要求听证的权利

纳税人有权对税务行政处罚事项告知书的内容要求举行听证。纳税人要求举行听证，税务机关应组织听证。如纳税人认为税务机关指定的听证主持人与本案有直接利害关系，有权申请主持人回避。对应当进行听证的案件，税务机关不组织听证，行政处罚决定不能成立，但纳税人放弃听证权利或者被正当取消听证权利的除外。

14. 索取有关税收凭证的权利

税务机关征收税款时，必须给纳税人开具完税凭证。扣缴义务人代扣、代收税款时，纳税人要求扣缴义务人开具代扣、代收税款凭证时，扣缴义务人应当开具。

税务机关扣押商品、货物或者其他财产时，必须开付收据；查封商品、货物或者其他财产时，必须开付清单。

二、企业涉税的税种

（一）我国现行税种情况

我国现行税制共有 18 个税种，具体税种情况如表 1-1 所示。

表 1-1　我国现行税种情况一览表

序号	税种	细分	中央税	地方税	立法情况
1	增值税	海关代征的增值税	100%		尚未完成立法
		其他增值税	50%	50%	
2	消费税		100%		尚未完成立法
3	车辆购置税		100%		完成立法
4	关税		100%		尚未完成立法
5	船舶吨税		100%		完成立法
6	城镇土地使用税			100%	尚未完成立法
7	房产税			100%	尚未完成立法
8	车船税			100%	完成立法
9	土地增值税			100%	尚未完成立法
10	耕地占用税			100%	完成立法
11	契税			100%	完成立法
12	烟叶税			100%	完成立法
13	环境保护税			100%	完成立法
14	企业所得税	中国铁路总公司、各银行总行及海洋石油企业缴纳的部分	100%		完成立法
		其他企业缴纳的部分	60%	40%	

序号	税种	细分	中央税	地方税	立法情况
15	个人所得税		60%	40%	完成立法
16	资源税	海洋石油缴纳	100%		完成立法
		非海洋石油缴纳		100%	
		水资源税	10%	90%	
17	城市维护建设税	中国铁路总公司、各银行总行、各保险公司总公司等集中缴纳的部分	100%		完成立法
		其他企业缴纳的部分		100%	
18	印花税	证券交易印花税	100%		完成立法
		其他印花税		100%	

（二）企业涉税的税种

不同的企业涉及的税种有所不同，将企业涉税的税种按照共同性和特殊性划分为：行业必须涉及的税种、行业可能涉及的税种、各行业可能共同涉及的税种等，具体税种情况见表1-2。

表1-2 企业涉税税种情况一览表

行业	行业必须涉及的税种		行业可能涉及的税种		各行业共同可能涉及的税种	各行业共同涉及的税种及征税对象
	税种	征税对象	税种	征税对象		
工业企业	增值税	销售货物、进口货物、应税劳务和应税服务	消费税	生产应税消费品	房产税、土地增值税、关税、耕地占用税、城镇土地使用税、车船税、车辆购置税、环境保护税	① 企业所得税：应纳税所得额 ② 城市维护建设税：增值税、消费税 ③ 印花税：合同和账簿 ④ 个人所得税：工薪所得、劳务报酬、稿酬、特许权使用费等代扣代缴
商业企业	增值税		消费税	卷烟批发，金银首饰零售		
服务企业	增值税		消费税	娱乐业、餐饮业自制啤酒		
房地产开发企业	增值税	销售不动产、转让土地使用权				
	土地增值税					
采矿企业	增值税	销售矿产品				
	资源税					

三、纳税程序总流程

（一）纳税程序的概念

纳税程序是税收法律法规规定的纳税人履行纳税义务的步骤以及纳税方式的总称。纳税人要正确的履行纳税义务就必须明确纳税程序。我国法定的纳税程序主要体现在

《税收征管法》及其实施细则中。

（二）纳税人履行纳税义务的基本程序

纳税人履行纳税义务的基本程序是：在取得工商营业执照（或批准成立）之后按规定的时限进行税务登记，同时进行纳税核定（亦称初始登记），建立健全账簿、凭证，包括发票的管理制度；然后从事生产、经营，购买发票、申请减免税及需要税务机关审核事宜，在规定的纳税期限内及时申报纳税，并按照规定的方式缴纳税款和对涉税业务进行核算；事后再自行进行或接受税务机关的检查；如有违反税收规定的行为，应依法承担法律责任；如果纳税人对税务机关的处罚不服可以通过行政复议或者诉讼解决；纳税人由于法定的原因纳税义务终止时办理注销税务登记，然后注销工商登记。纳税程序总流程见图1-1。

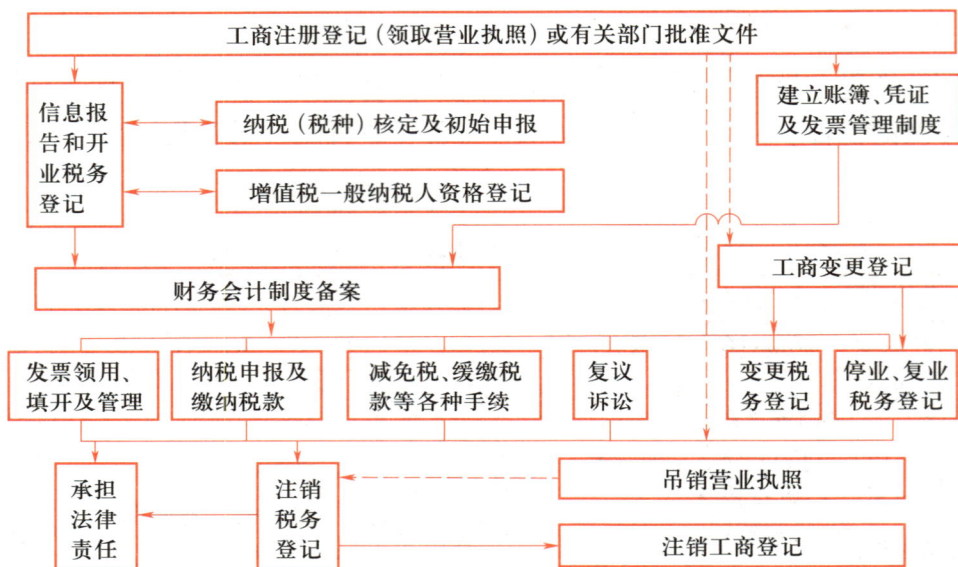

图 1-1　纳税程序总流程图

任务二　税务登记

一、税务登记

（一）税务登记的概念

税务登记又称纳税登记，是税务机关对纳税主体的资格进行认定的法定程序；是税务机关根据纳税人的申报，对纳税人的开业、变动、歇业，以及生产经营范围变化实行法定登记、审核、发放税务登记证并据此实施税务管理的一项基本制度。办理税务登记是征纳法律关系成立的依据和证明，是纳税人取得合法地位的标志，同时也是税务机关掌握纳税人的基本情况、确定征税的客观依据，因此，办理税务登记是纳税人履行纳税义务的基本环节。

通过办理税务登记，一方面可以保证税务机关掌握税源，加强税务管理，增加财政收入，明确纳税服务的对象；另一方面有助于纳税人提高纳税意识，接受税务机关的税务管理及其提供的纳税服务，正确履行纳税义务和维护自身合法权益。

（二）"三证合一、一照一码"登记制度

"三证合一"登记制度是指企业分别由工商行政管理部门核发营业执照、质量技术监督部门核发组织机构代码证、税务部门核发税务登记证，改为一次申请、由市场监管部门核发一个加载统一社会信用代码的营业执照的登记制度。

"三证合一、一照一码"登记制度改革概括起来就是"五个一"：

（1）一表申请。纳税人办理企业登记注册，只需填写一张申请表，向登记机关提交一套登记材料。

（2）一窗受理。企业登记申请表和登记材料由工商登记窗口受理，申请材料和审核信息在部门间共享。

（3）一照一码。一个企业主体只能有一个"统一代码"，一个"统一代码"只能赋予一个企业主体。

（4）一网互联。市场监管部门、税务部门等部门通过省级政务信息资源共享平台进行数据交换，推动企业基础信息和相关信用信息跨层级、跨区域、跨部门共享和有效应用。

（5）一照通用。"一照一码"执照在全国通用，各相关部门均要予以认可。

"三证合一"登记制度并不是取消税务登记，只是将此环节改为由市场监管部门统一受理，核发一个加载统一社会信用代码的营业执照，该营业执照在完成税务机关的信息补录后具备税务登记证的作用。

（三）税务登记的主管税务机关和纳税人识别号

县以上（含本级，下同）税务局（分局）是税务登记的主管税务机关，负责税务登记的设立登记、变更登记、注销登记和税务登记证验证、换证以及非正常户处理、报验登记等有关事项。

税务局（分局）执行统一纳税人识别号。纳税人识别号由省、自治区、直辖市和计划单列市税务局按照纳税人识别号代码行业标准联合编制，统一下发各地执行。已领取组织机构代码的纳税人，其纳税人识别号共15位，由纳税人登记所在地6位行政区划

码 +9 位组织机构代码组成。以业主身份证件为有效身份证明的组织，即未取得组织机构代码证书的个体工商户以及持回乡证、通行证、护照办理税务登记的纳税人，其纳税人识别号由身份证件号码 +2 位顺序码组成。纳税人识别号具有唯一性。

在通常情况下，纳税人应向其机构所在地主管税务机关申报办理税务登记。

（四）纳税人办理下列事项时，必须提供税务登记证件

（1）开立银行账户。

（2）领用发票。

纳税人办理其他税务事项时，应当出示税务登记证件，经税务机关核准相关信息后办理手续。

（五）设立税务登记和变更税务登记的办理

1. 设立税务登记

设立税务登记是指负有纳税义务的从事生产经营的纳税人依法取得纳税主体资格时办理的税务登记。

依据《国家税务总局关于落实"三证合一"登记制度改革的通知》（税总函〔2015〕482 号）、《工商总局等四部门关于实施个体工商户营业执照和税务登记证"两证整合"的意见》（工商个字〔2016〕167 号）的规定，新设立的企业、农民专业合作社和个体工商户由市场监管部门核发加载统一社会信用代码的营业执照，无需单独办理税务登记。

2. 变更税务登记

纳税人税务登记内容发生变化的，应当向原税务登记机关申报办理变更税务登记。

变更税务登记时限和所需资料：

纳税人已在市场监管部门办理变更登记的，应当自市场监管部门变更登记之日起30 日内，向原税务登记机关如实提供下列证件、资料，申报办理变更税务登记：① 工商登记变更表及工商营业执照；② 纳税人变更登记内容的有关证明文件；③ 税务机关发放的原税务登记证件（登记证正、副本和登记表等）；④ 其他有关资料。

纳税人按照规定不需要在市场监管部门办理变更登记，或者其变更登记的内容与工商登记内容无关的，应当自税务登记内容实际发生变化之日起 30 日内，或者自有关机关批准或者宣布变更之日起 30 日内，持下列证件到原税务登记机关申报办理变更税务登记：① 纳税人变更登记内容的有关证明文件；② 税务机关发放的原税务登记证件（登记证正、副本和税务登记表等）；③ 其他有关资料。

纳税人提交的有关变更登记的证件、资料齐全的，应如实填写税务登记变更表，符合规定的，税务机关应当日办理；不符合规定的，税务机关应通知其补正。

税务机关应当于受理当日办理变更税务登记。纳税人税务登记表和税务登记证中的内容都发生变更的，税务机关按变更后的内容重新发放税务登记证件；纳税人税务登记表的内容发生变更而税务登记证中的内容未发生变更的，税务机关不重新发放税务登记证件。

二、企业开办涉税事项的操作

（一）企业开办涉税事项流程（见图1-2）

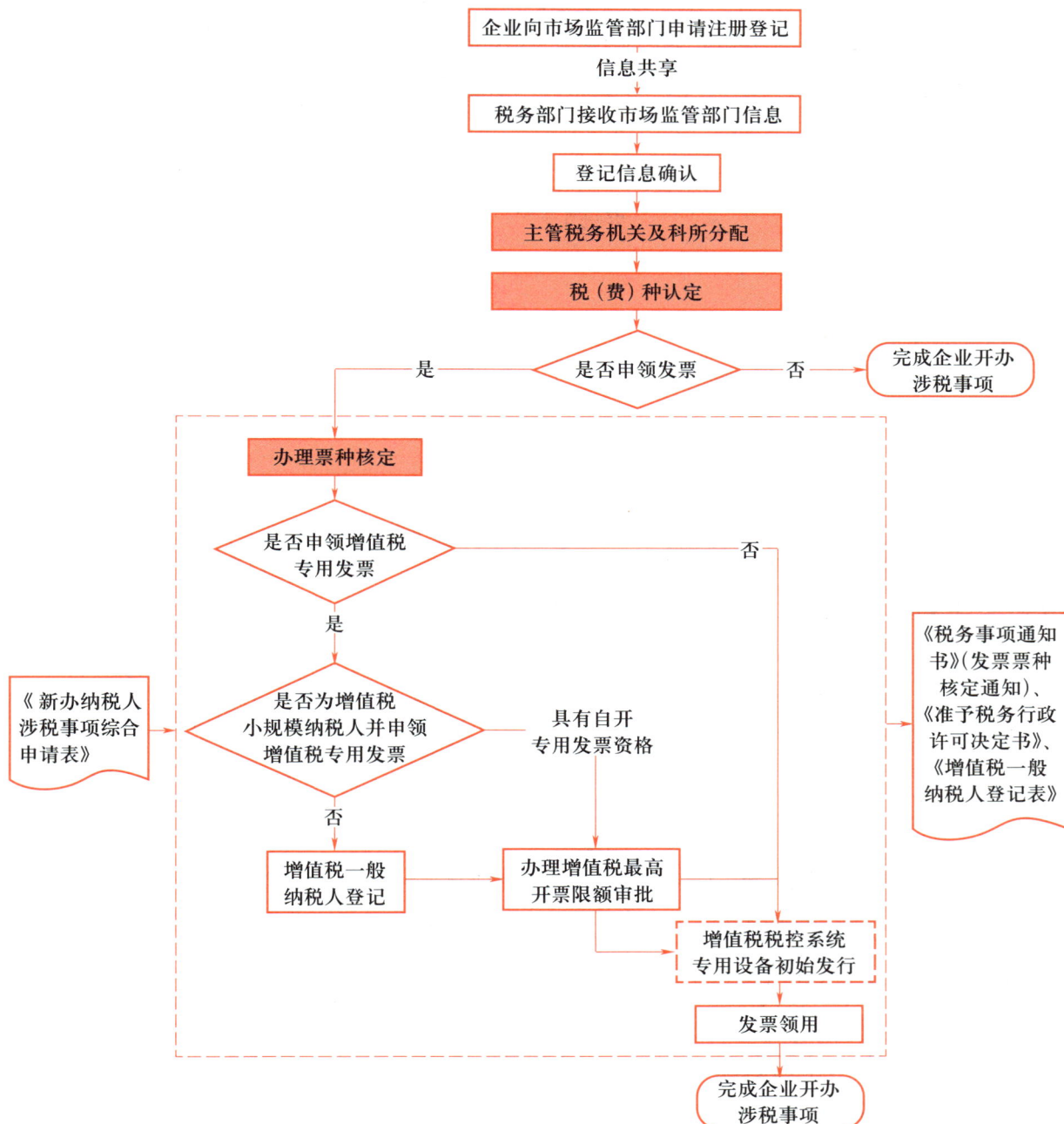

图1-2　企业开办涉税事项办理参考流程图

（二）《新办纳税人涉税事项综合申请表》（见表1-3）

表1-3 新办纳税人涉税事项综合申请表

<table>
<tr><td rowspan="3">基本信息</td><td>纳税人名称</td><td></td><td>统一社会信用代码</td><td></td></tr>
<tr><td>经办人</td><td></td><td>身份证件类型</td><td></td></tr>
<tr><td>证件号码</td><td></td><td>联系电话</td><td></td></tr>
<tr><td rowspan="5">增值税一般纳税人资格登记</td><td colspan="4">是否登记为增值税一般纳税人：是□；否□（无需填写以下一般纳税人资格登记信息）</td></tr>
<tr><td>纳税人类别：</td><td colspan="3">企业□　个体工商户□　农民合作社□　其他□
（请选择一个项目并在□内打"√"）</td></tr>
<tr><td>主营业务类别：</td><td colspan="3">工业□　商业□　服务业□　其他□
（请选择一个项目并在□内打"√"）</td></tr>
<tr><td>会计核算健全：</td><td colspan="3">是□（请选择一个项目并在□内打"√"）</td></tr>
<tr><td>一般纳税人资格生效之日：</td><td colspan="3">当月1日□　次月1日□
（请选择一个项目并在□内打"√"）</td></tr>
<tr><td rowspan="7">首次办税申领发票</td><td>发票种类名称</td><td>单份发票最高开票限额</td><td>每月最高领票数量</td><td>领票方式</td></tr>
<tr><td></td><td></td><td></td><td></td></tr>
<tr><td></td><td></td><td></td><td></td></tr>
<tr><td>领票人</td><td>联系电话</td><td>身份证件类型</td><td>身份证件号码</td></tr>
<tr><td></td><td></td><td></td><td></td></tr>
<tr><td>税务行政许可申请事项：</td><td colspan="3">增值税专用发票（增值税税控系统）最高开票限额审批</td></tr>
<tr><td>增值税专用发票（增值税税控系统）最高开票限额申请</td><td colspan="3">一千元□　一万元□　十万元□
（请选择一个项目并在□内打"√"）</td></tr>
<tr><td colspan="5">纳税人声明：能够提供准确税务资料，上述各项内容真实、可靠、完整。如有虚假，愿意承担相关法律责任。

　　　　　　经办人：　　　　代理人：　　　　纳税人（印章）：
　　　　　　　　　　　　　　　　　　　　　　　年　　月　　日</td></tr>
</table>

表1-3填表说明

（三）基础信息报告的操作

在目前情况下，税务登记事项和信息报告紧密联系在一起，税务登记事项是在信息报告基础上加载税务登记信息。

信息报告包括基础信息报告、制度信息报告、跨区域涉税事项、资格信息报告、特殊事项报告等。下面仅介绍基础信息报告事项操作。

1."一照一码"户信息确认

已实行"多证合一、一照一码"登记模式的纳税人，首次办理涉税事宜时，对市场监管等部门共享信息进行确认。

此事项无需提供材料，可通过办税服务厅（场所）、电子税务局办理。不收费，为即时办结事项。

纳税人须注意：

（1）纳税人使用符合《中华人民共和国电子签名法》（以下简称《电子签名法》）规定条件的电子签名，与手写签名或者盖章具有同等法律效力。

（2）纳税人应按照税收法律、行政法规规定和税务机关确定的申报期限、申报内容按期进行相关税种的纳税申报。

（3）纳税人可通过与税务机关、开户银行签订银税三方（委托）划缴协议，开通委托划缴税款业务，实现税款的快速划缴、高效对账和跟踪查询。

（4）纳税人适用《国家税务总局关于进一步简化企业开办涉税事项办理程序压缩办理时间的通知》（税总发〔2019〕126号）的，实行一套资料、一次提交、一次采集、一次办结。

① 纳税人新办企业时根据自身不同情况依申请办理的涉税事项包括：信息确认、发票票种核定、增值税一般纳税人登记、增值税专用发票最高开票限额审批、增值税税控系统专用设备初始发行（含税务 UKey 发放）、发票领用 6 个事项；② 对开办首次申领发票涉及相关事项，纳税人可通过一次填报和确认《新办纳税人涉税事项综合申请表》办理；③ 企业现场办理开办涉税事项，若暂时无法提供企业印章，符合以下条件的，税务机关予以容缺办理：由其法定代表人办理时，已实名采集认证并承诺后续补齐的；由办税人员办理时，办税人员已实名采集认证，经法定代表人线上实名采集认证、授予办税人员办税权限的，或者提供法定代表人授权委托书的。企业 30 日内未补充提供印章的，税务机关将其行为纳入信用记录，对其实施风险管理并严格办理发票领用；④ 纳税人采用新办纳税人"套餐式"服务的，可在"套餐式"服务内一并办理财务会计制度及核算软件备案报告、存款账户账号报告、银税三方（委托）划缴协议等后续事项。

（5）新设立的企业、农民专业合作社完成"一照一码"户信息确认后，其加载统一社会信用代码的营业执照可代替税务登记证使用，不再另行发放税务登记证件。

税务部门与民政部门之间能够建立省级统一的信用信息共享交换平台、政务信息平台、部门间数据接口并实现登记信息实时传递的，已取得统一社会信用代码的社会组织纳税人（社会团体、基金会、民办非企业单位）完成"一照一码"户信息确认后，税务机关对标注统一社会信用代码的社会组织法人登记证赋予税务登记证的全部功能，不再另行发放税务登记证件。

2. 个体工商户信息确认

个体工商户首次办理涉税事宜时，对税务机关依据外部信息交换系统获取的登记表单信息及其他税务管理信息进行确认。

此事项无需提供材料，可通过办税服务厅（场所）、电子税务局办理。不收费，为即时办结事项。

3."一照一码"户信息变更

"一照一码"户市场监管等部门登记信息发生变更的，向市场监管等部门申报办理变更登记。税务机关接收市场监管等部门变更信息，经纳税人确认后更新系统内的对应信息。

"一照一码"户生产经营地、财务负责人等非市场监管等部门登记信息发生变化时，向主管税务机关申报办理变更。

办理此事项所需材料：经办人身份证件原件，查验后退回；属于非市场监管等部门登记信息发生变化的，还需提供变更信息的有关材料复印件一份。

此事项可通过办税服务厅（场所）、电子税务局办理。不收费，为即时办结事项。

纳税人须注意：

（1）纳税人对报送材料的真实性和合法性承担责任。

（2）纳税人使用符合《电子签名法》规定条件的电子签名，与手写签名或者盖章具有同等法律效力。

（3）纳税人提供的各项资料为复印件的，均需注明"与原件一致"并签章。

（4）被调查企业在税务机关实施特别纳税调查调整期间，申请变更经营地址的，税务机关在调查结案前原则上不予办理变更手续。

此事项无需提供材料，可通过办税服务厅（场所）、电子税务局办理。不收费，为即时办结事项。

4."两证整合"个体工商户信息变更

"两证整合"个体工商户信息发生变化的，应向市场监管部门申报信息变更，税务机关接收市场监管部门变更信息，经纳税人确认后更新系统内的对应信息；经纳税人申请，也可由税务机关发起变更。其中，纳税人名称、纳税人识别号、业主姓名、经营范围不能由税务机关发起。

此事项可通过办税服务厅（场所）、电子税务局办理。不收费，为即时办结事项。

5. 纳税人（扣缴义务人）身份信息报告

不适用"一照一码""两证整合"的纳税人，满足以下情形的纳税人应办理纳税人（扣缴义务人）身份信息报告：

（1）取得统一社会信用代码，但批准部门为除市场监管部门之外其他有关部门批准设立的（如社会团体，律师事务所等）。

（2）因经营地址变更等原因，注销后恢复开业的。

（3）有独立的生产经营权、在财务上独立核算并定期向发包人或者出租人上交承包费或租金的承包承租人。

（4）在中华人民共和国境内承包建筑、安装、装配、勘探工程和提供劳务的境外企业。

（5）从事生产、经营的纳税人，应经有关部门批准设立但未经有关部门批准的。

（6）非境内注册居民企业收到居民身份认定书的。

（7）根据税收法律、行政法规的规定负有扣缴税款义务的扣缴义务人，应当办理扣缴税款登记的。

上述纳税人（扣缴义务人）身份信息发生变化的也通过本事项办理。

办理此事项所需的资料：《纳税人（扣缴义务人）基础信息报告表》（见表1-4）2份；法定代表人（负责人、业主）身份证件原件，查验后退回；属于纳税人（扣缴义务人）身份信息发生变更，还需提供变更信息的有关资料或证明材料复印件1份。

表1-4填表说明

表 1-4　纳税人（扣缴义务人）基础信息报告表

新增□　　变更□

办理类型	□单位纳税人登记　□个体经营登记　□临时税务登记　□扣缴税款登记					
纳税人/扣缴义务人名称			统一社会信用代码（纳税人识别号）			
登记注册类型			临时税务登记类型（在右侧栏勾选）	□ 未办理营业执照未经有关部门批准设立 □ 承包租赁经营 □ 境外企业在中国境内承包工程或劳务 □ 异地非正常户 □ 非境内注册居民企业		
国标行业		注册地址		经营地址		
项目	姓名	身份证件名称	证件号码	固定电话	移动电话	电子邮箱
法定代表人（负责人、业主）						
财务负责人						
代扣代缴代收代缴税款业务情况	代扣代缴、代收代缴税款业务内容			代扣代缴、代收代缴税种		
以下内容请分别填写						
以下内容由扣缴税款登记纳税人如实填写						

开户银行		账 号		是否是缴税账号

以下内容由单位纳税人登记、临时税务登记纳税人如实填写

自然人投资比例		外资投资比例		国有投资比例	
核算方式	□独立核算 □非独立核算				
注册资本或投资总额	币种	金额	币种	金额	币种	金额

注册资本						
投资总额						

以下内容由单位纳税人登记、临时税务登记和个体经营登记纳税人如实填写：

批准设立机关		批准设立证明或文件号	
证照名称		证照号码	
注册地联系电话		经营地联系电话	
开业（设立）日期			
经营范围			

分支机构名称	分支机构纳税人识别号	分支机构注册地址

投资方（合伙人）名称	投资方经济性质	投资金额	投资比例	证件类型	证件号码	国籍或地址	投资期限	个人合伙人分配比例

总机构纳税人识别号		总机构名称	
总机构法定代表人（业主）姓名		总机构联系电话	
总机构注册地址		总机构经营范围	

受理税务机关：　　　　　　　　　　　　　　　经办人：

受理人：　　　　　　　　　　　　　　　　　　纳税人（签章）

受理日期：　　年　　月　　日　　　　　　　报告日期：　　年　　月　　日

此事项可通过办税服务厅（场所）、电子税务局办理。不收费，为即时办结事项。

纳税人、扣缴义务人须注意：

（1）纳税人、扣缴义务人对报送材料的真实性和合法性承担责任。

（2）文书表单可在省（自治区、直辖市和计划单列市）税务局网站"下载中心"栏目查询下载或到办税服务厅领取。

（3）纳税人、扣缴义务人提供的各项资料为复印件的，均需注明"与原件一致"并签章。

（4）履行个人所得税代扣代缴义务的，以支付所得的单位或者个人为扣缴义务人。

中华人民共和国境外的单位或者个人在境内销售劳务，在境内未设有经营机构的，以其境内代理人为扣缴义务人；在境内没有代理人的，以购买方为扣缴义务人。

中华人民共和国境外单位或个人在境内发生应税行为，在境内未设有经营机构的，以购买方为增值税扣缴义务人。财政部和国家税务总局另有规定的除外。

非居民企业在我国境内未设立机构、场所的，或者虽设立机构、场所但取得的所得与其所设机构、场所没有实际联系的，应当就其来源于我国境内的所得缴纳企业所得税，应缴纳的所得税实行源泉扣缴，以支付人为扣缴义务人。

对非居民企业在我国境内取得工程作业和劳务所得应缴纳的所得税，税务机关可以指定工程价款或者劳务费的支付人为扣缴义务人。

中华人民共和国境外的广告媒介单位和户外广告经营单位在境内提供广告服务，在境内未设有经营机构的，以广告服务接受方为文化事业建设费的扣缴义务人。

（5）扣缴义务人与非居民企业首次签订与其取得来源于中华人民共和国境内的股息、红利等权益性投资收益和利息、租金、特许权使用费所得、转让财产所得以及其他所得有关的业务合同或协议的，扣缴义务人应当自合同签订之日起30日内，向税务机关办理"纳税人（扣缴义务人）身份信息报告"。

（6）境外注册中资控股居民企业应当在我国境内主要投资者登记注册地税务机关办理"纳税人（扣缴义务人）身份信息报告"。

（7）境外注册中资控股居民企业应自收到居民身份认定书之日30日内向其主管税务机关办理"纳税人（扣缴义务人）身份信息报告"。

有独立的生产经营权、在财务上独立核算并定期向发包人或者出租人上交承包费或租金的承包承租人，应当自承包承租合同签订之日起30日内，向承包承租业务发生地税务机关办理"纳税人（扣缴义务人）身份信息报告"。

境外企业在我国境内承包建筑、安装、装配、勘探工程和提供劳务的，应当自项目合同或协议签订之日起30日内向项目所在地税务机关办理"纳税人（扣缴义务人）身份信息报告"。

从事生产、经营的纳税人，应经有关部门批准设立但未经有关部门批准的，应当自纳税义务发生之日起 30 日内向生产、经营所在地税务机关办理"纳税人（扣缴义务人）身份信息报告"。

（8）纳税人（扣缴义务人）应按照税收法律、行政法规规定和税务机关确定的申报期限、申报内容按期进行相关税种的纳税申报。

6. 自然人自主报告身份信息

以自然人名义纳税的我国公民、华侨、外籍人员和港、澳、台地区人员，可以由本人自主向税务机关报告身份信息。

办理此事项所需的资料：《个人所得税基础信息表（B 表）》（见表 5-2）2 份；自然人身份证件原件，查验后退回；

有以下情形的，还应提供相应材料：符合享受个人所得税专项附加扣除条件，且所属年度未报送扣除信息或扣除信息变化，应提供《个人所得税专项附加扣除信息表》（见表 5-3）1 份；任职、受雇的外籍人员应提供任职证书或者任职证明复印件 1 份；履约的外籍人员应提供从事劳务或服务的合同、协议复印件 1 份。

此事项可通过办税服务厅（场所）、电子税务局办理。不收费，为即时办结事项。

纳税人须注意：

（1）纳税人对报送材料的真实性和合法性承担责任。

（2）文书表单可在省（自治区、直辖市和计划单列市）税务局网站"下载中心"栏目查询下载或到办税服务厅领取。

（3）税务机关提供"最多跑一次"服务。纳税人在资料完整且符合法定受理条件的前提下，到税务机关"一次办结"。

（4）纳税人使用符合《电子签名法》规定条件的电子签名，与手写签名或者盖章具有同等法律效力。

（5）纳税人提供的各项资料为复印件的，均需注明"与原件一致"并签章。

（6）纳税人有中国公民身份号码的，首次报送信息并完成实名身份信息验证，以中国公民身份号码为纳税人识别号；没有中国公民身份号码的，首次报送信息并完成实名身份信息验证，由税务机关赋予纳税人识别号。

（7）自然人可凭报送身份信息时提供的身份证件，向税务机关提出申请查询、打印纳税人识别号。

（8）享受婴幼儿照护、子女教育、继续教育、住房贷款利息或者住房租金、赡养老人、大病医疗专项附加扣除的纳税人，应向税务机关报送《个人所得税专项附加扣除信息表》。

（9）纳税人应及时进行身份信息报告或变更，未及时报告或变更将会影响个人所得税申报、中国居民纳税人身份确定和享受税收协定待遇等事项的办理。

7. 扣缴义务人报告自然人身份信息

扣缴义务人首次向自然人纳税人支付所得，应于次月扣缴申报时，向税务机关报告自然人纳税人提供的身份信息。

被投资单位发生个人股东变动或者个人股东所持股权变动的，在次月 15 日内向主管税务机关报送股东变动信息及股东变更情况说明。

办理此事项所需的材料：

（1）首次向自然人纳税人支付所得的扣缴义务人：

《个人所得税基础信息表（A 表）》（见表 5-1）2 份；纳税人向扣缴义务人提供有关信息并依法要求办理专项附加扣除的还需提供《个人所得税专项附加扣除信息表》1 份。

（2）发生个人股东变动或者个人股东所持股权变动的被投资单位：

《个人所得税基础信息表（A 表）》2 份；股东变更情况说明 1 份；股东及其股权变化情况、股权交易前原账面记载的盈余积累数额、转增股本数额及扣缴税款情况报告1 份。

此事项可通过办税服务厅（场所）、电子税务局办理。不收费，为即时办结事项。

纳税人、扣缴义务人须注意：

（1）文书表单可在省（自治区、直辖市和计划单列市）税务局网站"下载中心"栏目查询下载或到办税服务厅领取。

（2）扣缴义务人使用符合《电子签名法》规定条件的电子签名，与手写签名或者盖章具有同等法律效力。

（3）扣缴义务人提供的各项资料为复印件的，均需注明"与原件一致"并签章。

（4）纳税人选择在扣缴义务人发放工资、薪金所得时享受专项附加扣除的，首次享受时，应当填写并向扣缴义务人报送《个人所得税专项附加扣除信息表》。

（5）纳税人基础身份信息、专项附加扣除信息等内容发生变化的，应及时报送给扣缴义务人，扣缴义务人应当于次月扣缴申报时向税务机关报告。

（6）由扣缴义务人报告信息的，扣缴义务人应当按照纳税人提供的信息计算税款、办理扣缴申报，不得擅自更改纳税人提供的信息。纳税人发现扣缴义务人提供或者扣缴申报的个人信息、支付所得、扣缴税款等信息与实际情况不符的，有权要求扣缴义务人修改。扣缴义务人拒绝修改的，纳税人应当报告税务机关。

（7）扣缴义务人发现纳税人提供的信息与实际情况不符的，可以要求自然人纳税人修改。自然人纳税人拒绝修改的，扣缴义务人应当报告税务机关。

8. 解除相关人员关联关系

主张身份证件被冒用于登记注册为法定代表人，根据登记机关登记信息的变化情况，更改该法定代表人与纳税人的关联关系。

主张身份证件被冒用于登记为财务负责人和其他办税人员，根据其出具的个人声明、公安机关接报案回执等相关资料，解除其与纳税人的关联关系。

主张本人身份信息被其他单位或个人违法使用办理虚假纳税申报的自然人纳税人，可向税务机关进行检举。

办理此事项所需材料：

个人声明1份；如属于财务负责人和其他办税人员离职后，原任职单位未及时报告税务机关维护情形的，还需提供离职证明1份；如属于已向公安机关报案情形的，须提供公安机关接报案回执复印件1份。

主张人可通过办税服务厅（场所）、自然人电子税务局办理，自然人纳税人反映本人身份信息被其他单位或个人违法使用虚假纳税申报的，还可以通过自然人税收管理系统（Web端、APP端）办理。主张身份证件被冒用于登记为法定代表人、财务负责人和其他办税人员的，即时办结。自然人纳税人反映本人身份信息被其他单位或个人违法使用虚假纳税申报的，30个工作日内办结，特殊情形需要延长办理时间的，最多延长30个工作日。

主张人须注意：

（1）主张人对报送材料的真实性和合法性承担责任。

（2）文书表单可在省（自治区、直辖市和计划单列市）税务局网站"下载中心"栏目查询下载或到办税服务厅领取。

（3）主张人提供的各项资料为复印件的，均须注明"与原件一致"并签章。

9. 税务证件增补发

纳税人、扣缴义务人发生遗失、损毁税务登记证件的情况，应向税务机关申报办理税务证件增补发事项。

办理此事项所需材料：

《税务证件增补发报告表》1份。如属于税务证件损毁的，还应提供损毁的税务证件1份。

《税务证件增补发报告表》如表1-5所示。

表1-5 填表说明

表 1-5 税务证件增补发报告表

纳税人名称		纳税人识别号/统一社会信用代码	
增补发税务证件名称			
增补发税务证件原因			
经办人： 　　年　　月　　日		纳税人（签章） 　　年　　月　　日	

此事项可通过办税服务厅（场所）、电子税务局办理。不收费，为即时办结事项。

纳税人、扣缴义务人须注意：

（1）纳税人、扣缴义务人对报送材料的真实性和合法性承担责任。

（2）文书表单可在省（自治区、直辖市和计划单列市）税务局网站"下载中心"栏目查询下载或到办税服务厅领取。

（3）纳税人、扣缴义务人使用符合《电子签名法》规定条件的电子签名，与手写签名或者盖章具有同等法律效力。

（4）税务登记证件包括但不限于税务登记证（正、副本）、临时税务登记证（正、副本）、扣缴税款登记证件等，其他税务证件包括但不限于发票领用簿等。

任务三　账簿凭证管理

为了保证纳税人真实记录其经营活动，客观反映有关纳税的信息资料，防止纳税人伪造、变造、隐匿、擅自销毁账簿和记账凭证，《税收征管法》及其实施细则对账簿、凭证的管理做了明确、严格的规定。

一、账簿与凭证的概念和分类

（一）账簿的概念和分类

账簿是纳税人用来连续地登记和反映其各种经济业务的账册或簿籍，是编制报表的依据，也是保存会计数据资料的工具和载体。

按照作用不同，账簿可划分为总账、明细账、日记账和其他辅助性账簿。

通过设置账簿和日常经营过程中的账簿登记工作，企业可以把经济活动所涉及的各种数据资料进行全面且分类的记录，这对于企业自身经济核算和税务机关的税收征管都具有重要作用。

（二）凭证的概念和分类

凭证是纳税人用来记录经济业务，明确经济责任，并据以登记账簿的书面证明。按照填制的程序和用途，凭证分为原始凭证和记账凭证两类。

原始凭证又称为单据，是经济业务发生时所取得或填制的凭证，具体包括外来原始凭证和自制原始凭证。

记账凭证由会计人员根据审核无误的原始凭证，将其内容应用会计科目和复式记账方法，加以归类整理，并据以确定会计分录后所填制的会计凭证。记账凭证按照其反映的经济业务的内容一般分为三类：收款凭证、付款凭证和转账凭证。

二、设置账簿的范围及时间

纳税人和扣缴义务人必须按照有关法律、行政法规和国务院财政、税务主管部门的规定来设置账簿。其中，总账和日记账应当采用订本式账簿。

纳税人应当自领取营业执照或发生纳税义务之日起 15 日内设置账簿；扣缴义务人应当自扣缴义务发生之日起 10 日内，按代扣、代收的税种分别设置代扣代缴、代收代缴税款账簿。

对于生产、经营规模小又确无建账能力的纳税人，可以聘请经批准从事会计代理记账业务的专业机构或经税务机关认可的财会人员代为建账和办理业务。如聘请上述机构或者人员仍有实际困难的，经县以上税务机关批准，可以按照税务机关的规定，建立收支凭证粘贴簿、进货销货登记簿或者使用税控装置。

三、对会计核算的要求

纳税人和扣缴义务人必须根据合法、有效的凭证进行账务处理。

如果纳税人、扣缴义务人会计制度不健全，不能通过计算机正确、完整计算其收入和所得或者代扣代缴、代收代缴税款情况的，则应当建立总账及与纳税或者代扣代缴、代收代缴税款有关的其他账簿。

如果纳税人、扣缴义务人会计制度健全，能够通过计算机正确、完整计算其收入和所得或者代扣代缴、代收代缴税款情况的，其计算机输出的完整的书面会计记录，可视同会计账簿。

纳税人建立的会计电算化系统应当符合国家有关规定，并能正确、完整核算其收入或所得，并且在使用前，应将会计电算化系统的会计核算软件、使用说明书及有关资料报送主管税务机关备案。

账簿、会计凭证及财务报表，应当使用中文。民族自治地方可以同时使用当地通用的一种民族文字。对于外商投资企业和外国企业，可以同时使用一种外国文字。

四、原始凭证的管理

原始凭证必须包括以下内容：凭证名称，填制日期，凭证编号，填制和接受凭证的单位名称，经济业务的基本内容和金额，填制单位和有关人员。

原始凭证的管理要求：原始凭证必须合法、完整；内容和数字真实、可靠；逐项填写，不得遗漏，必须有经办部门和人员的签名、盖章；文字简要，字迹清楚；大小写金额符合规定，必须有大写金额，不得只填小写金额；凭证要连续编号，以便查考；不得随意涂改、刮擦、挖补，填写错误应加盖"作废"戳记，重新填写。

各种重要的原始凭证，如合同、押金收据、提货单等，应另编目录单独保管。

五、记账凭证的管理

记账凭证必须包括以下内容：填制单位的名称，记账凭证的名称、编号，填制日期，经济业务的内容摘要，涉及的会计科目（包括一级科目、二级科目和明细科目的名称和金额）及其记账方向，所附原始凭证的张数，制证、审核、记账等相关人员的签名或盖章。

记账凭证的管理要求，除遵循原始凭证管理要求以外，要特别注意以下几点："摘要"栏的文字应简要概括出经济活动的要点；不同类型的经济业务不能合并填制在一张凭证上；要按会计制度规定的会计科目名称填写；所附原始凭证的张数必须注明。

会计部门在记账之后，应当定期对凭证加以整理，装订成册，加贴封面。

六、报备案制度

从事生产、经营的纳税人采用的财务、会计制度或者财务、会计处理办法和会计核算软件，自领取税务登记证件之日起 15 日内，及时报送主管税务机关备案。财务会计制度及核算软件备案报告书如表 1-6 所示。

表 1-6 填报说明

表 1-6　财务会计制度及核算软件备案报告书

纳税人名称		纳税人识别号	
资　料	名　称		备　注
1. 财务、会计制度			
2. 低值易耗品摊销方法			
3. 折旧方法			
4. 成本核算方法			
5. 会计核算软件			
6. 会计报表			
纳税人： 经办人：　　负责人：　　纳税人（签章） 报告日期：　　年　月　日		税务机关： 经办人：　　负责人：　　税务机关（签章） 受理日期：　　年　月　日	

七、依照税收规定计算缴纳税款

当纳税人和扣缴义务人所使用的财务、会计制度或者具体的财务、会计处理办法与国务院或者国务院财政、税务主管部门有关税收方面的规定相抵触时，依照国务院或者国务院财政、税务主管部门有关税收的规定计算应纳税款、代扣代缴和代收代缴税款。

八、账簿凭证的保管

纳税人、扣缴义务人必须按照国务院财政、税务主管部门规定的保管期限保管账簿、记账凭证、完税凭证及其他有关资料。账簿、记账凭证、报表、完税凭证、发票、出口凭证及其他有关涉税资料不得伪造、变造或者擅自损毁。

账簿、记账凭证、报表、完税凭证、发票、出口凭证以及其他有关涉税资料的保管期限，除另有规定者外，应当保存 30 年。

任务四　纳税申报、税款缴纳与减免税

一、纳税申报

纳税申报是纳税人按照税法规定，向税务机关提交有关纳税事项书面报告的法律行为，是纳税人履行纳税义务承担法律责任的主要依据，是税务机关税收管理信息的主要来源和税务管理的一项重要制度。

（一）纳税申报的对象

纳税人、扣缴义务人除按规定不需要申报的以外，都必须在纳税期限内或扣缴税款期内，无论有无应税收入、所得以及其他应税项目，或有无代扣、代收税款，都应按规定的申报期限，向主管税务机关报送纳税申报表、财务会计报表或报送代扣代缴、代收代缴税款报告表，以及税务机关要求纳税人、扣缴义务人报送的其他纳税资料。临时取得应税收入或发生应税行为的纳税人，在发生纳税义务之后，应向经营地税务机关办理纳税申报和缴纳税款。

纳税人享受减税、免税待遇的，在减税、免税期间应当按规定办理纳税申报。因特殊情况不能按期申报的，需要向税务机关申请延期申报。

（二）纳税申报的内容

纳税人办理纳税申报时，应当如实填写纳税申报表。纳税申报表，是纳税人根据税收法律、行政法规的规定，计算应纳税款、代扣代收税款以及缴纳或扣缴税款的主要凭证，同时，也是税务机关填开完税凭证、征收税款的重要依据。申报是否及时、真实，直接影响税款征收的及时性和准确性。纳税申报表或代扣代缴、代收代缴报告的主要内容包括：税种、税目、应纳税项目或代扣代缴、代收代缴税款项目、适用税率或单位税额、计税依据、扣除项目及标准、应纳税额或代扣代缴、代收代缴税额、税款所属期限等。

纳税申报只反映与计算税额直接联系的主要项目，不能反映企业在一定时期内生产经营的全貌，为了便于税务机关对纳税人的纳税申报表进行审核，保证申报的正确性，要求纳税人根据实际情况同时报送：① 财务会计报表及其说明材料；② 与应纳税有关的合同、协议书及凭证；③ 税控装置的电子报税资料；④ 外出经营活动税收管理证明

和异地完税证明；⑤ 境内或者境外公证机构出具的有关证明文件；⑥ 税务机关规定应报送的其他有关证件及资料。扣缴义务人办理代扣或代收代缴税款报告时，应当如实填写代扣代缴、代收代缴税款报告表，并报送代扣或代收代缴税款的合法凭证及税务机关规定的其他证件资料。

（三）纳税申报的方式

纳税申报方式是指纳税人和扣缴义务人在发生纳税义务和代扣代缴、代收代缴义务后，在其申报期限内，依照税收法律、行政法规的规定到指定税务机关进行申报纳税的形式。具体包括：

1. 直接申报（上门申报）

直接申报即纳税人和扣缴义务人自行到税务机关报送纳税申报表、代扣代缴、代收代缴税款报告表，办理纳税申报手续。

2. 邮寄申报

邮寄申报即经税务机关批准，将纳税申报表或者报送代扣代缴、代收代缴税款报告表等纳税资料使用统一的纳税申报专用信封通过邮政部门交寄主管税务机关。纳税人实际申报日期以寄出地的邮戳日期为准。

3. 数据电文申报（电子申报）

数据电文申报是指经税务机关批准，纳税人通过税务机关确定的电话语音、电子数据交换和网络传输等电子方式进行纳税申报并传输相关申报资料。

网上报税是目前较为常用的数据电文申报方式。税务机关对符合网上报税使用条件的纳税人经其申请注册后自动赋予网上报税资格，纳税人只需登录纳税人端，确认电子申报协议即可进行网上报税。

4. 银行网点申报

银行网点申报是指税务机关委托银行代收代缴税款，纳税人在法定的申报期限内到银行网点进行申报。

5. 简易申报

简易申报是指实行定期定额征收方式的纳税人，经税务机关批准，通过以缴纳税款凭证代替申报并可简并征期的一种申报方式。

6. 其他方式

其他纳税申报方式有代理申报、汇总申报等。代理申报是指纳税人、扣缴义务人可以根据税法规定，委托税务代理机构代为办理纳税申报或简并征期的一种申报方式。汇总申报是指经国家税务总局批准汇总缴纳企业所得税的企业，年度终了由汇总企业逐级汇总（合并）申报。

（四）纳税申报的流程

（1）到主管税务机关办税服务厅确定纳税申报方式、时间、内容，领取申报表等有关资料，并咨询有关事项。

（2）如实填写纳税申报表或代扣代缴、代收代缴税款报告表并在主管税务机关确定的申报期限内办理纳税申报。纳税人享受减税、免税待遇的，在减税、免税期间应当按规定办理纳税申报，本期没有应税收入的，要按规定办理零申报。

（3）纳税人、扣缴义务人根据不同纳税方式办理申报手续。

纳税人、扣缴义务人纳税申报的主要流程见图1-3。

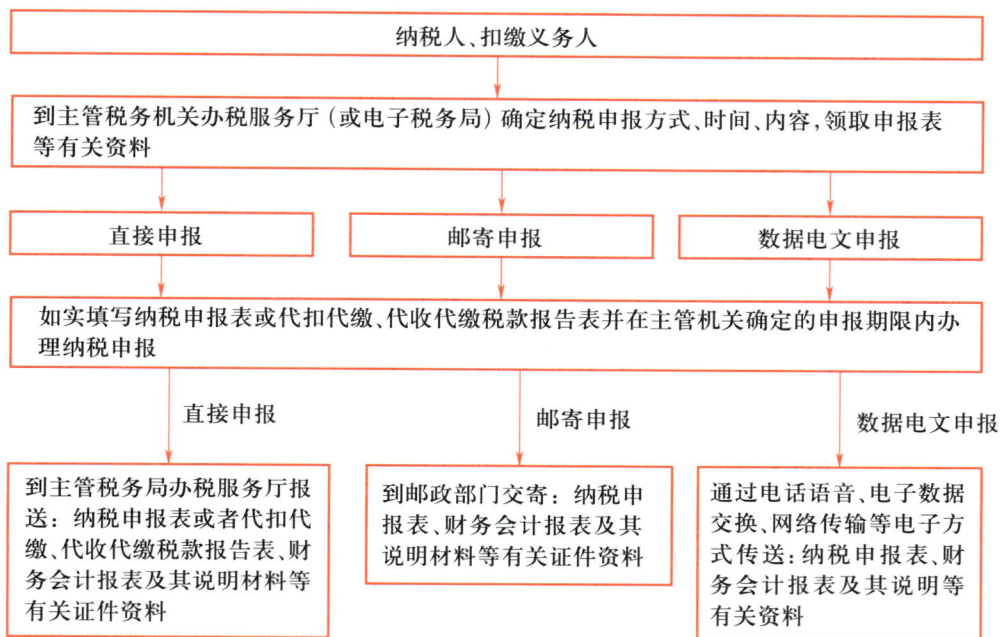

```
┌─────────────────────────────────────────────────────┐
│              纳税人、扣缴义务人                        │
└─────────────────────────────────────────────────────┘
┌─────────────────────────────────────────────────────┐
│ 到主管税务机关办税服务厅（或电子税务局）确定纳税申报   │
│ 方式、时间、内容，领取申报表等有关资料                 │
└─────────────────────────────────────────────────────┘
┌───────────┐   ┌───────────┐   ┌───────────┐
│  直接申报  │   │  邮寄申报  │   │ 数据电文申报 │
└───────────┘   └───────────┘   └───────────┘
┌─────────────────────────────────────────────────────┐
│ 如实填写纳税申报表或代扣代缴、代收代缴税款报告表并在   │
│ 主管机关确定的申报期限内办理纳税申报                   │
└─────────────────────────────────────────────────────┘
   直接申报          邮寄申报          数据电文申报
┌───────────┐   ┌───────────┐   ┌───────────┐
│ 到主管税务 │   │ 到邮政部门 │   │ 通过电话语音、│
│ 局办税服务 │   │ 交寄：纳税申│   │ 电子数据   │
│ 厅报送：纳税│   │ 报表、财务会│   │ 交换、网络传│
│ 申报表或者代│   │ 计报表及其 │   │ 输等电子方 │
│ 扣代缴、代收│   │ 说明材料等 │   │ 式传送：纳税│
│ 代缴税款报告│   │ 有关证件资料│   │ 申报表、财 │
│ 表、财务会 │   │           │   │ 务会计报表及│
│ 计报表及其说│   │           │   │ 其说明等  │
│ 明材料等有 │   │           │   │ 有关资料  │
│ 关证件资料 │   │           │   │           │
└───────────┘   └───────────┘   └───────────┘
```

图1-3 纳税申报主要流程图

（五）申报与缴纳期限

1. 增值税、消费税的纳税期限

增值税、消费税的纳税期限分别为1日、3日、5日、10日、15日、1个月或者1个季度。纳税人的具体纳税期限，由主管税务机关根据纳税人应纳税额的大小分别核定；不能按照固定期限纳税的，可以按次纳税。纳税人以1个月或者1个季度为一个纳税期限的，自期满之日起15日内缴纳税款；以1日、3日、5日、10日或者15日为一个纳税期限的，自期满之日起5日内预缴税款，于次月1日起15日内申报纳税并结清上月应纳税款。

2. 企业所得税的纳税期限

企业所得税按年计算，分月或分季预缴。月份或者季度终了之日起 15 日内预缴，年度终了之日起 5 个月内汇算清缴，多退少补。

纳税人在年度中间合并、分立、终止时，应当在停止生产、经营之日起 60 日内，向当地主管税务机关办理当期所得税汇算清缴。

3. 其他税种的纳税期限

按照规定不需要办理税务登记的纳税人，凡经营应纳税商品、货物的，应于发生纳税义务的当日向经营地主管税务机关申报纳税。

其他税种，税法明确规定纳税期限的，按税法规定期限缴纳税款。

纳税期限最后一天是星期日或者其他法定休假日的，以休假日的次日为期限的最后一天。在纳税申报期限内有连续三日以上法定休假日的，按休假日天数顺延。

（六）延期申报

纳税人、扣缴义务人按照规定的期限办理纳税申报确有困难，需要延期的，应在规定的期限内向税务机关提出书面延期申请，经税务机关核准，在核准的期限内办理。经核准延期办理前述规定的申报、报送事项的，应当在纳税期内按照上期实际缴纳的税额或者税务机关核定的税额预缴税款，并在核准的延期内办理税款结算。延期的具体期限一般是一个申报期限内，最长不超过 3 个月。

纳税人、扣缴义务人因不可抗力而不能按期纳税申报或者报送代扣代缴、代收代缴税款报告表的，可以延期办理，但应当在不可抗力情形消除后立即向税务机关报告，税务机关应查明事实，予以核准。

延期纳税申报的办理程序为：

1. 申请

纳税人向主管税务机关提出申请，填写《税务行政许可申请表》（见表 1-7），并附送有关资料。

表 1-7 填表说明

表 1-7 税务行政许可申请表

申请日期： 年 月 日

申请人	申请人名称					
	统一社会信用代码（纳税人识别号）					
	地址及邮政编码					
	经办人		身份证件号码		联系电话	
	委托代理人		身份证件号码		联系电话	

申请事项	□企业印制发票审批 □对纳税人延期缴纳税款的核准 □对纳税人延期申报的核准 □对纳税人变更纳税定额的核准 □增值税专用发票（增值税税控系统）最高开票限额审批 □对采取实际利润额预缴以外的其他企业所得税预缴方式的核定

除提供经办人身份证件（□）外，应根据申请事项提供以下相应材料：

一、企业印制发票审批

□ 1.《印刷经营许可证》或《其他印刷品印制许可证》

□ 2.生产设备、生产流程及安全管理制度

□ 3.生产工艺及产品检验制度

□ 4.保存、运输及交付相关制度

二、对纳税人延期缴纳税款的核准

申请延期缴纳 税款情况	税种	税款所属时期	应纳税额	申请延期缴纳税额	申请延期缴纳期限

当期货币资金余额	人民币（大写）		¥
当期应付职工工资 支出预算		当期社会保险费 支出预算	
人员工资支出情况		社会保险费 支出情况	
申请理由 （可另附页）			
申请人承诺			

（因不可抗力，导致纳税人发生较大损失，正常生产经营活动受到较大影响的，须在"申请理由"栏次中对不可抗力情况进行说明，并在"申请人承诺"栏次填写："以上情况属实，特此承诺。"）

□所有银行存款账户的对账单

三、对纳税人延期申报的核准

申请延期 申报情况	税种	税款所属时期	规定申报期限	申请延期申报的期限
申请理由 （可另附页）				

四、对纳税人变更纳税定额的核准

□申请变更纳税定额的相关证明材料

申请材料	五、增值税专用发票（增值税税控系统）最高开票限额审批 □增值税专用发票最高开票限额申请单 六、对采取实际利润额预缴以外的其他企业所得税预缴方式的核定 □按照月度或者季度的实际利润额预缴确有困难的证明材料 **委托代理人提出申请的，还应当提供代理委托书（ □ ）、代理人身份证件（ □ ）。**

收件人：　　　　　　　　　　收件日期：　　　年　　月　　日

编　号：

2. 受理

税务机关受理并审阅纳税人填报的表格是否符合要求，附送的资料是否齐全。符合条件的，向纳税人制发《税务文书领取通知单》。

3. 核准

县级以上税务机关审核纳税人填报的表格及附送的资料，符合规定的，制发《核准延期申报通知书》。纳税人凭《税务文书领取通知单》领取《核准延期申报通知书》。

4. 预缴税款

在纳税期内按照上期实际缴纳的税额或者税务机关核定的税额预缴税款。

5. 税款结算

在核准的延期内办理税款结算。

二、税款缴纳

税款缴纳是指纳税人、扣缴义务人依照国家法律、行政法规的规定实现的税款依法通过不同方式缴纳入库的过程。纳税人、扣缴义务人应按税法规定的期限及时足额缴纳应纳税款，以完全彻底地履行应尽的纳税义务。

（一）税款缴纳的方式

税款缴纳的方式主要有以下几种：

1. 财税库银横向联网缴税

财税库银横向联网是指财政部门、税务机关、国库、各商业银行利用信息网络技术，通过电子网络系统办理税收收入征缴、入库、退库、更正、免抵调、对账等业务，税款直接缴入国库，实现税款征缴信息共享的业务处理模式。

除零散纳税户（指不需办理税务登记证纳税户、未办理税务登记证纳税户、已办理税务登记户的纳税户有超出经营范围的事项）外所有已办理税务登记户中当期（或当年）有实际缴税义务的纳税人都应办理财税库银横向委托缴税（费）业务。

实行财税库银横向联网后正常纳税户分为：网络申报户——在互联网上通过"电子税务局"实行自行申报，进入相应的界面登录申报缴税（费）；定期定额户——以核定书代替申报表，纳税人只需在银行存入足额税款，由税务机关征收人员在法定的缴税期限内统一操作批量扣税。

纳税人办理财税库银横向委托缴税（费）业务后可通过以下两种途径取得税票，一是纳税人在申报缴税后，可使用打印机自行打印税收缴款书等完税凭证；二是纳税人可到银行，要求银行打印税收缴款书等完税凭证。

2．转账缴税

转账缴税是指纳税人在法定的纳税申报期内，持纳税申报表和有关资料，向税务机关办理纳税申报，并根据填制的缴款书通过开户银行转账缴纳税款的方式。其具体办理程序是：

（1）根据申报资料填制税收通用缴款书（也可由税务机关填制）。

（2）凭加盖财务专用章的税收通用缴款书到其开户银行划转税款。

（3）依据税收通用缴款书通知联进行账务处理。

3．现金缴税

现金缴税是指纳税人用现金缴纳税款的一种方式。其具体办理程序是：

（1）纳税人需申报的：税务机关根据已审核的申报资料填制税收通用完税证或税收定额完税证，向纳税人收取现金后，将完税凭证交给纳税人，在规定的期限内填开税收汇总专用缴款书或税收通用缴款书，将现金交国库（经收处）划转税款。

（2）纳税人无需申报的（指无固定经营场所的零散税收）：税务机关填制税收通用完税证或税收定额完税证，向纳税人收取现金，将完税凭证收据联交纳税人；同时，在规定的期限内，将完税凭证进行汇总，填开税收汇总专用缴款书向国库（经收处）划转税款。

4．委托代征

委托代征是指委托代征单位按照税务机关规定的代征范围和要求，以税务机关的名义向纳税人征收零散税款的一种方式。

（二）多缴税款的退还

纳税人超过应纳税额缴纳的税款，税务机关发现后应当自发现之日起10日内办理退还手续；纳税人自结算缴纳税款之日起3年内发现的，可以向税务机关要求退还多缴的税款并加算银行同期存款利息，税务机关应当自接到纳税人退还申请之日起30日内查实并办理退还手续，并按照办理退税手续当天中国人民银行规定的活期存款利率计算退税利息。如纳税人既有应退税款又有欠缴税款的，先抵缴所欠税款。具体程序如下：

（1）纳税人在规定的期限内向主管税务机关领取《退（抵）税申请表》，如表 1-8 所示，并附多缴税款的入库凭证（缴款书）一式三份，填写后报主管税务机关。

表 1-8　退（抵）税申请表

金额单位：元，至角分

申请人名称			纳税人□　　扣缴义务人□	
纳税人名称			统一社会信用代码（纳税人识别号）	
联系人			联系电话	
申请退税类型	汇算结算退税　□ 误收退税　　　□ 留抵退税　　　□		纳税信用等级	

一、汇算结算、误收税款退税

	税种	品目名称	税款所属时期	税票号码	实缴金额
原完税情况					
	合计（小写）				
申请退税金额（小写）					

二、留抵退税

留抵退税申请文件依据	□《财政部　税务总局　海关总署关于深化增值税改革有关政策的公告》（2019 年第 39 号） □《财政部　税务总局关于进一步加大增值税期末留抵退税政策实施力度的公告》（2022 年第 14 号）	退税企业类型	□小微企业 　□微型企业 　□小型企业 □特定行业 　□制造业 　□科学研究和技术服务业 　□电力、热力、燃气及水生产和供应业 　□软件和信息技术服务业 　□生态保护和环境治理业 　□交通运输、仓储和邮政业 □一般企业
申请退还项目	□存量留抵税额　　□增量留抵税额		
企业经营情况	国民经济行业	营业收入	资产总额
	企业划型　□微型企业　□小型企业　□中型企业　□大型企业		
留抵退税申请类型	1. 退税企业类型勾选"一般企业"	连续六个月（按季纳税的，连续两个季度）增量留抵税额均大于零的起止时间： _____年___月至_____年___月	

	2. 退税企业类型勾选"特定行业"	_____年___月至_____年___月，从事《国民经济行业分类》中"制造业""科学研究和技术服务业""电力、热力、燃气及水生产和供应业""软件和信息技术服务业""生态保护和环境治理业"和"交通运输、仓储和邮政业"业务相应发生的增值税销售额____元，同期全部销售额____元，占比____%。		
留抵退税申请条件	申请退税前 36 个月未发生骗取留抵退税、骗取出口退税或虚开增值税专用发票情形		是□	否□
	申请退税前 36 个月未因偷税被税务机关处罚两次及以上		是□	否□
	2019 年 4 月 1 日起未享受即征即退、先征后返（退）政策		是□	否□
	出口货物劳务、发生跨境应税行为，适用免抵退税办法		是□	否□
留抵退税计算	本期已申报免抵退税应退税额			
	申请退税前一税款所属期的增值税期末留抵税额			
	2019 年 3 月期末留抵税额			
	存量留抵税额			
	2019 年 4 月至申请退税前一税款所属期	已抵扣的增值税专用发票（含带有"增值税专用发票"字样全面数字化的电子发票、税控机动车销售统一发票）、收费公路通行费增值税电子普通发票注明的增值税额		
		已抵扣的海关进口增值税专用缴款书注明的增值税额		
		已抵扣的解缴税款完税凭证注明的增值税额		
		全部已抵扣的进项税额		
		进项构成比例		
	本期申请退还的期末留抵税额			
	其中：本期申请退还的存量留抵税额			
	本期申请退还的增量留抵税额			
退税申请理由		经办人（签章）： 年　月　日		
授权声明	如果你已委托代理人申请，请填写下列资料： 　为代理相关税务事宜，现授权_____（地址）_____为本纳税人的代理申请人，任何与本申请有关的往来文件，都可寄于此人。 授权人（签章）：	申请人声明	本申请表是根据国家税收法律法规及相关规定填写的，我确定它是真实的、可靠的、完整的。 申请人（签章）：	
以下由税务机关填写				

受理情况	
	受理人： 　　　　年　月　日

| 核实部门意见：
　　退还方式：退库□　　　抵扣欠税□
　　退税类型：汇算结算退税□
　　　　　　　误收退税□
　　　　　　　留抵退税□
　　退税发起方式：　纳税人自行申请□
　　　　　　　　　税务机关发现并通知□
　　退（抵）税金额：
经办人：　　　　　　　负责人：
　　年　月　日　　　　　　年　月　日 | 主管税务机关负责人意见：

签字（公章）：
　　　　年　月　日 |

（2）主管税务机关对纳税人的退税申请及多缴税款的入库凭证（缴款书）进行审查核实后，报县级以上税务机关审批。

（3）县级以上税务机关审批后，将《退（抵）税申请表》一份退还纳税人，一份由主管税务机关作为退税凭证的附件，一份由县级以上税务机关主管科室留存。

（4）主管税务机关根据上级税务机关审批的《退（抵）税申请表》填开《税收收入退还书》，纳税人持《税收收入退还书》到当地国库办理退库手续。纳税人多缴税款及应付利息由国库直接退付申请人银行账户。如以现金缴税需退付现金的，由征收机关在《税收收入退还书》上加盖"退付现金"戳记，纳税人再持身份证和原缴款书复印件到指定国库办理退付手续。

（三）少缴税款的追征

因税务机关的责任，致使纳税人、扣缴义务人未缴或者少缴税款的，税务机关在3年内可以要求纳税人、扣缴义务人补缴税款，但是不得加收滞纳金。

因纳税人、扣缴义务人计算错误等失误，未缴或者少缴税款的，税务机关在3年内可以追征税款、滞纳金；有特殊情况的，追征期可以延长到5年。补缴和追征税款的期限，自纳税人、扣缴义务人应缴未缴或者少缴税款之日起计算。

对偷税、抗税、骗税的，纳税人、扣缴义务人和其他当事人因偷税未缴或者少缴的税款或者骗取的退税款，税务机关可以无限期追征。

（四）延期缴纳税款

延期缴纳税款是指纳税人因有特殊困难，不能按期缴纳税款的，向主管税务机关提出申请，并经批准延期缴纳税款的行为。

纳税人因有特殊困难，需延期缴纳税款的，应在缴纳税款期限届满前向主管税务机关提出申请，填写《税务行政许可申请表》（见表1-7）。主管税务机关收到申请之日起20日内作出批准或不批准决定，未予批准的，纳税人从缴纳税款期限届满之日起加收滞纳金。经省、自治区、直辖市（包括计划单列市）税务机关批准，可以延期缴纳税款，但是最长不得超过3个月。在批准的期限内，不加收滞纳金。

（五）保证税款及时、足额征收的措施

纳税人未按规定的期限缴纳税款，扣缴义务人未按规定的期限解缴税款的，根据有关法律法规的规定，税务机关有权责令纳税人、扣缴义务人限期缴纳税款或解缴税款，加收滞纳金，发布欠税公告，要求纳税人提供纳税担保，采取税收保全措施和强制措施等，以确保国家税款安全、及时、足额地缴入国库。

1. 加收滞纳金

滞纳金是对纳税人超过规定的纳税期限欠缴的税款，依法加征一定比例的具有惩罚性质的资金。

纳税人、扣缴义务人未按照规定期限缴纳或解缴税款的，税务机关除责令限期（最长期限为15日）缴纳外，还应从滞纳税款之日起，按日加收滞纳税款万分之五（0.05%）的滞纳金。滞纳金的计算从税务机关规定缴纳税款的期限届满次日起到税款缴纳入库的当天止。

其计算公式为：

$$应纳滞纳金 = 滞纳税款 \times 滞纳天数 \times 0.05\%$$

滞纳金加收的起始日与纳税义务的产生、申报期限密切相关，与实际缴纳日期紧密相连。只有正确界定滞纳金加收的起始日期，才能正确计算滞纳金。税务机关查补的税款是分税种分期计算滞纳金。因为税种不同，纳税人的申报期限也不同，滞纳金加收的起始日也不一样。例如，企业所得税由于实行"分期预缴和年终汇算清缴"的征收方式，其滞纳金加收起始日应从汇算清缴结束后的次日起计算加收；个人所得税滞纳金加收起始日应该区分收入项目和申报期限：经营所得实行年终汇算清缴，滞纳金加收起始日为汇算清缴结束后的次日；综合所得滞纳金加收起始日为汇算清缴结束后的次日，其他所得因为申报期限为取得应税所得的次月15日内，所以滞纳金加收的起始日应为次月16日；其他流转税的滞纳金加收起始日一般为次月16日。

> **【例】** 某增值税纳税人按月纳税,其 2021 年 4 月应纳增值税为 10 000 元,5 月 10 日办理了纳税申报手续,并填报了税收通用缴款书,但直到 5 月 28 日(5 月 15 日、16 日分别为星期六和星期日)才到开户银行办理缴款手续。其应纳滞纳金为:
>
> $$应纳滞纳金 = 10\,000 \times (28-15-2) \times 0.05\% = 55(元)$$

需要注意的是,纳税期限的最后一日,如果遇到国家规定的法定节假日,纳税期限向后顺延,本例中 15 日、16 日为星期六和星期日,故顺延到 17 日。

2. 欠税公告

为了规范税务机关的欠税公告行为,督促纳税人自觉缴纳欠税,防止新的欠税的发生,保证国家税款的及时足额入库,国家税务总局制定了《欠税公告办法(试行)》。该办法中所指的欠税是指纳税人超过税收法律、行政法规规定的期限或者纳税人超过税务机关依照税收法律、行政法规规定确定的纳税期限(以下简称税款缴纳期限)未缴纳的税款,具体包括:

(1)办理纳税申报后,纳税人未在税款缴纳期限内缴纳的税款。

(2)经批准延期缴纳的税款期限已满,纳税人未在税款缴纳期限内缴纳的税款。

(3)税务检查已查定纳税人的应补税额,纳税人未在税款缴纳期限内缴纳的税款。

(4)税务机关根据《税收征管法》第二十七条、第三十五条核定纳税人的应纳税额,纳税人未在税款缴纳期限内缴纳的税款。

(5)纳税人的其他未在税款缴纳期限内缴纳的税款。

税务机关对欠税数额应当及时核实,欠税公告的欠税不包括滞纳金和罚款。

公告机关应当按期在办税场所或者广播、电视、报纸、期刊、网络等新闻媒体上公告纳税人的欠缴税款情况。企业或单位欠税的,每季公告一次;个体工商户和其他个人欠税的,每半年公告一次;走逃、失踪的纳税户及其他经税务机关查无下落的非正常户欠税的,随时公告。

欠税公告内容包括:① 企业或单位欠税的,公告企业或单位的名称、纳税人识别号、法定代表人或负责人姓名、居民身份证或其他有效身份证件号码、经营地点、欠税税种、欠税余额和当期新发生的欠税金额;② 个体工商户欠税的,公告业户名称、业主姓名、纳税人识别号、居民身份证或其他有效身份证件号码,经营地点、欠税税种、欠税余额和当期新发生的欠税金额;③ 个人(不含个体工商户)欠税的,公告其姓名、居民身份证或其他有效身份证件号码、欠税税种、欠税余额和当期新发生的欠税金额。

企业、单位纳税人欠缴税款 200 万元以下(不含 200 万元)、个体工商户和其他个人欠缴税款 10 万元以下(不含 10 万元)的,由县级税务局(分局)在办税服务厅公告。

企业、单位纳税人欠缴税款 200 万元以上（含 200 万元），个体工商户和其他个人欠缴税款 10 万元以上（含 10 万元）的，由地（市）级税务局（分局）公告。

对走逃、失踪的纳税户及其他经税务机关查无下落的纳税人欠税的，由各省、自治区、直辖市和计划单列市税务局公告。

3. 纳税担保

纳税担保是指经税务机关同意或确认，纳税人以保证、抵押、质押的方式，为纳税人应当缴纳的税款及滞纳金提供担保的行为。

（1）要求纳税人提供纳税担保的情况

① 税务机关有根据认为纳税人有逃避纳税义务行为，在规定的纳税期之前经责令其限期缴纳应纳税款，在限期内，被发现纳税人有明显转移、隐匿其应纳税的商品、货物及其财产或应纳税收人迹象的。

② 欠缴税款、滞纳金的纳税人或者其法定代表人需要出境的。

③ 纳税人同税务机关在纳税上发生争议而未缴清税款，需要申请行政复议的。

④ 税收法律、行政法规规定可以提供纳税担保的其他情形。

（2）纳税担保的形式及办理

① 财产担保。纳税人用财产作纳税担保的，应以其所拥有的未设置抵押权的财产作纳税担保，并填写《纳税担保书》（如表 1-9 所示），由纳税人、纳税担保人和税务机关三方签章。

表 1-9　纳税担保书

编号：

纳税人	名　称		纳税人识别号	
	地　址			
纳税担保人	名　称		登记注册类型	
	地　址		电话号码	
	开户银行及账号			
担保形式				
担保范围	税款、滞纳金金额（大写）＿＿＿＿＿＿元以及实现税款、滞纳金入库的费用，滞纳金起算时间为　　年　　月　　日。			
担保期限和担保责任	纳税人于　　年　　月　　日前未缴清应纳税款的，由纳税担保人自收到税务机关纳税通知之日起 15 日内缴纳税款、滞纳金。 纳税人以自己财产担保的，于　　年　　月　　日前未缴清应纳税款的，税务机关对担保财产采取税收强制执行措施。			

担保财产	用于纳税担保的财产名称及数量		
	附：用于担保的财产证明及份数		
	不动产价值（估价）	（人民币大写）	小写￥
	动产价值（估价）	（人民币大写）	小写￥
	其他财产价值	（人民币大写）	小写￥
	担保财产总价值（估价）	（人民币大写）	小写￥
纳税担保人签字： 证件名称： 证件号码： 　　　纳税担保人（章） 　　年　　月　　日	纳税人签字： 　　纳税人（章） 　　年　　月　　日		税务机关经办人签字： 　　税务机关（章） 　　年　　月　　日

本担保书一式三份，经纳税人、纳税担保人、税务机关三方签字盖章后，各留存一份。

② 担保人担保。经税务机关认可的在中国境内具有纳税担保能力的公民法人或者其他经济组织（国家机关不得作为纳税担保人）同意为纳税人提供纳税担保的，可以由纳税担保人填写《纳税担保书》，写明担保对象担保范围、担保期限、担保责任及其他有关事项。经纳税人、纳税担保人和税务机关签章后，向税务机关提供纳税担保。

4. 税收保全措施

税收保全是指税务机关为保证税款及时足额入库，依照法定的程序，对有逃避纳税义务行为的纳税人，事先采取限制其处理或转移商品、货物和其他财产的措施。

（1）采取税收保全措施的基本前提

① 有根据认为纳税人有逃避纳税义务的行为，有根据不同于有证据，只要掌握了一定的线索，如群众举报、调查发现等即可视为有根据。有逃避纳税义务的行为是指有转移、隐匿其应纳税的商品、货物及其他财产或应纳税的收入的迹象。

② 纳税人有逃避纳税义务的行为是在规定的纳税期之前发生的。

（2）采取税收保全措施的基本程序

① 税务机关有根据认为从事生产经营的纳税人有逃避纳税义务行为的，可以在规定的纳税期前，责令限期缴纳应纳税款。

② 在限期内发现纳税人有明显转移、隐匿其应纳税的商品、货物，以及其他财产或者应纳税的收入的迹象的，税务机关可以责成纳税人提供纳税担保。

③ 如果纳税人不能提供纳税担保，经县以上税务局（分局）局长批准，税务机关可以采取税收保全措施。需要注意的是，个人及其所扶养家属维持生活必需的住房和用品，不在税收保全措施的范围之内。

对未按照规定办理税务登记的从事生产、经营的纳税人及临时从事经营的纳税人，由税务机关核定其应纳税额，责令缴纳；不缴纳的，税务机关可以扣押其价值相当于应纳税款的商品、货物。

（3）税收保全措施

① 书面通知纳税人开户银行或者其他金融机构暂停支付纳税义务人相当于应纳税款的存款。对采取暂停支付存款的，税务机关填写《暂停支付存款通知书》书面通知纳税人开户银行或其他金融机构暂停支付相当于应纳税款的存款。

② 扣押、查封纳税人的价值相当于应纳税款的商品、货物或者其他财产。

税务机关实施扣押时必须开具扣押商品、货物、财产专用收据，实施查封时必须开付查封商品、货物、财产清单。在执行过程中必须由两名税务人员执行，并通知被执行人。被执行人是公民的，应当通知被执行人本人或其成年家属到场；被执行人是法人或者其他组织的，应当通知其法定代表人或者主要负责人到场。拒不到场的，不影响执行。

纳税人在税务机关采取税收保全措施后，按照税务机关规定的期限缴纳税款的，税务机关应当在收到税款或银行转回的完税凭证之日起1日内解除税收保全。纳税人在限期内已缴纳税款，税务机关未立即解除税收保全措施，使纳税人的合法利益遭受损失的，税务机关应当承担赔偿责任。

限期期满纳税人仍未缴纳税款的，经县以上税务局（分局）局长批准，税务机关可以采取强制执行措施。

5. 税收强制执行措施

税收强制执行措施是指纳税人在税务机关责令限期内缴纳税款，逾期仍不缴纳税款的，税务机关可以书面通知银行或其他金融机构扣缴当事人的存款或扣押、查封、拍卖部分纳税人财产以抵缴税款的一项措施。

（1）采取税收强制执行措施的前提条件

① 纳税人、扣缴义务人未按照规定的期限缴纳或者解缴税款，纳税担保人未按照规定的期限缴纳所担保的税款。

② 在上一前提条件发生后，在税务机关责令的限期内仍未缴纳税款。

这两个条件发生后，且须经县以上税务局（分局）局长批准，才可以采取税收强制执行措施。需要注意的是，个人及其所扶养家属维持生活必需的住房和用品，不在强制执行措施的范围之内。

（2）强制措施的内容

① 书面通知其开户银行或者其他金融机构从其存款中扣缴税款。

② 扣押、查封、依法拍卖或者变卖其价值相当于应纳税款的商品、货物或者其他

财产，以拍卖或者变卖所得抵缴税款。

税务机关采取强制执行措施时，对纳税人、扣缴义务人、纳税担保人未缴纳的滞纳金同时强制执行，但不包括罚款。

（3）税务机关采取强制执行措施的范围

① 从事生产、经营的纳税人、扣缴义务人未按照规定的期限缴纳或者解缴税款，纳税担保人未按规定的期限缴纳或者解缴税款，税务机关责令限期缴纳，逾期仍未缴纳的。

② 税务机关已采取暂停支付存款或扣押、查封商品、货物和财产的税收保全措施，在税务机关责令缴纳税款的期限届满仍未缴纳税款的。

③ 对未取得营业执照从事生产、经营的纳税人，税务机关扣押其鲜活、易腐烂变质或者易失效的商品、货物的。

（4）税务机关采取强制执行措施的方式和应履行的手续

① 税务机关采取强制执行措施有扣缴税款和拍卖商品、货物、财产两种方式。

② 税务机关采取强制执行措施应履行的手续：采取扣缴税款的。税务机关填制《扣缴税款通知书》，经县以上税务局（分局）局长批准，通知纳税人、扣缴义务人或者纳税担保人的开户银行或者其他金融机构从其存款中扣缴税款；采取拍卖商品、货物和财产的。税务机关填写《拍卖（查封、扣押）物品申请审批表》，经县以上税务局（分局）局长批准，由依法成立的拍卖机关或者交由商业企业按市场价格收购。对国家禁止自由买卖的物品，应当交有关单位按照国家规定的价格收购。税务机关可将扣押、查封的商品、货物或其他财产拍卖后取得的收入抵缴税款、滞纳金。对拍卖收入超过抵缴税款、滞纳金和保管费用的部分，在扣除应缴税收罚款后的剩余部分，税务机关应当退还给当事人；对不足抵缴税款、滞纳金的，税务机关应当依法补征，并填制《拍卖商品、货物、财产决定书》和拍卖商品、货物、财产清单通知纳税人。

6. 阻止出境

阻止出境是指当欠缴税款的纳税人需要出境而又未结清税款，又不提供纳税担保的，税务机关可以通知出境管理机构阻止其出境。

阻止出境的条件和程序是经税务机关调查核实，欠税人未按规定结清税款，又未提供纳税担保且准备出境的，税务机关应首先依法向欠税人申明不准出境。对已取得出境证件执意出境的，税务机关可按规定函请公安机关办理边控手续，阻止其出境。

阻止出境的对象是：欠税人为自然人的，为当事人本人；欠税人为法人的，为其法定代表人，法定代表人不在中国境内的，以其在华的主要负责人为阻止出境的对象；欠税人为其他经济组织的，为其负责人。欠税人满足以下条件之一的，税务机关须按规定函请公安机关予以撤控放行：已结清阻止出境时欠缴的全部税款（包括滞纳金和罚款，下同）；已向税务机关提供相当全部欠缴税款的担保；欠税企业已依法宣告破产，并依《中华人民共和国企业破产法》程序清偿终结者。

7. 核定应纳税额

（1）税务机关有权核定纳税人应纳税额的情形：依照法律、行政法规的规定可以不设置账簿的；依照法律、行政法规的规定应当设置但未设置账簿的；擅自销毁账簿或者拒不提供纳税资料的；虽设置账簿，但账目混乱或者成本资料、收入凭证、费用凭证残缺不全，难以查账的；发生纳税义务，未按照规定的期限办理纳税申报，经税务机关责令限期申报，逾期仍不申报的；纳税人申报的计税依据明显偏低，又无正当理由的。

此外，企业或者外国企业在中国境内设立的从事生产、经营的机构、场所与其关联企业之间的业务往来，应当按照独立企业之间的业务往来收取或者支付价款、费用；不按照独立企业之间的业务往来收取或者支付价款、费用，而减少其应纳税的收入或者所得额的，税务机关有权进行合理调整。税务机关核定应纳税额的具体程序和方法由国务院税务主管部门规定。

（2）税务机关核定纳税人应纳税额的方式

① 参照当地同类行业或者类似行业中经营规模和收入水平相近的纳税人的税负水平核定。

② 按照营业收入或者成本（费用）加合理的利润或其他方法核定。

③ 按照耗用的原材料、燃料、动力等推算或者测算核定。

④ 按照其他合理方法核定。

采用上述所列一种方法不足以正确核定应纳税额时，可以同时采用两种以上的方法核定。纳税人对税务机关采取以上规定的方法核定应纳税额有异议的，应当提供相关证据，经税务机关认定后，调整应纳税额。

8. 其他措施

（1）税务机关征收税款，税收优先于无担保债权，法律另有规定的除外；纳税人欠缴的税款发生在纳税人以其财产设定抵押、质押或者纳税人的财产被留置之前的，税收应当先于抵押权、质权、留置权执行；纳税人欠缴税款，同时又被行政机关决定处以罚款、没收违法所得的，税收优先于罚款、没收违法所得。

（2）纳税人有合并、分立情形的，应当向税务机关报告，并依法缴清税款。纳税人合并时未缴清税款的，应当由合并后的纳税人继续履行未履行的纳税义务；纳税人分立时未缴清税款的，分立后的纳税人对未履行的纳税义务应当承担连带责任。

（3）欠缴税款数额较大的纳税人在处分其不动产或者大额资产之前，应当向税务机关报告。

（4）欠缴税款的纳税人因怠于行使到期债权，或者放弃到期债权，或者无偿转让财产，或者以明显不合理的低价转让财产而受让人知道该情形，对国家税收造成损害的，税务机关可以依照《中华人民共和国民法典》（以下简称《民法典》）的相关规定行使代位权、撤销权。税务机关依照规定行使代位权、撤销权的，不免除欠缴税款的纳税人尚未履行的纳税义务和应承担的法律责任。

纳税人、扣缴义务人、纳税担保人同税务机关在纳税上发生争议时，必须先按照税务机关的纳税决定缴纳税款及滞纳金，然后可以向上一级主管税务机关申请复议。

任务五　企业涉税风险与法律责任

一、企业涉税风险

（一）企业涉税风险概念

企业涉税风险是指企业的涉税行为因未能正确有效遵守税收法规而导致其未来利益的可能损失。

企业涉税风险主要包括两方面：一方面是企业的纳税行为不符合税收法律法规的规定，应纳税而未纳税、少纳税，从而面临补税、罚款、加收滞纳金、刑罚处罚以及声誉损害（如纳税信用等级降低等）等风险；另一方面是企业经营行为适用税法不准确，没有利用好有关优惠政策，从而多缴纳了税款，承担了不必要税收负担。

（二）涉税风险的分类

（1）依据涉税风险来源划分

涉税风险根据其来源，可以分为两类：一类是来自税务局等执法部门的稽查少缴税、晚缴税处罚的涉税风险；一类是来自自身的多缴税、早缴税或者放弃享受税收优惠的涉税风险。只有从这两个角度认识风险，才是全面地认识涉税风险，也才可能构建内容齐全、体系完整的涉税风险防控体系。

（2）依据涉税风险的内容划分

根据涉税风险的内容，可以将税务风险分为：具体税种的风险，如增值税风险、企业所得税风险等；日常管理的风险，如因违反纳税申报、税务登记、发票管理等产生的风险等。

（3）依据涉税风险的性质划分

根据涉税行为的性质及其严重程度，可以将税务风险分为：偷漏税等违法违规的涉税风险；多缴税款等虽不违法违规风险。

一般而言，偷漏税等税收违法违规的风险，是性质比较恶劣、后果比较严重的风险，相对于一般的税收遵从风险而言，应予以高度重视。

（三）企业税务风险的主要来源

企业税务风险的主要来源包括以下方面：

（1）法律法规不完善给企业征管带来的风险；

（2）税收征管机构在执法环境造成企业不合规的风险；

（3）面对市场竞争压力而采取不合规税务行为带来的风险；

（4）非税收执法监管机构给企业带来的税收风险；

（5）管理层税收管理理念影响企业行为所带来的违规行为和失误风险；

（6）经营业务层面税法知识的欠缺、无知造成的风险和失误；

（7）内部管控制度缺失带来的失误和风险；

（8）中介机构的不规范和不合法意见和建议。

（四）企业税务风险管理方法

1. 提高税务风险防范意识，从被动管理向主动管理转变

提高管理决策层的税务风险意识，是实施有效税务风险管理的前提和基础。大企业高层管理者应充分认识到，税务风险越来越成为影响企业核心竞争力的重要因素，事关企业可持续发展。大企业应在董事会层面更加重视税务风险，并将其作为一个重要因素纳入企业发展战略中去考虑，以长远的税务遵从目标指导和监督税务风险管理制度的设立，并贯彻于企业日常管理中。唯有如此，大企业才能在经营过程中主动规避和化解税务风险，从被动处理税务危机中走出来。

2. 建立税务风险管理体系，从事后管理向事前管理转变

税务风险管理是指通过制度实现对企业税务风险的控制，其实质是使管理环节前移，变事后管理为事前管理和事中监控，提前发现和预防风险。

二、违反税收管理相关规定的法律责任

（一）违反税务登记管理的相关法律责任

纳税人未按照规定的期限申报办理税务登记、变更或者注销登记的，由税务机关责

令限期改正，可以处 2 000 元以下的罚款；情节严重的，处 2 000 元以上 10 000 元以下的罚款：逾期不改正的，经税务机关提请，由市场监管部门吊销其营业执照。

纳税人未按照规定使用税务登记证件，或者转借、涂改、损毁、买卖、伪造税务登记证件的，处 2 000 元以上 10 000 元以下的罚款：情节严重的，处 10 000 元以上 50 000 元以下的罚款。

（二）违反账簿、凭证管理的相关法律责任

（1）纳税人有下列行为之一的，由税务机关责令限期改正，可以处 2 000 元以下的罚款；情节严重的，处 2 000 元以上 10 000 元以下的罚款。① 未按照规定设置、保管账簿或者保管记账凭证和有关资料的。② 未按照规定安装、使用税控装置，或者损毁或者擅自改动税控装置的。

（2）扣缴义务人未按照规定设置、保管代扣代缴、代收代缴税款账簿或者保管代扣代缴、代收代缴税款记账凭证及有关资料的，由税务机关责令限期改正，可以处 2 000 元以下的罚款；情节严重的，处 2 000 元以上 5 000 元以下的罚款。

（三）不正确履行纳税申报和缴纳税款的法律责任

纳税人、扣缴义务人配合接受税务机关进行纳税检查，纳税人、扣缴义务人有违法行为就要承担相应的法律责任。

1. 不按期申报的法律责任

纳税人未按照规定的期限办理纳税申报和报送纳税资料的，或者扣缴义务人未按照规定的期限向税务机关报送代扣代缴、代收代缴税款报告表和有关资料的，由税务机关责令限期改正，可以处 2 000 元以下的罚款；情节严重的，可处以 2 000 元以上 10 000 元以下的罚款。

2. 欠税和逃避追缴欠税的法律责任

欠税，是指纳税人、扣缴义务人逾期未缴或少缴税款的行为。

纳税人、扣缴义务人在规定期限内未缴或者少缴应纳或应解缴的税款，经税务机关责令限期缴纳，逾期仍未缴纳的，税务机关除依法采取强制执行措施追缴其未缴或者少缴的税款外，可以处未缴或者少缴的税款 50% 以上 5 倍以下的罚款。

纳税人欠缴应纳税款，采取转移或者隐匿财产的手段，妨碍税务机关追缴欠缴的税款的，由税务机关追缴欠缴的税款、滞纳金，并处欠缴税款 50% 以上 5 倍以下的罚款；构成犯罪的，依法追究刑事责任。

纳税人欠缴应纳税款，采取转移或隐匿财产的手段，致使税务机关无法追缴欠缴的税款，数额在 10 000 元以上不满 100 000 元的，处 3 年以下有期徒刑或拘役，并处或者

单处欠缴税款 1 倍以上 5 倍以下的罚金；数额在 100 000 元以上的，处 3 年以上 7 年以下有期徒刑，并处欠缴税款 1 倍以上 5 倍以下的罚金；数额不满 10 000 元的，则只由税务机关追缴欠缴的税款，处以欠缴税款 5 倍以下的罚款。

3. 逃避缴纳税款的法律责任

逃避缴纳税款，俗称偷税，指纳税人、扣缴义务人采取伪造、变造、隐匿、擅自销毁账簿、记账凭证、在账簿上多列支出或者不列、少列收入，税务机关通知申报而拒不申报或者进行虚假的纳税申报的手段，不缴或者少缴应纳税款的行为。

对纳税人偷税的，由税务机关追缴其未缴或者少缴的税款、滞纳金，并处未缴或者少缴税款 50% 以上 5 倍以下的罚款。

扣缴义务人采取上述偷税手段，未缴或者少缴已扣、已收税款，由税务机关追缴其未缴或者少缴的税款、滞纳金，并处未缴或者少缴税款 50% 以上 5 倍以下的罚款。扣缴义务人应扣未扣、应收而未收税款的，由税务机关向纳税人追缴税款，对扣缴义务人处应扣未扣、应收未收税款 50% 以上 3 倍以下的罚款。

纳税人、扣缴义务人编造虚假计税依据的，由税务机关责令限期改正，并处 5 万元以下罚款。

纳税人采取欺骗、隐瞒手段进行虚假纳税申报或者不申报，逃避缴纳税款数额较大并且占应纳税额 10% 以上的构成逃税罪；扣缴义务人采取欺骗、隐瞒手段，未缴或者少缴已扣、已收税款，数额较大的，构成逃税罪。

纳税人采取欺骗、隐瞒手段进行虚假纳税申报或者不申报，逃避缴纳税款数额较大并且占应纳税额 10% 以上的，处 3 年以下有期徒刑或者拘役，并处罚金；数额巨大并且占应纳税额 30% 以上的，处 3 年以上 7 年以下有期徒刑，并处罚金。

扣缴义务人采取前款所列手段，未缴或者少缴已扣、已收税款，数额较大的，依照上述规定处罚。

纳税人逃税，经税务机关依法下达追缴通知后，补缴应纳税款，缴纳滞纳金，已受行政处罚的，不予追究刑事责任；但是，5 年内因逃避缴纳税款受过刑事处罚或者被税务机关给予二次以上行政处罚的除外。对多次实施上述行为，未经处理的，按照累计数额计算。

4. 抗税的法律责任

抗税，是指纳税人、扣缴义务人以暴力、威胁方法拒不缴纳税款的行为。

纳税人有抗税行为的，除由税务机关追缴其拒缴的税款、滞纳金外，还应依法追究刑事责任。其中，纳税人拒不缴纳税款，情节轻微未构成犯罪的，由税务机关追缴其拒缴的税款、滞纳金，并处拒缴税款 1 倍以上 5 倍以下的罚款。

纳税人以暴力、威胁方法拒不缴纳税款，构成犯罪的，除由税务机关追缴其拒缴的税款外，对情节较轻的处以 3 年以下有期徒刑或拘役；情节严重的，处 3 年以上 7 年以下有期徒刑。无论判处哪一种刑罚，都可并处拒缴税款 1 倍以上 5 倍以下的罚金。如以暴力方法抗税致人重伤或死亡的，按照故意伤害罪、杀人罪从重处罚。

5. 骗税的法律责任

骗税，是指以假报出口或其他欺骗手段，骗取国家出口退税款或所缴纳的税款的行为。

以假报出口或其他欺骗手段，骗取国家出口退税款，由税务机关追缴其骗取的退税款，并处骗取税款 1 倍以上 5 倍以下的罚款；构成犯罪的，依法追究刑事责任。对骗取国家出口退税款的，税务机关可以在规定期间内停止为其办理出口退税。骗取国家出口退税款，数额较大的，处 5 年以下有期徒刑或者拘役，并处骗取税款 1 倍以上 5 倍以下罚金；数额巨大或有其他严重情节的，处 5 年以上 10 年以下有期徒刑，并处骗取税款 1 倍以上 5 倍以下的罚金；数额特别巨大或有其他特别严重情节的，处 10 年以上有期徒刑或无期徒刑，并处骗取税款 1 倍以上 5 倍以下罚金或没收财产。

📁 项目训练

✏️ 连一连

1. 将纳税人的权利和义务与其相对应的事项连线

按时如实申报

纳税人权利　　　　　　　　　　　　按期缴纳税款

申请延期纳税

纳税人义务　　　　　　　　　　　　对税务机关处罚决定提出自己的意见

要求检查人员出示相关证件

举报税务人员的索贿行为

2. 将纳税人的行为与相应的期限连线

多缴税款退还期限　　　　　　　　　3 年内

延期申报期限　　　　　　　　　　　3 个月

延期纳税期限　　　　　　　　　　　30 日

3. 将纳税人的行为与相应的追征期限连线

偷税

抗税　　　　　　　　　　　　　　　5 年

骗税　　　　　　　　　　　　　　　3 年

因纳税人原因漏税　　　　　　　　　无限期

因税务机关原因漏税

4. 将税收事项与纳税人的行为连线

虽已申报，但逾期未缴税款

账簿上多列支出，少列收入　　　　　　　骗税

虚假申报　　　　　　　　　　　　　　　抗税

以暴力方式拒绝纳税　　　　　　　　　　偷税

以虚假报关出口货物，申请并获取退税款　欠税

5. 将税收事项和对应的时间连线

工商登记　　　　　　30 日　　　　设立税务登记

工商登记变化　　　　15 日　　　　变更税务登记

税务登记　　　　　　10 日　　　　设置账簿凭证

代扣代缴税款　　　　　　　　　财务会计制度、财务会计处理办法报备

6. 将税收事项与税款征收措施连线

按日加收万分之五

在办税场所公告欠缴税款情况　　　欠税公告

由他人提供担保　　　　　　　　　纳税担保

提供一定的财产作为抵押　　　　　税收保全措施

暂停支付相当于税款的存款　　　　税收强制执行措施

扣押相当于税款的货物　　　　　　加收滞纳金

从存款账户扣缴税款　　　　　　　阻止出境

拍卖相当于税款的货物并抵缴税款

通知出境管理机构阻止出境

7. 将纳税人行为与法律责任连线

未按规定设置、保管账簿　　　　　　　　2 000 元以下罚款

未按规定保管记账凭证资料　行政责任　2 000 元以上 10 000 元以下罚款

偷税税额不超过 10 000 元　　　　　　追缴税款、滞纳金并处罚款

偷税占应纳税额 10% 以上　　　　　　追缴税款、滞纳金并处罚金

不满 30% 且超过 100 000 元　刑事责任　处 3 年以上 7 年以下有期徒刑

伪造增值税专用发票　　　　　　　　　处 3 年以下有期徒刑、拘役或者管制并

虚开增值税专用发票　　　　　　　　　处 20 000 元以上 200 000 元以下罚金

猜一猜

1. 打死也不说。　　　　（打一税收违规行为）

2. 似息非息，似税非税，听你说罚款、罚金也不对。　　　　（打一对税收违章行为的处罚措施）

3. 轻装策马青云路　税企同心驭长风。　　　　　（打一税收重点工作）

看一看

1. 到国家税务总网站观看《禹贡的故事》视频。
2. 到国家税务总网站观看《说文解"税"》视频。
3. 到所在省市税务局网站查看欠税公告。

练一练

[目的]

通过实训操作，知晓延期申报、延期缴纳税款、纳税担保和多缴税款退还的操作流程，熟练操作填写《税务行政许可申请表》《纳税担保财产清单》及《退（抵）税申请表》。

[资料]

企业名称：北京新华实业有限公司

统一社会信用代码：91210100715759555M

法定代表人：张扬

注册地址：北京市朝阳区朝阳路甲 1 号

开户银行：中国工商银行朝阳支行

银行账号：11000001234

企业登记注册类型：有限责任公司

电话：010-85880088

1. 如 2021 年 10 月由于发生火灾，账簿资料不全，不能在 11 月初按期申报税款，但银行账户有资金。现要申请延期 3 个月纳税申报。

2. 如 2021 年 10 月由于发生火灾，财务室烧毁，银行账户无资金，不能在 11 月初按期缴纳税款。现要申请 2 个月延期缴纳税款。

3. 如纳税人应纳税额 50 万元，2021 年 12 月 2 日税务机关发现纳税人有逃避纳税的迹象，要求其提供纳税担保，该纳税人以其办公楼一幢（砖混结构）作为担保，有房产证、公证机构出具的未设置抵押的公证书和中介机构出具的房产评估报告 3 份。

4. 如纳税人 2022 年 7 月发现其 2021 年 4 月由于误将应税销售收入（不含税）10 000 元，写成 100 000 元，多缴增值税 11 700 元，城市维护建设税 819 元，教育费附加 351 元，地方教育附加 234 元，持有纳税申报表和缴款书两份资料。

1. 根据资料1说出延期申报申请的流程并填写《税务行政许可申请表》。

2. 根据资料2说出延期纳税申请的流程并填写《税务行政许可申请表》。

3. 根据资料3说出纳税担保的流程并填写《纳税担保财产清单》。

4. 根据资料4说出多缴税款退还的流程并填写《退（抵）税申请表》。

[指导]

根据各表格的栏目要求进行填写。

议一议

张某在S省A市B县开办了一家经营家具的公司，但经营一直不景气。前不久，张某在C市接到了一笔大业务。为便于经营，张某决定将自己的公司迁往C市。B县税务局得知这一消息后，赶紧派人到张某的公司查看。此时，张某的公司已搬走很多东西。B县税务局经研究认为张某存在逃避纳税义务的行为，遂提前责令张某限期缴纳应纳税款。

见张某没有理会，继续搬走财产，变卖办公用品，B县税务局又责成张某提供纳税担保人。张某告知，找不到纳税担保人。担心张某走逃，经B县税务局局长批准，B县税务局税务人员书面通知银行冻结张某公司的银行账户。当得知该账户已无资金时，B县税务局又书面通知银行冻结张某的个人储蓄存款，而张某个人储蓄账户中也没有资金。B县税务局通过银行多方查询，查到张某最近有一笔汇款，便冻结了相当于张某的应纳税额的汇款。

5天后，张某才得知这一意外情况。情急之下，张某多次找B县税务局陈述申辩，强调那笔汇款事关重大，不能冻结。但税务人员始终没有答应张某的请求。

33天后，张某向A市税务局递交了税务行政复议申请。接到张某的税务行政复议申请后，A市税务局立即组织人员进行审查。经查，A市税务局依法作出复议决定：B县税务局的相关行政行为违法，其冻结张某汇款的行为应立即撤销。

接到税务行政复议决定，B县税务局立即撤销了冻结汇款的决定。

分析：

1. 简要说明税务机关用于保障税款征收措施有哪些？各项措施分别在什么情况下实施？

2. B县税务局执法人员对张某的税务处理错在哪里呢？

项目二
增值税及附加税费的申报与缴纳

学习目标

通过学习，能够说出增值税及附加税费的申报和缴纳流程，熟练操作增值税及附加税费的申报、缴纳与会计核算。

重点与难点

增值税及附加税费申报与会计核算的操作。

教学建议

10 学时（其中实训操作 4 学时）；学生需在课前掌握增值税、城市维护建设税与教育费附加的基本知识和计算技能，应采用理论和实际操作相结合的教学方法。

法律法规

《中华人民共和国增值税暂行条例》及其实施细则、《关于全面推开营业税改征增值税试点的通知》《中华人民共和国城市维护建设税法》等。

项目引例

增值税多项优惠政策实施

党的二十届三中全会提出了深化财税体制改革的要求，我国已经连续多次调整小规模纳税人增值税政策。2013 年，对月销售额 2 万元以下的所有小规模纳税人，均免征增值税；2014 年、2019 年和 2021 年，先后将增值税起征点提高至月销售额 3 万元、10 万元和 15 万元；2020 年以来至 2022 年 3 月底，实施 3% 征收率减按 1% 征收政策；2022 年 4 月 1 日至 2022 年 12 月 31 日，增值税小规模纳税人适用 3% 征收率的应税销售收入，免征增值税；适用 3% 预征率的预缴增值税项目，暂停预缴增值税；2022 年 4 月 1 日起开展增值税留抵退税也正式落地实施，从 4 月 1 日至 8 月 15 日，已有 20 131 亿元退税款退到纳税人账户，再加上 2022 年一季度继续实施此前出台的留抵退税老政策 1 233 亿元，已累计有 21 364 亿元退税款退到纳税人账户。2023 年以前的 5 年中，全国累计减税 5.4 万亿元，降费 2.8 万亿元，减轻了企业的税收负担，支持了实体经济的发展，促进了共同富裕目标的实现。

思考分析

1. 纳税人享受税收优惠免征增值税，是否还要按照规定的时间办理增值税纳税申报事项？

2. 增值税留抵退税分为存量留抵税额和增量留抵税额，你了解多少？

3. 增值税留抵退税是否可以同时退还对应的附加税费？

4. 增值税纳税人享受的税收优惠和留抵退税，如何进行会计处理？

任务一 增值税及附加税费的申报缴纳流程

一、增值税和附加税费的概念

增值税是对在我国境内销售货物或者加工、修理修配劳务（以下简称应税劳务），销售服务、无形资产、不动产以及进口货物的单位和个人，就其取得的增值额为征税对象征收的一种税。

附加税费是指以增值税、消费税税额为计税依据计算的城市维护建设税、教育费附加和地方教育附加。

二、增值税及其附加税费申报与缴纳流程

增值税及其附加税费申报与缴纳流程如图2-1所示。

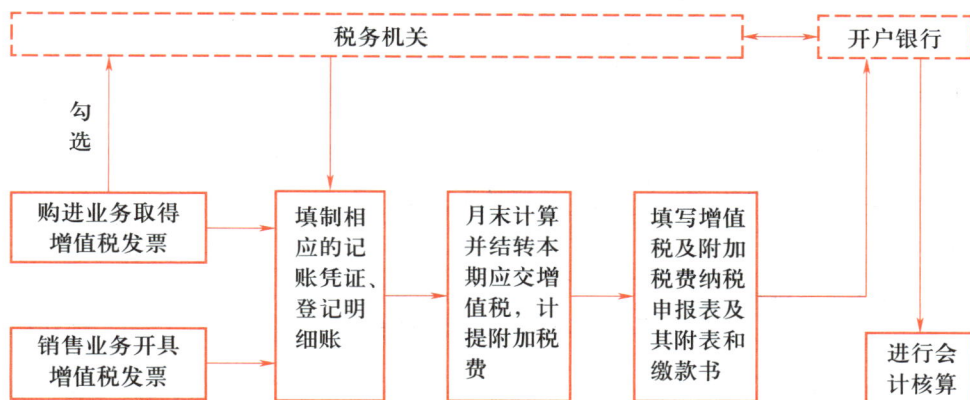

图2-1 增值税及其附加税费申报与缴纳流程

自2021年8月1日起，全面推行增值税、消费税分别与附加税费申报表整合工作。启用《增值税及附加税费申报表（一般纳税人适用）》《增值税及附加税费申报表（小规模纳税人适用）》《增值税及附加税费预缴表》及其附列资料和《消费税及附加税费申报表》。申报表整合后，附加税费随同主税使用同一张申报表，申报一次完成。

任务二　增值税一般纳税人的综合纳税申报

一、增值税一般纳税人综合纳税申报的必报资料

增值税一般纳税人综合纳税申报的必报资料如下：

1. 《增值税及附加税费申报表（一般纳税人适用）》
2. 附列资料
3. 其他相关资料

其他相关资料根据不同情况向税务机关进行纳税申报，具体如表 2-1 所示。

表 2-1　增值税一般纳税人纳税申报其他相关资料列表

序号	材料名称	数量	备注
1	《增值税及附加税费申报表（一般纳税人适用）》及其附列资料	2 份	
有以下情形的，还应提供相应材料			

适用情形	材料名称	数量	备注
2015 年 4 月 1 日起使用增值税发票系统升级版的，按照有关规定不使用网络办税或不具备网络条件的特定纳税人	金税盘、税控盘或 Ukey		
中国铁路总公司的铁路建设基金增值税纳税申报	《铁路建设基金纳税申报表》	1 份	
海关回函结果为"有一致的入库信息"的海关缴款书	《海关缴款书核查结果通知书》	1 份	
辅导期一般纳税人	《稽核结果比对通知书》	1 份	
各类汇总纳税企业	分支机构增值税汇总纳税信息传递单	1 份	
采用预缴方式缴纳增值税的发、供电企业	《电力企业增值税销项税额和进项税额传递单》	1 份	
增值税一般纳税人发生代扣代缴事项	《代扣代缴税收通用缴款书抵扣清单》	1 份	
增值税一般纳税人在资产重组过程中，将全部资产、负债和劳动力一并转让给其他增值税一般纳税人，原纳税人在办理注销登记前尚未抵扣的进项税额可结转至新纳税人处继续抵扣	《增值税一般纳税人资产重组进项留抵税额转移单》	1 份	

适用情形	材料名称		数量	备注
纳税人取得的符合抵扣条件且在本期申报抵扣的相关凭证	（1）增值税专用发票（含税控机动车销售统一发票）的抵扣联		1份	报备要求由省（自治区、直辖市和计划单列市）税务机关确定。
	（2）海关进口增值税专用缴款书、购进农产品取得的普通发票的复印件			
	（3）税收完税凭证及其清单，书面合同、付款证明和境外单位的对账单或者发票			
	（4）已开具的农产品收购凭证的存根联或报查联			
纳税人销售服务、不动产和无形资产，在确定服务、不动产和无形资产销售额时，按照有关规定从取得的全部价款和价外费用中扣除价款	符合法律、行政法规和国家税务总局规定的有效凭证及清单，主要包括	（1）支付给境内单位或者个人的款项，以发票为合法有效凭证	1份	报备要求由省（自治区、直辖市和计划单列市）税务机关确定。
		（2）支付给境外单位或者个人的款项，以该单位或者个人的签收单据为合法有效凭证，税务机关对签收单据有疑义的，可以要求其提供境外公证机构的确认证明		
		（3）缴纳的税款，以完税凭证为合法有效凭证		
		（4）扣除的政府性基金、行政事业性收费或者向政府支付的土地价款，以省级以上（含省级）财政部门监（印）制的财政票据为合法有效凭证		
		（5）国家税务总局规定的其他凭证		
部分行业试行农产品增值税进项税额核定扣除办法的一般纳税人	《农产品核定扣除增值税进项税额计算表（汇总表）》		1份	
	《投入产出法核定农产品增值税进项税额计算表》			
	《成本法核定农产品增值税进项税额计算表》			
	《购进农产品直接销售核定农产品增值税进项税额计算表》			
	《购进农产品用于生产经营且不构成货物实体核定农产品增值税进项税额计算表》			
省（自治区、直辖市和计划单列市）税务机关规定的其他资料			1份	

二、《增值税及附加税费申报表（一般纳税人适用）》及其附列资料的式样与填写

（一）相关名词解释

（1）本表及填写说明所称"货物"，是指增值税的应税货物。

（2）本表及填写说明所称"劳务"，是指增值税的应税加工、修理修配劳务。

（3）本表及填写说明所称"服务、不动产和无形资产"，是指销售服务、不动产和无形资产。

（4）本表及填写说明所称"按适用税率计税""按适用税率计算"和"一般计税方法"，均指按"应纳税额＝当期销项税额－当期进项税额"公式计算增值税应纳税额的计税方法。

（5）本表及填写说明所称"按简易办法计税""按简易征收办法计算"和"简易计税方法"，均指按"应纳税额＝销售额×征收率"公式计算增值税应纳税额的计税方法。

（6）本表及填写说明所称"扣除项目"，是指纳税人销售服务、不动产和无形资产，在确定销售额时，按照有关规定允许其从取得的全部价款和价外费用中扣除价款的项目。

（二）增值税及附加税费申报表（一般纳税人适用）

增值税及附加税费申报表（一般纳税人适用）（见表2-2）适用于一般纳税人进行填报。

表 2-2 　增值税及附加税费申报表

（一般纳税人适用）

根据国家税收法律法规及增值税相关规定制定本表。纳税人不论有无销售额，均应按税务机关核定的纳税期限填写本表，并向当地税务机关申报。

税款所属时间：自　　年　月　日至　　年　月　日　　填表日期：　年　月　日　　金额单位：元（列至角分）

纳税人识别号（统一社会信用代码）：□□□□□□□□□□□□□□□□□□□□　　　　所属行业：

纳税人名称：		法定代表人姓名		注册地址		生产经营地址	
开户银行及账号		登记注册类型			电话号码		
项　　目		栏　　次	一般项目		即征即退项目		
			本月数	本年累计	本月数	本年累计	
销售额	（一）按适用税率计税销售额	1					

项 目		栏 次	一般项目		即征即退项目	
			本月数	本年累计	本月数	本年累计
销售额	其中：应税货物销售额	2				
	应税劳务销售额	3				
	纳税检查调整的销售额	4				
	（二）按简易办法计税销售额	5				
	其中：纳税检查调整的销售额	6				
	（三）免、抵、退办法出口销售额	7			—	—
	（四）免税销售额	8			—	—
	其中：免税货物销售额	9			—	—
	免税劳务销售额	10			—	—
税款计算	销项税额	11				
	进项税额	12				
	上期留抵税额	13				—
	进项税额转出	14				
	免、抵、退应退税额	15			—	—
	按适用税率计算的纳税检查应补缴税额	16			—	—
	应抵扣税额合计	$17=12+13-14-15+16$		—		—
	实际抵扣税额	18（如 $17<11$，则为 17，否则为 11）				
	应纳税额	$19=11-18$				
	期末留抵税额	$20=17-18$				—
	简易计税办法计算的应纳税额	21				

项　　目		栏　　次	一般项目		即征即退项目	
			本月数	本年累计	本月数	本年累计
税款计算	按简易计税办法计算的纳税检查应补缴税额	22			—	—
	应纳税额减征额	23				
	应纳税额合计	24＝19+21-23				
税款缴纳	期初未缴税额（多缴为负数）	25				
	实收出口开具专用缴款书退税额	26			—	—
	本期已缴税额	27=28+29+30+31				
	①分次预缴税额	28		—	—	
	②出口开具专用缴款书预缴税额	29		—	—	
	③本期缴纳上期应纳税额	30				
	④本期缴纳欠缴税额	31				
	期末未缴税额（多缴为负数）	32=24+25+26-27				
	其中：欠缴税额（≥0）	33=25+26-27		—		—
	本期应补（退）税额	34 = 24-28-29		—		—
	即征即退实际退税额	35	—	—		
	期初未缴查补税额	36			—	—
	本期入库查补税额	37			—	—
	期末未缴查补税额	38=16+22+36-37			—	—

项　目		栏　次	一般项目		即征即退项目	
			本月数	本年累计	本月数	本年累计
附加税费	城市维护建设税本期应补（退）税额	39			—	—
	教育费附加本期应补（退）费额	40			—	—
	地方教育附加本期应补（退）费额	41			—	—
声明：此表是根据国家税收法律法规及相关规定填写的，本人（单位）对填报内容（及附带资料）的真实性、可靠性、完整性负责。 　　　　　　　　　　　　　　　　　　　纳税人（签章）：　　　　　年　　　月　　　日						
经办人： 经办人身份证号： 代理机构签章： 代理机构统一社会信用代码：			受理人： 受理税务机关（章）：　　受理日期：　　　年　　　月　　　日			

《增值税及附加税费申报表（一般纳税人适用）》填表说明

（1）"税款所属时间"：指纳税人申报的增值税应纳税额的所属时间，应填写具体的起止年、月、日。

（2）"填表日期"：指纳税人填写本表的具体日期。

（3）"纳税人识别号（统一社会信用代码）"：填写纳税人的统一社会信用代码或纳税人识别号。

（4）"所属行业"：按照国民经济行业分类与代码中的小类行业填写。

（5）"纳税人名称"：填写纳税人单位名称全称。

（6）"法定代表人姓名"：填写纳税人法定代表人的姓名。

（7）"注册地址"：填写纳税人税务登记证件所注明的详细地址。

（8）"生产经营地址"：填写纳税人实际生产经营地的详细地址。

（9）"开户银行及账号"：填写纳税人开户银行的名称和纳税人在该银行的结算账户号码。

（10）"登记注册类型"：按纳税人税务登记证件的栏目内容填写。

（11）"电话号码"：填写可联系到纳税人的常用电话号码。

（12）"即征即退项目"列：填写纳税人按规定享受增值税即征即退政策的货物、劳务和服务、不动产、无形资产的征（退）税数据。

（13）"一般项目"列：填写除享受增值税即征即退政策以外的货物、劳务和服务、不动产、无形资产的征（免）税数据。

（14）"本年累计"列：一般填写本年度内各月"本月数"之和。其中，第13、20、25、32、36、38栏及第18栏"实际抵扣税额""一般项目"列的"本年累计"分别按本填写说明第（27）（34）（39）（46）（50）（52）（32）条要求填写。

（15）第1栏"按适用税率计税销售额"：填写纳税人本期按一般计税方法计算缴纳增值税的销售额，包含：在财务上不作销售但按税法规定应缴纳增值税的视同销售和价外费用的销售额；外贸企业作价销售进料加工复出口货物的销售额；税务、财政、审计部门检查后按一般计税方法计算调整的销售额。

营业税改征增值税的纳税人，服务、不动产和无形资产有扣除项目的，本栏应填写扣除之前的不含税销售额。

本栏"一般项目"列"本月数"=《附列资料（一）》第9列第1至5行之和－第9列第6、7行之和；

本栏"即征即退项目"列"本月数"=《附列资料（一）》第9列第6、7行之和。

（16）第2栏"其中：应税货物销售额"：填写纳税人本期按适用税率计算增值税的应税货物的销售额。包含在财务上不作销售但按税法规定应缴纳增值税的视同销售货物和价外费用销售额，以及外贸企业作价销售进料加工复出口货物的销售额。

（17）第3栏"应税劳务销售额"：填写纳税人本期按适用税率计算增值税的应税劳务的销售额。

（18）第4栏"纳税检查调整的销售额"：填写纳税人因税务、财政、审计部门检查，并按一般计税方法在本期计算调整的销售额。但享受增值税即征即退政策的货物、劳务和服务、不动产、无形资产，经纳税检查属于偷税的，不填入"即征即退项目"列，而应填入"一般项目"列。

营业税改征增值税的纳税人，服务、不动产和无形资产有扣除项目的，本栏应填写扣除之前的不含税销售额。

本栏"一般项目"列"本月数"=《附列资料（一）》第7列第1至5行之和。

（19）第5栏"按简易办法计税销售额"：填写纳税人本期按简易计税方法计算增值税的销售额。包含纳税检查调整按简易计税方法计算增值税的销售额。

营业税改征增值税的纳税人，服务、不动产和无形资产有扣除项目的，本栏应填写扣除之前的不含税销售额；服务、不动产和无形资产按规定汇总计算缴纳增值税的分支机构，其当期按预征率计算缴纳增值税的销售额也填入本栏。

本栏"一般项目"列"本月数"≥《附列资料（一）》第9列第8至13b行之和 − 第9列第14、15行之和；

本栏"即征即退项目"列"本月数"≥《附列资料（一）》第9列第14、15行之和。

（20）第6栏"其中：纳税检查调整的销售额"：填写纳税人因税务、财政、审计部门检查，并按简易计税方法在本期计算调整的销售额。但享受增值税即征即退政策的货物、劳务和服务、不动产、无形资产，经纳税检查属于偷税的，不填入"即征即退项目"列，而应填入"一般项目"列。

营业税改征增值税的纳税人，服务、不动产和无形资产有扣除项目的，本栏应填写扣除之前的不含税销售额。

（21）第7栏"免、抵、退办法出口销售额"：填写纳税人本期适用免、抵、退税办法的出口货物、劳务和服务、无形资产的销售额。

营业税改征增值税的纳税人，服务、无形资产有扣除项目的，本栏应填写扣除之前的销售额。

本栏"一般项目"列"本月数"＝《附列资料（一）》第9列第16、17行之和。

（22）第8栏"免税销售额"：填写纳税人本期按照税法规定免征增值税的销售额和适用零税率的销售额，但零税率的销售额中不包括适用免、抵、退税办法的销售额。

营业税改征增值税的纳税人，服务、不动产和无形资产有扣除项目的，本栏应填写扣除之前的免税销售额。

本栏"一般项目"列"本月数"＝《附列资料（一）》第9列第18、19行之和。

（23）第9栏"其中：免税货物销售额"：填写纳税人本期按照税法规定免征增值税的货物销售额及适用零税率的货物销售额，但零税率的销售额中不包括适用免、抵、退税办法出口货物的销售额。

（24）第10栏"免税劳务销售额"：填写纳税人本期按照税法规定免征增值税的劳务销售额及适用零税率的劳务销售额，但零税率的销售额中不包括适用免、抵、退税办法的劳务的销售额。

（25）第11栏"销项税额"：填写纳税人本期按一般计税方法计税的货物、劳务和服务、不动产、无形资产的销项税额。

营业税改征增值税的纳税人，服务、不动产和无形资产有扣除项目的，本栏应填写扣除之后的销项税额。

本栏"一般项目"列"本月数"=《附列资料（一）》（第 10 列第 1、3 行之和 − 第 10 列第 6 行）+（第 14 列第 2、4、5 行之和 − 第 14 列第 7 行）；

本栏"即征即退项目"列"本月数"=《附列资料（一）》第 10 列第 6 行 + 第 14 列第 7 行。

（26）第 12 栏"进项税额"：填写纳税人本期申报抵扣的进项税额。

本栏"一般项目"列"本月数"+"即征即退项目"列"本月数"=《附列资料（二）》第 12 栏"税额"。

（27）第 13 栏"上期留抵税额"："本月数"按上一税款所属期申报表第 20 栏"期末留抵税额""本月数"填写。

本栏"一般项目"列"本年累计"不填写。

（28）第 14 栏"进项税额转出"：填写纳税人已经抵扣，但按税法规定本期应转出的进项税额。

本栏"一般项目"列"本月数"+"即征即退项目"列"本月数"=《附列资料（二）》第 13 栏"税额"。

（29）第 15 栏"免、抵、退应退税额"：反映税务机关退税部门按照出口货物、劳务和服务、无形资产免、抵、退办法审批的增值税应退税额。

（30）第 16 栏"按适用税率计算的纳税检查应补缴税额"：填写税务、财政、审计部门检查，按一般计税方法计算的纳税检查应补缴的增值税税额。

本栏"一般项目"列"本月数"≤《附列资料（一）》第 8 列第 1 至 5 行之和 +《附列资料（二）》第 19 栏。

（31）第 17 栏"应抵扣税额合计"：填写纳税人本期应抵扣进项税额的合计数。按表中所列公式计算填写。

（32）第 18 栏"实际抵扣税额"："本月数"按表中所列公式计算填写。本栏"一般项目"列"本年累计"不填写。

（33）第 19 栏"应纳税额"：反映纳税人本期按一般计税方法计算并应缴纳的增值税额。

① 适用加计抵减政策的纳税人，按以下公式填写

本栏"一般项目"列"本月数"=第 11 栏"销项税额""一般项目"列"本月数"−第 18 栏"实际抵扣税额""一般项目"列"本月数"−"实际抵减额"；

本栏"即征即退项目"列"本月数"=第 11 栏"销项税额"；

"即征即退项目"列"本月数"−第 18 栏"实际抵扣税额""即征即退项目"列

"本月数" – "实际抵减额"。

适用加计抵减政策的纳税人是指，按照规定计提加计抵减额，并可从本期适用一般计税方法计算的应纳税额中抵减的纳税人（下同）。"实际抵减额"是指按照规定可从本期适用一般计税方法计算的应纳税额中抵减的加计抵减额，分别对应《附列资料（四）》第6行"一般项目加计抵减额计算"、第7行"即征即退项目加计抵减额计算"的"本期实际抵减额"列。

② 其他纳税人按表中所列公式填写

（34）第20栏"期末留抵税额"："本月数"按表中所列公式填写。本栏"一般项目"列"本年累计"不填写。

（35）第21栏"简易计税办法计算的应纳税额"：反映纳税人本期按简易计税方法计算并应缴纳的增值税额，但不包括按简易计税方法计算的纳税检查应补缴税额。按以下公式计算填写：

本栏"一般项目"列"本月数"=《附列资料（一）》（第10列第8、9a、10、11行之和 – 第10列第14行）+（第14列第9b、12、13a、13b行之和 – 第14列第15行）；

本栏"即征即退项目"列"本月数"=《附列资料（一）》第10列第14行 + 第14列第15行。

营业税改征增值税的纳税人，服务、不动产和无形资产按规定汇总计算缴纳增值税的分支机构，应将预征增值税额填入本栏。预征增值税额=应预征增值税的销售额 × 预征率。

（36）第22栏"按简易计税办法计算的纳税检查应补缴税额"：填写纳税人本期因税务、财政、审计部门检查并按简易计税方法计算的纳税检查应补缴税额。

（37）第23栏"应纳税额减征额"：填写纳税人本期按照税法规定减征的增值税应纳税额。包含按照规定可在增值税应纳税额中全额抵减的增值税税控系统专用设备费用以及技术维护费，支持和促进重点群体创业就业、扶持自主就业退役士兵创业就业等有关税收政策可扣减的增值税额，按照规定可填列的减按征收对应的减征增值税税额等。

当本期减征额小于或等于第19栏"应纳税额"与第21栏"简易计税办法计算的应纳税额"之和时，按本期减征额实际填写；当本期减征额大于第19栏"应纳税额"与第21栏"简易计税办法计算的应纳税额"之和时，按本期第19栏与第21栏之和填写。本期减征额不足抵减部分结转下期继续抵减。

（38）第24栏"应纳税额合计"：反映纳税人本期应缴增值税的合计数。按表中所列公式计算填写。

（39）第25栏"期初未缴税额（多缴为负数）"："本月数"按上一税款所属期申报表第32栏"期末未缴税额（多缴为负数）""本月数"填写。"本年累计"按上年度最后一个税款所属期申报表第32栏"期末未缴税额（多缴为负数）""本年累计"填写。

（40）第26栏"实收出口开具专用缴款书退税额"：本栏不填写。

（41）第27栏"本期已缴税额"：反映纳税人本期实际缴纳的增值税额，但不包括本期入库的查补税款。按表中所列公式计算填写。

（42）第28栏"① 分次预缴税额"：填写纳税人本期已缴纳的准予在本期增值税应纳税额中抵减的税额。

营业税改征增值税的纳税人，分以下几种情况填写：

① 服务、不动产和无形资产按规定汇总计算缴纳增值税的总机构，其可以从本期增值税应纳税额中抵减的分支机构已缴纳的税款，按当期实际可抵减数填入本栏，不足抵减部分结转下期继续抵减。

② 销售建筑服务并按规定预缴增值税的纳税人，其可以从本期增值税应纳税额中抵减的已缴纳的税款，按当期实际可抵减数填入本栏，不足抵减部分结转下期继续抵减。

③ 销售不动产并按规定预缴增值税的纳税人，其可以从本期增值税应纳税额中抵减的已缴纳的税款，按当期实际可抵减数填入本栏，不足抵减部分结转下期继续抵减。

④ 出租不动产并按规定预缴增值税的纳税人，其可以从本期增值税应纳税额中抵减的已缴纳的税款，按当期实际可抵减数填入本栏，不足抵减部分结转下期继续抵减。

（43）第29栏"② 出口开具专用缴款书预缴税额"：本栏不填写。

（44）第30栏"③ 本期缴纳上期应纳税额"：填写纳税人本期缴纳上一税款所属期应缴未缴的增值税额。

（45）第31栏"④ 本期缴纳欠缴税额"：反映纳税人本期实际缴纳和留抵税额抵减的增值税欠税额，但不包括缴纳入库的查补增值税额。

（46）第32栏"期末未缴税额（多缴为负数）"："本月数"反映纳税人本期期末应缴未缴的增值税额，但不包括纳税检查应缴未缴的税额。

按表中所列公式计算填写。"本年累计"与"本月数"相同。

（47）第33栏"其中：欠缴税额（≥0）"：反映纳税人按照税法规定已形成欠税的增值税额。按表中所列公式计算填写。

（48）第34栏"本期应补（退）税额"：反映纳税人本期应纳税额中应补缴或应退回的数额。按表中所列公式计算填写。

（49）第35栏"即征即退实际退税额"：反映纳税人本期因符合增值税即征即退政策规定，而实际收到的税务机关退回的增值税额。

（50）第36栏"期初未缴查补税额"："本月数"按上一税款所属期申报表第38栏"期末未缴查补税额""本月数"填写。

"本年累计"按上年度最后一个税款所属期申报表第38栏"期末未缴查补税额""本年累计"填写。

（51）第37栏"本期入库查补税额"：反映纳税人本期因税务、财政、审计部门检查而实际入库的增值税额，包括按一般计税方法计算并实际缴纳的查补增值税额和按简易计税方法计算并实际缴纳的查补增值税额。

（52）第38栏"期末未缴查补税额"："本月数"反映纳税人接受纳税检查后应在本期期末缴纳而未缴纳的查补增值税额。

按表中所列公式计算填写，"本年累计"与"本月数"相同。

（53）第39栏"城市维护建设税本期应补（退）税额"：填写纳税人按税法规定应当缴纳的城市维护建设税。

本栏"一般项目"列"本月数"=《附列资料（五）》第1行第11列。

（54）第40栏"教育费附加本期应补（退）费额"：填写纳税人按规定应当缴纳的教育费附加。

本栏"一般项目"列"本月数"=《附列资料（五）》第2行第11列。

（55）第41栏"地方教育附加本期应补（退）费额"：填写纳税人按规定应当缴纳的地方教育附加。

本栏"一般项目"列"本月数"=《附列资料（五）》第3行第11列。

（三）《增值税及附加税费申报表（一般纳税人适用）》附列资料

1.《增值税及附加税费申报表附列资料（一）》（本期销售情况明细）（见表2-3）

表2-3填表说明

表 2-3　增值税及

（本期

税款所属时间：　　　年

纳税人名称：（公章）

项目及栏次				开具增值税专用发票		开具其他发票		未开具发票	
				销售额	销项（应纳）税额	销售额	销项（应纳）税额	销售额	销项（应纳）
				1	2	3	4	5	6
一、一般计税方法计税	全部征税项目	13% 税率的货物及加工修理修配劳务	1						
		13% 税率的服务、不动产和无形资产	2						
		9% 税率的货物及加工修理修配劳务	3						
		9% 税率的服务、不动产和无形资产	4						
		6% 税率	5						
	其中：即征即退项目	即征即退货物及加工修理修配劳务	6	—	—	—	—	—	—
		即征即退服务、不动产和无形资产	7						
二、简易计税方法计税	全部征税项目	6% 征收率	8						
		5% 征收率的货物及加工修理修配劳务	9a						
		5% 征收率的服务、不动产和无形资产	9b						
		4% 征收率	10						
		3% 征收率的货物及加工修理修配劳务	11						
		3% 征收率的服务、不动产和无形资产	12						
		预征率　%	13a						
		预征率　%	13b						
		预征率　%	13c						
	其中：即征即退项目	即征即退货物及加工修理修配劳务	14	—	—	—	—	—	—
		即征即退服务、不动产和无形资产	15	—	—	—	—	—	—
三、免抵退税		货物及加工修理修配劳务	16	—				—	
		服务、不动产和无形资产	17	—				—	
四、免税		货物及加工修理修配劳务	18					—	
		服务、不动产和无形资产	19	—				—	

金额单位：元（列至角分）

纳税检查调整		合计			服务、不动产和无形资产扣除项目本期实际扣除金额	扣除后	
售额	销项（应纳）税额	销售额	销项（应纳）税额	价税合计		含税（免税）销售额	销项（应纳）税额
7	8	9＝1+3+5+7	10＝2+4+6+8	11＝9+10	12	13＝11-12	14＝13÷（100%＋税率或征收率）×税率或征收率
				—	—	—	—
				—			—
—	—						—
—	—						—
—	—						—
—	—			—			—
—	—			—			—
				—	—	—	—
—	—			—	—	—	—
			—	—	—	—	—
			—	—	—	—	—
			—	—	—	—	—

2.《增值税及附加税费申报表附列资料（二）》（本期进项税额明细）（见表 2-4）

表 2-4　增值税及附加税费申报表附列资料(二)

(本期进项税额明细)

税款所属时间：　　　年　　月　　日至　　　年　　月　　日

纳税人名称：（公章）　　　　　　　　　　　　　　　　　　金额单位：元（列至角分）

一、申报抵扣的进项税额				
项目	栏次	份数	金额	税额
（一）认证相符的增值税专用发票	1=2+3			
其中：本期认证相符且本期申报抵扣	2			
前期认证相符且本期申报抵扣	3			
（二）其他扣税凭证	4=5+6+7+8a+8b			
其中：海关进口增值税专用缴款书	5			
农产品收购发票或者销售发票	6			
代扣代缴税收缴款凭证	7	—		
加计扣除农产品进项税额	8a	—	—	
其他	8b			
（三）本期用于购建不动产的扣税凭证	9			
（四）本期用于抵扣的旅客运输服务扣税凭证	10			
（五）外贸企业进项税额抵扣证明	11	—	—	
当期申报抵扣进项税额合计	12=1+4+11			

二、进项税额转出额		
项目	栏次	税额
本期进项税额转出额	13=14 至 23 之和	
其中：免税项目用	14	
集体福利、个人消费	15	
非正常损失	16	
简易计税方法征税项目用	17	
免抵退税办法不得抵扣的进项税额	18	
纳税检查调减进项税额	19	
红字专用发票信息表注明的进项税额	20	
上期留抵税额抵减欠税	21	
上期留抵税额退税	22	
异常凭证转出进项税额	23a	
其他应作进项税额转出的情形	23b	

三、待抵扣进项税额				
项目	栏次	份数	金额	税额
（一）认证相符的增值税专用发票	24	—	—	—
期初已认证相符但未申报抵扣	25			
本期认证相符且本期未申报抵扣	26			
期末已认证相符但未申报抵扣	27			
其中：按照税法规定不允许抵扣	28			
（二）其他扣税凭证	29=30至33之和			
其中：海关进口增值税专用缴款书	30			
农产品收购发票或者销售发票	31			
代扣代缴税收缴款凭证	32	—		
其他	33			
	34			
四、其他				
项目	栏次	份数	金额	税额
本期认证相符的增值税专用发票	35			
代扣代缴税额	36	—	—	

3.《增值税及附加税费申报表附列资料（三）》（服务、不动产和无形资产扣除项目明细）（见表2-5）

表2-5　增值税及附加税费申报表附列资料（三）

（服务、不动产和无形资产扣除项目明细）

税款所属时间：　　年　月　日至　　年　月　日

纳税人名称：（公章）　　　　　　　　　　　　　　　　金额单位：元（列至角分）

表2-5填表说明

项目及栏次		本期服务、不动产和无形资产价税合计额（免税销售额）	服务、不动产和无形资产扣除项目				
			期初余额	本期发生额	本期应扣除金额	本期实际扣除金额	期末余额
		1	2	3	4=2+3	5（5≤1且5≤4）	6=4-5
13%税率的项目	1						
9%税率的项目	2						
6%税率的项目（不含金融商品转让）	3						
6%税率的金融商品转让项目	4						
5%征收率的项目	5						

项目及栏次	本期服务、不动产和无形资产价税合计额（免税销售额）	服务、不动产和无形资产扣除项目				
		期初余额	本期发生额	本期应扣除金额	本期实际扣除金额	期末余额
	1	2	3	4=2+3	5（5≤1且5≤4）	6=4-5
3% 征收率的项目	6					
免抵退税的项目	7					
免税的项目	8					

4.《增值税及附加税费申报表附列资料（四）》（税额抵减情况表）（见表2-6）

表2-6　增值税及附加税费申报表附列资料(四)

（税额抵减情况表）

税款所属时间：　　　年　　月　　日至　　　年　　月　　日

纳税人名称：（公章）　　　　　　　　　　　　　　　　　　　　金额单位：元（列至角分）

表2-6填表说明

	一、税额抵减情况					
序号	抵减项目	期初余额	本期发生额	本期应抵减税额	本期实际抵减税额	期末余额
		1	2	3=1+2	4≤3	5=3-4
1	增值税税控系统专用设备费及技术维护费					
2	分支机构预征缴纳税款					
3	建筑服务预征缴纳税款					
4	销售不动产预征缴纳税款					
5	出租不动产预征缴纳税款					
	二、加计抵减情况					
序号	加计抵减项目	期初余额	本期发生额	本期调减额	本期可抵减额	本期实际抵减额	期末余额
		1	2	3	4=1+2-3	5	6=4-5
6	一般项目加计抵减额计算						
7	即征即退项目加计抵减额计算						
8	合计						

5.《增值税及附加税费申报表附列资料（五）》（附加税费情况表）（见表2-7）

表2-7填表说明

表2-7 增值税及附加税费申报表附列资料（五）
（附加税费情况表）

税（费）款所属时间：　年　月　日至　年　月　日

纳税人名称：（公章）　　　　　　　　　　　　　□个体工商户　□小型微利企业　　　　金额单位：元

本期是否适用小微企业"六税两费"减免政策　□是　□否

税（费）种	计税（费）依据			税（费）率（%）	本期应纳税（费）额	减免政策			小微企业"六税两费"减免政策		试点建设培育产教融合型企业		本期已缴税（费）额	本期应补（退）税（费）额
	增值税税额	增值税免抵税额	留抵退税本期扣除额			本期减免税（费）额		减免政策适用主体 / 适用减免政策起止时间	减征比例（%）	减征额	减免性质代码	本期抵免金额		
						减免性质代码	减免税（费）额							
	1	2	3	4	5=(1+2-3)×4	6	7	8	8	9=(5-7)×8	10	11	12	13=5-7-9-11-12
城市维护建设税　1														
教育费附加　2			—	—		—			—	—	—	—		
地方教育附加　3			—	—		—			—	—	—	—		
合计　4			—	—		—			—	—	—	—		

本期是否适用试点建设培育产教融合型企业抵免政策　□是　□否

可用于扣除的增值税留抵退税额使用情况

当期新增投资额	5
上期留抵可抵免金额	6
结转下期可抵免金额	7
当期新增可用于扣除的留抵退税额	8
上期结存可用于扣除的留抵退税额	9
结转下期可用于扣除的留抵退税额	10

6.《增值税减免税申报明细表》（见表2-8）

表2-8 增值税减免税申报明细表

税款所属时间：自　　年　　月　　日至　　年　　月　　日

纳税人名称（公章）：　　　　　　　　　　　　　　　　　　　金额单位：元（列至角分）

表2-8填表说明

一、减税项目						
减税性质代码及名称	栏次	期初余额	本期发生额	本期应抵减税额	本期实际抵减税额	期末余额
		1	2	3=1+2	4≤3	5=3-4
合计	1					
	2					
	3					
	4					
	5					
	6					
二、免税项目						
免税性质代码及名称	栏次	免征增值税项目销售额	免税销售额扣除项目本期实际扣除金额	扣除后免税销售额	免税销售额对应的进项税额	免税额
		1	2	3=1-2	4	5
合计	7					
出口免税	8		—	—	—	
其中：跨境服务	9		—	—	—	
	10				—	
	11				—	
	12				—	
	13				—	
	14				—	
	15				—	
	16				—	

三、一般纳税人增值税及附加税费申报操作

一般纳税人增值税及附加税费申报操作可通过电子税务局进行办理，主要内容包括报表填写、报表申报、申报作废、税费缴纳和开具完税证明。

一般纳税人增值税及附加税费操作

任务三　增值税小规模纳税人的综合纳税申报

一、小规模纳税人增值税及附加税费申报必报资料

小规模纳税人增值税及附加税费申报的必报资料如下：

1.《增值税及附加税费申报表（小规模纳税人适用）》

2. 附列资料

3. 其他相关资料（见表 2-9）

表 2-9　小规模纳税人增值税及附加税费申报其他相关资料列表

序号	材料名称	数量	备注
1	《增值税及附加税费申报表（小规模纳税人适用）》及其附列资料	2 份	
有以下情形的，还应提供相应材料			

适用情形	材料名称	数量	备注
机动车经销企业的纳税人	已开具发票的存根联	1 份	报送要求按省（自治区、直辖市和计划单列市）税务机关确定
2015 年 4 月 1 日起使用增值税发票系统升级版的，按照有关规定不使用网络办税或不具备网络条件的纳税人	金税盘、税控盘或 UKey		
实行预缴方式缴纳增值税的电力产品增值税纳税人	电力企业增值税销项税额和进项税额传递单	1 份	

二、《增值税及附加税费申报表（小规模纳税人适用）》及其附列资料式样与填报

表 2-10 填表说明

（一）《增值税及附加税费申报表（小规模纳税人适用）》（见表 2-10）

表 2-10　增值税及附加税费申报表

（小规模纳税人适用）

纳税人识别号（统一社会信用代码）：□□□□□□□□□□□□□□□□□□□□

纳税人名称：　　　　　　　　　　　　　　　　　　金额单位：元（列至角分）

税款所属期：　　年　　月　　日至　　年　　月　　日　填表日期：　　年　　月　　日

项目		栏次	本期数		本年累计	
			货物及劳务	服务、不动产和无形资产	货物及劳务	服务、不动产和无形资产
一、计税依据	（一）应征增值税不含税销售额（3%征收率）	1				
	增值税专用发票不含税销售额	2				
	其他增值税发票不含税销售额	3				
	（二）应征增值税不含税销售额（5%征收率）	4	—		—	
	增值税专用发票不含税销售额	5	—		—	
	其他增值税发票不含税销售额	6	—		—	
	（三）销售使用过的固定资产不含税销售额	7（7≥8）		—		—
	其中：其他增值税发票不含税销售额	8		—		—
	（四）免税销售额	9=10+11+12				
	其中：小微企业免税销售额	10				
	未达起征点销售额	11				
	其他免税销售额	12				
	（五）出口免税销售额	13（13≥14）				
	其中：其他增值税发票不含税销售额	14				
二、税款计算	本期应纳税额	15				
	本期应纳税额减征额	16				
	本期免税额	17				
	其中：小微企业免税额	18				
	未达起征点免税额	19				
	应纳税额合计	20=15-16				
	本期预缴税额	21			—	—
	本期应补（退）税额	22=20-21			—	—

项目		栏次	本期数	本年累计
三、附加税费	城市维护建设税本期应补（退）税额	23		
	教育费附加本期应补（退）费额	24		
	地方教育附加本期应补（退）费额	25		

声明：此表是根据国家税收法律法规及相关规定填写的，本人（单位）对填报内容（及附带资料）的真实性、可靠性、完整性负责。 纳税人（签章）：　　　年　　月　　日

经办人： 经办人身份证号： 代理机构签章： 代理机构统一社会信用代码：	受理人： 受理税务机关（章）： 受理日期：　　　年　　月　　日

（二）《增值税及附加税费申报表（小规模纳税人适用）》附列资料

1.《增值税及附加税费申报表（小规模纳税人适用）附列资料（一）》（见表2-11）

表2-11 填表说明

表2-11　增值税及附加税费申报表(小规模纳税人适用)附列资料(一)

（服务、不动产和无形资产扣除项目明细）

税款所属期：　　年　　月　　日至　　　年　　月　　日　填表日期：　　　年　　月　　日
纳税人名称（公章）：　　　　　　　　　　　　　　　　　金额单位：元（列至角分）

应税行为（3%征收率）扣除额计算			
期初余额	本期发生额	本期扣除额	期末余额
1	2	3（3≤1+2之和，且3≤5）	4＝1+2-3
应税行为（3%征收率）计税销售额计算			
全部含税收入 （适用3%征收率）	本期扣除额	含税销售额	不含税销售额
5	6＝3	7＝5-6	8＝7÷1.03
应税行为（5%征收率）扣除额计算			
期初余额	本期发生额	本期扣除额	期末余额
9	10	11（11≤9+10之和，且11≤13）	12＝9+10-11

应税行为（5%征收率）计税销售额计算			
全部含税收入 （适用5%征收率）	本期扣除额	含税销售额	不含税销售额
13	14＝11	15＝13－14	16＝15÷1.05

2.《增值税及附加税费申报表（小规模纳税人适用）附列 资料（二）》（见表2-12）

表2-12　增值税及附加税费申报表（小规模纳税人适用）附列资料（二）

（附加税费情况表）

税（费）款所属时间：　　　　年　　月　　日至　　　　年　　月　　日

纳税人名称：（公章）　　　　　　　　　　　　　　　　金额单位：元（列至角分）

表2-12填表说明

税（费）种	计税（费）依据	税（费）率（%）	本期应纳税（费）额	本期减免税（费）额		增值税小规模纳税人"六税两费"减征政策		本期已缴税（费）额	本期应补（退）税（费）额
	增值税税额			减免性质代码	减免税（费）额	减征比例（%）	减征额		
	1	2	3＝1×2	4	5	6	7＝(3-5)×6	8	9＝3-5-7-8
城市维护建设税									
教育费附加									
地方教育附加									
合计	—	—		—		—			

三、小规模纳税人申报操作

小规模纳税人申报操作

小规模纳税人申报操作可通过电子税务局以及网上电子申报客户端 eTax 进行办理。

任务四　增值税及附加税费预缴的综合纳税申报

一、增值税及附加税费预缴的范围

《增值税及附加税费预缴表》适用于纳税人（不含其他个人）跨县（市）提供建筑

服务、房地产开发企业预售自行开发的房地产项目和纳税人（不含其他个人）出租与机构所在地不在同一县（市）的不动产的情形。

增值税及附加税费预缴表包括《增值税及附加税费预缴表》（表2-13）和《增值税及附加税费预缴表附列资料（附加税费情况表）》（表2-14）两部分。

二、增值税及附加税费预缴表（见表2-13）

表2-13　增值税及附加税费预缴表

表2-13填表说明

税款所属时间：　　　年　月　日至　　　年　月　日

纳税人识别号（统一社会信用代码）：□□□□□□□□□□□□□□□□□□□□

是否适用一般计税方法　是□　否□

纳税人名称：

项目编号：　　　　　　　　　项目名称：

项目地址：　　　　　　　　　　　　　　　　金额单位：元（列至角分）

预征项目和栏次		销售额	扣除金额	预征率	预征税额
		1	2	3	4
建筑服务	1				
销售不动产	2				
出租不动产	3				
	4				
	5				
合计	6				

附加税费					
城市维护建设税实际预缴税额		教育费附加实际预缴费额		地方教育附加实际预缴费额	

声明：此表是根据国家税收法律法规及相关规定填写的，本人（单位）对填报内容（及附带资料）的真实性、可靠性、完整性负责。

纳税人（签章）：　　　年　月　日

经办人： 经办人身份证号： 代理机构签章： 代理机构统一社会信用代码：	受理人： 受理税务机关（章）： 受理日期：　　　年　月　日

表2-14填
表2-14说明

三、《增值税及附加税费预缴表附列资料（附加税费情况表）》（见表2-14）

表2-14　增值税及附加税费预缴表附列资料

（附加税费情况表）

税（费）款所属时间：　　年　月　日至　　年　月　日

纳税人名称：（公章）　　　　　　　　　　　　金额单位：元（列至角分）

本期是否适用小微企业"六税两费"减免政策			□是　□否				
减免政策适用主体			增值税小规模纳税人：□是　□否				
			增值税一般纳税人：□个体工商户　□小型微利企业				
适用减免政策起止时间			年　月至　　年　月				

税（费）种	计税（费）依据 增值税预缴税额	税（费）率（%）	本期应纳税（费）额	本期减免税（费）额		小微企业"六税两费"减征政策		本期实际预缴税（费）额
				减免性质代码	减免税（费）额	减征比例（%）	减征额	
	1	2	3=1×2	4	5	6	7=(3-5)×6	8=3-5-7
城市维护建设税								
教育费附加		—						
地方教育附加		—						
合计	—	—				—	—	

四、增值税及附加税费预缴表操作

增值税及附加税费预缴表操作

增值税及附加税费预缴表可通过电子税务局填写申报表、发送申报表、查询申报结果、作废申报表和打印申报表。

任务五　发票管理与增值税发票操作实务

发票是指在购销商品、提供或者接受服务和从事其他经营活动中，开具、收取的收付款凭证，包括纸质发票和电子发票（含打印出来的电子发票）。发票是确定经济收支行为发生的证明文件，是财务收支的法定凭证。对企业而言，是会计核算的原始凭证；对税务机关来说，是税务稽查的重要依据。

电子发票突破了传统纸质发票的概念，采取电子签章实现发票签名、电子盖章，实现电子发票的唯一性、不可抵赖性、防篡改的电子普通发票开具后形成的电子数据。电子发票可通过网络、移动通信等方式进行传送。电子发票版式文件是由国家税务总局统一规定，相比纸质发票，电子发票在页面左上角新增了二维码标识；且电子发票的打印纸张也不再是专用纸，使用者可用普通 A4 纸进行打印。

一、发票管理的基本规定

（一）发票的主管机关

税务机关是发票的主管机关，负责发票的印制、领购、开具、取得、保管、缴销的管理和监督。

在全国范围内统一式样的发票，由国家税务总局确定。在省、自治区、直辖市范围内统一式样的发票，由省、自治区、直辖市税务局（以下简称省税务局）确定。用票单位可以书面向税务机关要求使用印有本单位名称的发票，税务机关依据相关规定，确认印有该单位名称发票的种类和数量。

增值税专用发票由国家税务总局统一印制；其他发票按照国务院税务主管部门的规定，由省、自治区、直辖市税务机关指定的印制发票的企业印制。禁止私印、伪造、变造发票。发票应当套印全国统一发票监制章。全国统一发票监制章的式样和发票版面印刷的要求，由国家税务总局规定。发票监制章由省、自治区、直辖市税务机关制作。禁止伪造发票监制章。发票实行不定期换版制度。

(二) 发票的种类、联次及内容

1. 发票的种类

发票按行业特点和纳税人的生产经营项目分为普通发票和增值税专用发票。普通发票在增值税一般纳税人和增值税小规模纳税人不能开具增值税专用发票的情况下使用。增值税专用发票（以下简称专用发票）对增值税一般纳税人和增值税小规模纳税人（其他个人除外）符合规定条件均可领购使用。

2. 发票的联次

发票的基本联次包括存根联、发票联、记账联。存根联由收款方或开票方留存备查；发票联由付款方或受票方作为付款原始凭证；记账联由收款方或开票方作为记账原始凭证。省以上税务机关可根据发票管理情况以及纳税人经营业务需要，增减除发票联以外的其他联次，并确定其用途。

3. 发票的内容

发票的基本内容包括：发票的名称、发票代码和号码、联次及用途、购买方名称、开户银行及账号、商品名称或经营项目、计量单位、数量、单价、大小写金额、开票人、开票日期、开票单位（个人）名称（章）等。省以上税务机关可根据经济活动以及发票管理需要，确定发票的具体内容。

(三) 发票的领用

（1）需要领用发票的单位和个人，应当持税务登记证件、经办人身份证明、按照国务院税务主管部门规定式样制作的发票专用章的印模和《纳税人领用发票票种核定表》（见表2-15），向主管税务机关办理发票领用手续。主管税务机关根据领用单位和个人的经营范围和规模，确认领用发票的种类、数量以及领用方式，在5个工作日内发给发票领用簿。

单位和个人领用发票时，应当按照税务机关的规定报告发票使用情况，税务机关应当按照规定进行查验。

表2-15 纳税人领用发票票种核定表

纳税人识别号			
纳税人名称			
领票人	联系电话	身份证件类型	身份证件号码

发票种类名称	发票票种核定操作类型	单位（数量）	每月最高领票数量	每次最高领票数量	持票最高数量	定额发票累计领票金额	领票方式

纳税人（签章）

经办人：　　　　　　法定代表人（业主、负责人）：　　　　　　填表日期：　　年　　月　　日

发票专用章印模：

（2）需要临时使用发票的单位和个人，可以凭购销商品、提供或者接受服务以及从事其他经营活动的书面证明、经办人身份证明，直接向经营地税务机关申请代开发票。依照税收法律、行政法规规定应当缴纳税款的，税务机关应当先征收税款，再开具发票。税务机关根据发票管理的需要，可以按照国务院税务主管部门的规定委托其他单位代开发票。禁止非法代开发票。

表 2-15 表单说明

（3）临时到本省、自治区、直辖市行政区域以外从事经营活动的单位或者个人，应当凭所在地税务机关的证明，向经营地税务机关领购经营地的发票。

（4）税务机关对外省、自治区、直辖市来本辖区从事临时经营活动的单位和个人申请领用发票的，可以要求其提供保证人或者根据所领用发票的票面限额以及数量交纳不超过 1 万元的保证金，并限期缴销发票。

按期缴销发票的，解除保证人的担保义务或者退还保证金；未按期缴销发票的，由保证人或者以保证金承担法律责任。

（5）新登记的纳税人发票领用实务，详见项目一。

（四）发票的开具和管理

（1）销售商品、提供服务以及从事其他经营活动的单位和个人，对外发生经营业务收取款项，收款方应当向付款方开具发票；特殊情况下，由付款方向收款方开具发票。

（2）所有单位和从事生产、经营活动的个人在购买商品、接受服务以及从事其他经营活动支付款项，应当向收款方取得发票。取得发票时，不得要求变更品名和金额。不

符合规定的发票，不得作为财务报销凭证，任何单位和个人有权拒收。

（3）开具发票应当按照规定的时限、顺序、逐栏、全部联次一次性如实开具，并加盖发票专用章。购买方为企业的，索取增值税普通发票时，应向销售方提供纳税人识别号或统一社会信用代码。销售方为其开具增值税普通发票时，应在"购买方纳税人识别号"栏填写购买方的纳税人识别号或统一社会信用代码。不符合规定的发票，不得作为税收凭证。

纳税人通过增值税发票管理系统开具增值税发票时，商品和服务税收分类编码对应的简称会自动显示并打印在发票票面"货物或应税劳务、服务名称"或"项目"栏次中。具体简称可参见《商品和服务税收分类编码表》。

《商品和服务税收分类编码表》

（4）任何单位和个人不得有下列虚开发票行为：

① 为他人、为自己开具与实际经营业务情况不符的发票；

② 让他人为自己开具与实际经营业务情况不符的发票；

③ 介绍他人开具与实际经营业务情况不符的发票。

（5）安装税控装置的单位和个人，应当按照规定使用税控装置开具发票，并按期向主管税务机关报送开具发票的数据。使用非税控电子器具开具发票的，应当将非税控电子器具使用的软件程序说明资料报主管税务机关备案，并按照规定保存、报送开具发票的数据。国家推广使用网络发票管理系统开具发票，具体管理办法由国务院税务主管部门制定。

（6）任何单位和个人应当按照发票管理规定使用发票，不得有下列行为：

① 转借、转让、介绍他人转让发票、发票监制章和发票防伪专用品；

② 知道或者应当知道是私印、伪造、变造、非法取得或者废止的发票而受让、开具、存放、携带、邮寄、运输；

③ 拆本使用发票；

④ 扩大发票使用范围；

⑤ 以其他凭证代替发票使用。

税务机关应当提供查询发票真伪的便捷渠道。

（7）除国务院税务主管部门规定的特殊情形外，发票限于领购单位和个人在本省、自治区、直辖市内开具。

（8）除国务院税务主管部门规定的特殊情形外，任何单位和个人不得跨规定的使用区域携带、邮寄、运输空白发票。禁止携带、邮寄或者运输空白发票出入境。

（9）开具发票的单位和个人应当建立发票使用登记制度，设置发票登记簿，并定期向主管税务机关报告发票使用情况。

（10）开具发票的单位和个人应当在办理变更或者注销税务登记的同时，办理发票和发票领购簿的变更、缴销手续。

（11）开具发票的单位和个人应当按照税务机关的规定存放和保管发票，不得擅自损毁。已经开具的发票存根联和发票登记簿，应当保存 5 年。保存期满，报经税务机关查验后销毁。

二、增值税专用发票的使用和管理

增值税专用发票，是增值税一般纳税人销售货物、提供应税劳务或者发生应税行为开具的发票，是购买方支付增值税额并可按照增值税有关规定据以抵扣增值税进项税额的凭证。一般纳税人应通过增值税防伪税控系统使用增值税专用发票。使用，包括领购、开具、缴销、认证纸质专用发票及其相应的数据电文。

（一）专用发票的联次

专用发票由基本联次或者基本联次附加其他联次构成，基本联次为三联，分别为：

（1）发票联，作为购买方核算采购成本和增值税进项税额的记账凭证。

（2）抵扣联，作为购买方报送主管税务机关认证和留存备查的扣税凭证。

（3）记账联，作为销售方核算销售收入和增值税销项税额的记账凭证。

其他联次用途，由一般纳税人自行确定。

（二）专用发票的初始发行

一般纳税人领购专用设备后，凭《最高开票限额申请表》《发票领用簿》到主管税务机关办理初始发行。初始发行，是指主管税务机关将一般纳税人的企业名称、纳税人识别号、开票限额、领票限量、领票人员姓名、密码、开票机数量、国家税务总局规定的其他信息等载入空白金税卡和 IC 卡的行为。

（三）专用发票的领用范围

一般纳税人有下列情形之一的，不得领用开具专用发票：

（1）会计核算不健全，不能向税务机关准确提供增值税销项税额、进项税额、应纳税额数据及其他有关增值税税务资料的。

（2）有《税收征管法》规定的税收违法行为，拒不接受税务机关处理的。

（3）有下列行为之一，经税务机关责令限期改正而仍未改正的：

① 虚开增值税专用发票；

② 私自印制专用发票；

③ 向税务机关以外的单位和个人买取专用发票；

增值税纳税人纸质普通发票和电子普通发票各环节操作要点

增值税电子专用发票的代码规则

如何进行增值税发票真伪查验

④ 借用他人专用发票；

⑤ 未按规定开具专用发票；

⑥ 未按规定保管专用发票和专用设备；

⑦ 未按规定申请办理防伪税控系统变更发行；

⑧ 未按规定接受税务机关检查。

有上列情形的，如已领用专用发票，主管税务机关应暂扣其结存的专用发票和IC卡。

领用增值税专用发票和其他发票的不同之处在于：领用增值税专用发票的增值税一般纳税人和纳入自行开具增值税专用发票范围的增值税小规模纳税人，在完成票种核定后，还需办理增值税专用发票（增值税税控系统）最高开票限额审批事项。

（四）专用发票的开具范围

一般纳税人销售货物、提供应税劳务或者发生应税行为，应向购买方开具专用发票。2020年2月1日起，增值税小规模纳税人（其他个人除外）发生增值税应税行为，需要开具增值税专用发票的，可以自愿使用增值税发票管理系统自行开具。选择自行开具增值税专用发票的小规模纳税人，税务机关不再为其代开增值税专用发票。

下列销售情形的，不得开具增值税专用发票：

（1）商业企业一般纳税人零售烟、酒、食品、服装、鞋帽（不包括劳保专用部分）、化妆品等消费品的。

（2）发生应税销售行为适用免税规定的。

（3）销售报关出口的货物、在境外销售应税劳务。

（4）将货物用于集体福利或个人消费。

（5）将货物无偿赠送他人（如果受赠者为一般纳税人，可根据受赠人的要求开具增值税专用发票）。

（6）向小规模纳税人销售应税项目，可以不开具增值税专用发票。

（7）应税销售行为的购买方为消费者个人的。

（五）专用发票的开具要求

专用发票应按下列要求开具：

（1）项目齐全，与实际交易相符。

（2）字迹清楚，不得压线、错格。

（3）发票联和抵扣联加盖财务专用章或者发票专用章。

（4）按照增值税纳税义务的发生时间开具。

对不符合上述要求的专用发票，购买方有权拒收。

三、增值税电子专用发票

（一）试点范围

自 2020 年 12 月 21 日起，在全国 25 个地区的新办纳税人中实行专票电子化，受票方范围为全国。实行增值税专用发票电子化的新办纳税人具体范围由国家税务总局各省、自治区、直辖市和计划单列市税务局确定。

（二）相关规定

增值税电子专用发票（以下简称"电子专票"）由各省税务局监制，采用电子签名代替发票专用章，属于增值税专用发票，其法律效力、基本用途、基本使用规定等与增值税纸质专用发票（以下简称"纸质专票"）相同。

自各地增值税专用发票电子化实行之日起，本地区需要开具增值税纸质普通发票、增值税电子普通发票（以下简称"电子普票"）、纸质专票、电子专票、纸质机动车销售统一发票和纸质二手车销售统一发票的新办纳税人，统一领取税务 UKey 开具发票。税务机关向新办纳税人免费发放税务 UKey，并依托增值税电子发票公共服务平台，为纳税人提供免费的电子专票开具服务。

税务机关按照电子专票和纸质专票的合计数，为纳税人核定增值税专用发票领用数量。电子专票和纸质专票的增值税专用发票（增值税税控系统）最高开票限额应当相同。

纳税人开具增值税专用发票时，既可以开具电子专票，也可以开具纸质专票。受票方索取纸质专票的，开票方应当开具纸质专票。

受票方取得电子专票用于申报抵扣增值税进项税额或申请出口退税、代办退税的，应当登录增值税发票综合服务平台确认发票用途，登录地址由各省税务局确定并公布。

单位和个人可以通过全国增值税发票查验平台对电子专票信息进行查验；可以通过全国增值税发票查验平台下载增值税电子发票版式文件阅读器，查阅电子专票并验证电子签名有效性。

纳税人以电子发票（含电子专票和电子普票）报销入账归档的，按照《财政部 国家档案局关于规范电子会计凭证报销入账归档的通知》（财会〔2020〕6 号）的规定执行。

（三）红字电子专票

纳税人开具电子专票后，发生销货退回、开票有误、应税服务中止、销售折让等情形，需要开具红字电子专票的，按照以下规定执行：

（1）购买方已将电子专票用于申报抵扣的，由购买方在增值税发票管理系统（以下简称"发票管理系统"）中填开并上传《开具红字增值税专用发票信息表》（以下简称《信息表》），填开《信息表》时不填写相对应的蓝字电子专票信息。

购买方未将电子专票用于申报抵扣的，由销售方在发票管理系统中填开并上传《信息表》，填开《信息表》时应填写相对应的蓝字电子专票信息。

（2）税务机关通过网络接收纳税人上传的《信息表》，系统自动校验通过后，生成带有"红字发票信息表编号"的《信息表》，并将信息同步至纳税人端系统中。

（3）销售方凭税务机关系统校验通过的《信息表》开具红字电子专票，在发票管理系统中以销项负数开具。红字电子专票应与《信息表》一一对应。

（4）购买方已将电子专票用于申报抵扣的，应当暂依《信息表》所列增值税税额从当期进项税额中转出，待取得销售方开具的红字电子专票后，与《信息表》一并作为记账凭证。

（四）电子发票涉税风险及防范措施

1. 增值税电子专用发票涉税风险及防范措施

（1）重复入账的问题。

存在的风险点：可能存在重复报销的风险（电子发票自带电子签章、可重复打印）。

防范措施：使用相关财务系统，不允许电子发票重复报账等；小企业可使用 Excel 电子台账，利用显示重复值功能进行防范。

（2）销售方恶意冲红。

存在的风险点：已入账的电子发票被销售方恶意红字冲销。

防范措施：关注认证平台上发票状态及系统提示。

① 购买方未抵扣申报的，

a. 发票勾选系统内发票状态显示"已红冲"；

b. 查验发票信息时，发票票面会显示红色大字"红冲"。

② 购买方已抵扣申报的，

销售方无法自行开具红字发票，需先通过购买方填开《红字信息表》。

2. 增值税电子普通发票涉税风险及防范措施

存在风险：普通发票红字开具不用填写《信息表》，其红字信息不会关联到原发票上，所以无论何时查询，原发票都是正常状态。

防范措施：自 2021 年 1 月增值税综合服务平台升级，新增"红字增值税发票信息提醒"功能，可自行前往增值税综合服务平台进行查看是否存在提醒信息。

3. 增值税电子专用发票、增值税电子普通发票发票造假涉税风险及防范措施

存在的风险点：可能存在利用图像处理技术修改信息进行发票造假的风险。

防范措施：取得发票后，首先进行发票真伪查询，其中包括票面信息真伪辨别和电子签章真伪辨别。

发票真伪辨别

四、违反发票管理的相关法律责任

发票的领用必须合法，禁止税务机关以外的任何单位和个人出售发票。伪造或出售伪造的发票、虚开发票、购买伪造的发票或非法购买发票等行为，均应负相应的法律责任。

增值税纳税人纸质专票和电子专票各环节操作要点

1. 不按规定开具、使用、保管和缴销发票

违反发票管理规定，有下列情形之一的，由税务机关责令改正，可以处 1 万元以下的罚款；有违法所得的予以没收。

（1）应当开具而未开具发票，或者未按照规定的时限、顺序、栏目、全部联次一次性开具发票，或者未加盖发票专用章的。

（2）使用税控装置开具发票，未按期向主管税务机关报送开具发票的数据的。

（3）使用非税控电子器具开具发票，未将非税控电子器具使用的软件程序说明资料报主管税务机关备案，或者未按照规定保存、报送开具发票的数据的。

（4）拆本使用发票的。

（5）扩大发票使用范围的。

（6）以其他凭证代替发票使用的。

（7）跨规定区域开具发票的。

（8）未按照规定缴销发票的。

（9）未按照规定存放和保管发票的。

2. 跨区域（跨境）携带、邮寄、运输空白发票

跨规定的使用区域携带、邮寄、运输空白发票，以及携带、邮寄或者运输空白发票出入境的，由税务机关责令改正，可以处 1 万元以下的罚款；情节严重的，处 1 万元以上 3 万元以下的罚款；有违法所得的予以没收。

丢失发票或者擅自损毁发票的，按照上述规定处罚。

3. 虚开发票

为他人、自己开具与实际经营业务情况不符的发票，让他人为自己开具与实际经营业务情况不符的发票，介绍他人开具与实际经营业务情况不符的发票等虚开发票的，由税务机关没收违法所得；虚开金额在 1 万元以下的，可以并处 5 万元以下的罚款；虚开

金额超过 1 万元的，并处 5 万元以上 50 万元以下的罚款；构成犯罪的，依法追究刑事责任。非法代开发票的，比照处罚。

4. 虚开增值税专用发票

以无中生有或以少开多的手段，在增值税专用发票上开具虚假的税款数额，即构成虚开增值税专用发票罪。此罪表现为没有销售货物或提供应税劳务，却开具增值税专用发票；或者虽然销售了货物或提供应税劳务，但开具发票的内容不实。

值得注意的是，凡是为他人虚开、为自己虚开、让他人为自己虚开、介绍他人虚开均属于此罪。但行为人由于工作失误、不懂财务知识而错开，不明真相而虚开，受骗上当而虚开的，不构成此罪。

犯有此罪的，处 3 年以下有期徒刑或者拘役，并处 2 万元以上 20 万元以下罚金。虚开的税款数额较大或有其他严重情节的，处 3 年以上 10 年以下有期徒刑，并处 5 万元以上 50 万元以下罚金。虚开的税款数额巨大或有其他特别严重情节的，处 10 年以上有期徒刑或无期徒刑，并处 1 万元以上 50 万元以下罚金或者没收财产。

骗取国家税款，数额特别巨大、情节特别严重、给国家利益造成特别重大损失的，处无期徒刑或者死刑，并处没收财产。

单位犯有此罪的，对单位判处罚金，并对其直接负责的主管人员和其他直接责任人员，处 3 年以下有期徒刑或者拘役；虚开的税款数额较大或有其他严重情节的，处 3 年以上 10 年以下有期徒刑；虚开的税款数额巨大或有其他特别严重情节的，处 10 年以上有期徒刑或无期徒刑。

5. 私自印制、伪造、变造发票与发票防伪专用品和发票监制章

私自印制、伪造、变造发票，非法制造发票防伪专用品，伪造发票监制章的，由税务机关没收违法所得，没收、销毁作案工具和非法物品，并处 1 万元以上 5 万元以下的罚款；情节严重的，并处 5 万元以上 50 万元以下的罚款；对印制发票的企业，可以并处吊销发票准印证；构成犯罪的，依法追究刑事责任。

6. 转借、转让发票及监制章、防伪专用品和明知故犯者

纳税人有下列情形之一的，由税务机关处 1 万元以上 5 万元以下的罚款；情节严重的，处 5 万元以上 50 万元以下的罚款；有违法所得的予以没收。

（1）转借、转让、介绍他人转让发票、发票监制章和发票防伪专用品的。

（2）知道或者应当知道是私自印制、伪造、变造、非法取得或者废止的发票而仍受让、存放、携带、邮寄、运输的。

7. 公告发票违规行为

对违反发票管理规定 2 次以上或者情节严重的单位和个人，税务机关可以向社会公告。

8. 违反发票管理法规，致使未缴、少缴或者骗取税款

违反发票管理法规，导致其他单位或者个人未缴、少缴或者骗取税款的，由税务机关没收非法所得，可以并处未缴、少缴或者骗取的税款 1 倍以下的罚款。

9. 伪造或出售伪造的增值税专用发票

伪造增值税专用发票，或将伪造的增值税专用发票进行出售，即构成伪造或出售伪造的增值税专用发票罪。

对此罪的涉案人员，处 3 年以下有期徒刑、拘役或者管制，并处 2 万元以上 20 万元以下罚金；数量较大或有其他严重情节的，处 3 年以上 10 年以下有期徒刑，并处 5 万元以上 50 万元以下罚金；数量巨大或者有其他特别严重情节的，处 10 年以上有期徒刑或者无期徒刑，并处 5 万元以上 50 万元以下罚金或者没收财产。

伪造并出售伪造的增值税专用发票，数量特别巨大，情节特别严重，严重破坏经济秩序的，处无期徒刑或者死刑，并处没收财产。

单位犯此罪的，对单位判处罚金，并对其直接负责主管人员和其他直接责任人员，处 3 年以下有期徒刑、拘役或者管制；数量较大或者有其他严重情节的，处 3 年以上 10 年以下有期徒刑；数量巨大或者有其他特别严重情节的，处 10 年以上有期徒刑或者无期徒刑。

10. 非法购买增值税专用发票或者购买伪造的增值税专用发票

具有营利的目的，明知增值税专用发票不能私自购买而予以非法购买，或者明知是伪造的专用发票而予以购买，即构成此罪。间接故意和过失不构成此罪。犯有此罪，处 5 年以下有期徒刑或者拘役，并处或者单处 2 万元以上 20 万元以下罚金。

11. 非法制造或出售非法制造的发票

伪造、擅自制造或者出售伪造、擅自制造的发票（除增值税专用发票、用于骗取出口退税、抵扣税款的发票）的行为，即构成非法制造、出售非法制造的发票罪。犯有此罪的，处 2 年以下有期徒刑、拘役或者管制，并处或者单处 1 万元以上 5 万元以下罚金；情节严重的，处以 2 年以上 7 年以下有期徒刑，并处 5 万元以上 50 万元以下罚金。

任务六　增值税及附加税费的会计核算

增值税及其附加税费均应通过"应交税费"账户核算，具体如下：

（一）一般纳税人增值税会计账户及专栏设置

增值税一般纳税人应当在"应交税费"账户下设置"应交增值税""未交增值

税""预交增值税""待抵扣进项税额""待认证进项税额""待转销项税额""增值税留抵税额""简易计税""转让金融商品应交增值税""代扣代交增值税"等明细账户。

1. 增值税一般纳税人应在"应交增值税"明细账内设置"进项税额""销项税额抵减""已交税金""转出未交增值税""减免税款""出口抵减内销产品应纳税额""销项税额""出口退税""进项税额转出""转出多交增值税"等专栏。

"应交税费——应交增值税"按专栏设置多栏式明细账，如表2-16所示。

表2-16　应交税费—应交增值税多栏式明细账

借方						贷方				借或贷	余额
进项税额	销项税额抵减	已交税金	转出未交增值税	减免税款	出口抵减内销产品应纳税额	销项税额	出口退税	进项税额转出	转出多交增值税		

其中：

（1）"进项税额"专栏，记录一般纳税人购进货物、加工修理修配劳务、服务、无形资产或不动产而支付或负担的、准予从当期销项税额中抵扣的增值税额；

（2）"销项税额抵减"专栏，记录一般纳税人按照现行增值税制度规定因扣减销售额而减少的销项税额；

（3）"已交税金"专栏，记录一般纳税人当月已交纳的应交增值税额；

（4）"转出未交增值税"专栏，记录一般纳税人月度终了转出当月应交未交的增值税额；一般纳税人应当将当月应交未交的增值税自"应交增值税"明细账户转入"未交增值税"明细账户；对于当月应交未交的增值税，借记本账户，贷记"应交税费——未交增值税"账户；

（5）"减免税款"专栏，记录一般纳税人按现行增值税制度规定准予减免的增值税额；

（6）"出口抵减内销产品应纳税额"专栏，记录实行"免、抵、退"办法的一般纳税人按规定计算的出口货物的进项税抵减内销产品的应纳税额；

（7）"销项税额"专栏，记录一般纳税人销售货物、加工修理修配劳务、服务、无形资产或不动产应收取的增值税额；

（8）"出口退税"专栏，记录一般纳税人出口货物、加工修理修配劳务、服务、无形资产按规定退回的增值税额；

（9）"进项税额转出"专栏，记录一般纳税人购进货物、加工修理修配劳务、服务、无形资产或不动产等发生非正常损失以及其他原因而不应从销项税额中抵扣、按规定转出的进项税额。

（10）"转出多交增值税"专栏，记录一般纳税人当月多交的增值税额，月度终了，一般纳税人应当将当月多交的增值税自"应交增值税"明细账户转入"未交增值税"明细账户。对于当月多交的增值税，借记"应交税费——未交增值税"账户，贷记本账户。

2."未交增值税"明细账户，核算一般纳税人月度终了从"应交增值税"或"预交增值税"明细账户转入当月应交未交、多交或预缴的增值税额，以及当月交纳以前期间未交的增值税额。

3."预交增值税"明细账户，核算一般纳税人转让不动产、提供不动产经营租赁服务、提供建筑服务、采用预收款方式销售自行开发的房地产项目等，以及其他按现行增值税制度规定应预缴的增值税额。

4."待抵扣进项税额"明细账户，核算一般纳税人已取得增值税扣税凭证并经税务机关认证，按照现行增值税制度规定准予以后期间从销项税额中抵扣的进项税额。包括：一般纳税人自 2016 年 5 月 1 日后取得并按固定资产核算的不动产或者 2016 年 5 月 1 日后取得的不动产在建工程，按现行增值税制度规定准予以后期间从销项税额中抵扣的进项税额；实行纳税辅导期管理的一般纳税人取得的尚未交叉稽核比对的增值税扣税凭证上注明或计算的进项税额。

5."待认证进项税额"明细账户，核算一般纳税人由于未经税务机关认证而不得从当期销项税额中抵扣的进项税额。包括：一般纳税人已取得增值税扣税凭证、按照现行增值税制度规定准予从销项税额中抵扣，但尚未经税务机关认证的进项税额；一般纳税人已申请稽核但尚未取得稽核相符结果的海关缴款书进项税额。

6."待转销项税额"明细账户，核算一般纳税人销售货物、加工修理修配劳务、服务、无形资产或不动产，已确认相关收入（或利得）但尚未发生增值税纳税义务而需于以后期间确认为销项税额的增值税额。

7."增值税留抵税额"明细账户，核算兼有销售服务、无形资产或者不动产的原增值税一般纳税人，截止到纳入营改增试点之日前的增值税期末留抵税额按照现行增值税制度规定不得从销售服务、无形资产或不动产的销项税额中抵扣的增值税留抵税额。

8."简易计税"明细账户，核算一般纳税人采用简易计税方法发生的增值税计提、扣减、预缴、缴纳等业务。

9."转让金融商品应交增值税"明细账户，核算增值税纳税人转让金融商品发生的增值税额。

10."代扣代交增值税"明细账户，核算纳税人购进在境内未设经营机构的境外单位或个人在境内的应税行为代扣代缴的增值税。

（二）增值税一般纳税人财务报表相关项目列示

"应交税费"账户下的"应交增值税""未交增值税""待抵扣进项税额""待认证进项税额""增值税留抵税额"等明细账户期末借方余额，应根据情况在资产负债表中的"其他流动资产"或"其他非流动资产"项目列示；"应交税费——待转销项税额"等账户期末贷方余额，应根据情况在资产负债表中的"其他流动负债"或"其他非流动负债"项目列示；"应交税费"账户下的"未交增值税""简易计税""转让金融商品应交增值税""代扣代交增值税"等明细账户期末贷方余额应在资产负债表中的"应交税费"项目列示。

（三）小规模纳税人增值税会计账户的设置

小规模纳税人只需在"应交税费"账户下设置"应交增值税"明细账户，不需要设置上述专栏及除"转让金融商品应交增值税""代扣代交增值税"外的明细账户。一般企业采用借贷余三栏式账户方式，如表 2-17 所示。

增值税会计处理规定

表 2-17　应交税费—应交增值税三栏式明细账

年		凭证号	摘要	借方	贷方	借或贷	余额
月	日						

（四）增值税附加税费的核算

企业取得各项业务收入计算增值税，应当按照规定的税（费）率计提城市维护建设税、教育费附加和地方教育附加等附加税费。计提附加税费时，借记"税金及附加"，贷记"应交税费——应交城市维护建设税""应交税费——应交教育费附加"和"应交税费——应交地方教育附加"。

固定资产清理时，计提附加税费时，借记"固定资产清理"，贷记"应交税费——应交城市维护建设税""应交税费——应交教育费附加"和"应交税费——应交地方教育附加"。

缴纳附加税费时，借记"应交税费——应交城市维护建设税""应交税费——应交教育费附加"和"应交税费——应交地方教育附加"，贷记"银行存款"。

出口货物劳务、服务增值税实务

项目训练

连一连

1. 将税种和相应的申报方式连线

　　　　　　　　　　　　增值税

增值税综合申报　　　　增值税简易计税

　　　　　　　　　　　　城市维护建设税

单独申报　　　　　　　教育费附加

　　　　　　　　　　　　地方教育附加

　　　　　　　　　　　　进口货物增值税

2. 将税种和相应的申报方式连线

　　　　　　　　　　　　小规模纳税人计交的增值税及其附加税费

增值税综合申报　　　　增值税简易计税计交的增值税及其附加税费

　　　　　　　　　　　　一般纳税人计交的增值税及其附加税费

单独申报　　　　　　　进口货物增值税

3. 将税率与其适应的应税项目连线

13%　　　　　　　　　生活服务

9%　　　　　　　　　　交通运输服务

6%　　　　　　　　　　销售或者进口一般货物

　　　　　　　　　　　　不动产租赁服务

4. 将征收率与其适应的应税项目连线

3%　　　　　　　　　　小规模纳税人销售货物或者加工、修理修配劳务

　　　　　　　　　　　　小规模纳税人销售应税服务、无形资产

5%　　　　　　　　　　一般纳税人发生劳务派遣服务

猜一猜

春借一升，秋还一斗，诉冤屈。　　　（打一税种名称）

看一看

1. 到国家税务总局网站观看《手把手教你查发票》视频上、下两集。

2. 到国家税务总局网站"重大税收违法失信案件信息公布栏"查看虚开增值税发票犯罪案件，并查看有关案件的判决结果。

实训一

[目的]

知道增值税纳税申报的操作流程，能熟练进行增值税及相关税费的申报缴纳及其会计核算。

[资料]

北京宏大卷烟有限公司为生产型增值税一般纳税人，其相关资料如下：

- 注册类型：国有经济
- 法定代表人：张大洪
- 办税人员：程娜
- 注册经营地址：北京市西城区西四乙 26 号
- 开户银行及账号：中国工商银行西四分理处，110248-564
- 电话号码：010-66168032
- 统一社会信用代码：91110101414152702A

2021 年 2 月，北京宏大卷烟有限公司的生产经营资料如下：

（1）期初库存外购烟丝金额为 158 052.00 元，期末库存烟丝金额为 145 670.00 元。

（2）本月购买原材料取得的增值税专用发票及其勾选情况如下：

项目	开票日期	金额	税额	勾选日期
烟丝	2021.02.05	854 367.00	111 067.71	2021.02.10
香料	2021.02.10	48 520.00	6 307.60	2021.02.20
包装盒	2021.02.15	108 500.00	14 105.00	2021.02.25
包装箱	2021.02.21	52 870.00	6 873.10	2021.02.27
烟丝	2021.02.25	698 520.00	90 807.60	2021.02.27
香料	2021.01.26	48 520.00	6 307.60	2021.01.30
包装箱	2021.01.27	52 870.00	6 873.10	2021.01.30
合计金额		1 864 167.00	242 341.71	—

（3）本期有外购烟丝发生非正常损失 50 000 元，所负担的税额为 6 500 元。

（4）本期销售产品并开具的增值税专用发票情况如下：

项目	开票日期	数量	金额	税额	备注
卷烟 A	2021.02.04	100 箱	1 500 000.00	195 000.00	误填作废
卷烟 A	2021.02.04	110 箱	1 650 000.00	214 500.00	
卷烟 B	2021.02.11	20 箱	200 000.00	26 000.00	

项目	开票日期	数量	金额	税额	备注
卷烟 C	2021.02.17	30 箱	450 000.00	58 500.00	
加工卷烟（与 B 型号相同）加工费	2021.02.26	50 箱	50 000.00	6 500.00	委托加工
卷烟 B	2021.02.27	−10 箱	−100 000.00	−13 000.00	销货退回
合计		300 箱	3 750 000.00	487 500.00	—

另外销售卷烟 A 产品 200 条，开具普通发票 2 份合计 15 000 元；销售卷烟 B 产品 250 条，开具普通发票金额为 23 400 元；因销售产品提供运输劳务，开具发票 5 份收取运费 60 000 元。

（5）2020 年一月份应税销售额为 2 000 000 元，应税劳务（不含税运费收入）10 000 元，销项税额为 261 300 元，进项税额为 130 000 元，期末未缴增值税税额 131 300 元。消费税未缴税额为 500 000 元，与增值税对应的期初城市维护建设税、教育费附加未缴。于 2021 年 2 月份缴纳。

（6）税务机关对卷烟 A 的核准价格为 60 元 / 条，对卷烟 B 的核准价格为 40 元 / 条，对卷烟 C 的核准价格为 55 元 / 条。

（7）本期卷烟 A 产量为 200 箱（5 万只装，下同），卷烟 B 产量为 100 箱，卷烟 C 产量 100 箱。

［要求］

1. 根据以上业务编制会计分录并填制记账凭证，并登记"应交税费——应交增值税"明细账。

2. 计算本月应交的增值税并进行增值税月末结转，计提增值税对应的城市维护建设税和教育费附加。

3. 填写增值税及附加税费申报表。

4. 对其缴纳的相关税费进行相应的会计处理。

［指导］

1. 根据不同的经济业务填制记账凭证，然后登记"应交税费——应交增值税"明细账。

2. 计算增值税、对应的城市维护建设税和教育费附加；然后进行增值税月末结转及其他税费计提。

3. 根据计算结果和所提供的资料参考填报说明填写增值税及附加税费申报表及其附表，注意先填附表再填主表。

4. 根据各税费缴纳情况进行相应的会计核算。

实训二

[目的]

知道小规模纳税人增值税纳税申报的流程，能够熟练进行增值税及相关税费的申报及其会计处理。

[资料]

北京畅想有限责任公司是小规模纳税人，其相关资料如下：

- 法定代表人：田野
- 财务负责人：钱收
- 办税人员：李涛
- 联系电话：010-86164777
- 统一社会信用代码：91110102231579078A

2021年第一季度，北京畅想有限责任公司发生以下经济业务：

（1）销售货物及劳务（加工、修理修配），开具普通发票的不含税销售额为12 000.00元，未开具发票的不含税销售额为8 000.00元，销售使用过的固定资产，开具普通发票，不含税销售额为9 000.00元，符合规定备案的免税销售额为30 000.00元。

（2）销售服务和无形资产（适用3%征收率），开具普通发票的不含税销售额为50 000.00元；未开具发票的不含税销售额为10 000.00元。

（3）出租不动产（适用5%征收率），开具普通发票的不含税销售额为20 000.00元，未开具发票的不含税销售额为5 000.00元；符合规定备案的销售服务和无形资产免税销售额为18 000.00元。

（4）销售不动产，开具的普通发票不含税销售额为80 000.00元（2015年购进原价为含税20 000.00元，不考虑其他因素）。

（5）预缴税款均已取得完税凭证。

[要求]

1. 根据以上业务，编制会计分录，并填制记账凭证。

2. 计算本月应交的增值税、城市维护建设税和教育费附加税额，并进行会计处理。

3. 填写增值税及附加税费申报表，进行相应的会计处理。

项目三
消费税及附加税费的综合
申报与缴纳

学习目标

通过学习，能够说出消费税及附加税费的申报与缴纳流程，熟练操作各税费的申报与会计核算。

重点与难点

消费税及附加税费申报与会计核算的操作。

教学建议

4学时（其中实训操作2学时）；学生需在课前掌握消费税、城市维护建设税与教育费附加的基本知识和计算技能，应采用理论和实际操作相结合的教学方法。

法律法规

《中华人民共和国消费税暂行条例》及其实施细则、《中华人民共和国城市维护建设税法》等。

项目引例

　　某汽车制造企业一直生产传统的燃油小汽车，在目前国际国内油价居高不下和激烈的竞争环境下，该企业对以锂电池作动力来源的新能源汽车的市场前景十分看好，而且听说生产电动汽车可以不缴纳消费税，于是想投资一条电动汽车制造流水线。

思考分析

　　1. 该企业生产电动汽车，是否可以不缴纳消费税？

　　2. 该企业在生产经营过程中，从涉税角度需要注意什么问题？

任务一　消费税及附加税费的综合申报

一、消费税的概念

消费税是对在中国境内生产、委托加工和进口应税消费品征收的一种税。

二、消费税及附加税费的综合申报与缴纳流程

消费税及附加税费的综合申报流程如图 3-1 所示。

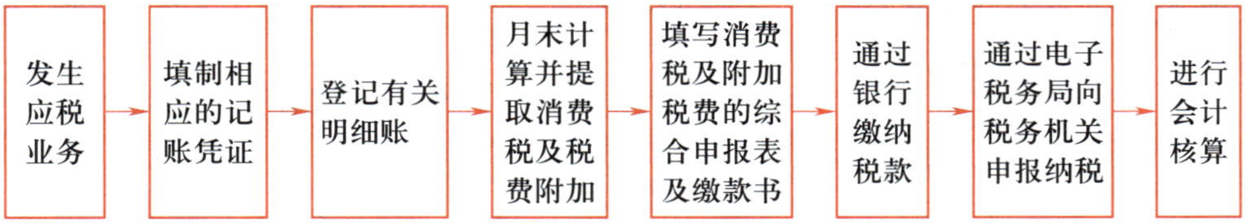

```
发生    →  填制相   →  登记有   →  月末计    →  填写消费    →  通过   →  通过电子   →  进行
应税       应的记      关明细账     算并提       税及附加       银行      税务局向     会计
业务       账凭证                   取消费       税费的综       缴纳      税务机关     核算
                                    税及税       合申报表       税款      申报纳税
                                    费附加       及缴款书
```

图 3-1　消费税及附加税费的综合申报流程图

消费税及附加税费申报表如表 3-1 所示。

表 3-1 填
表说明

表 3-1　消费税及附加税费申报表

税款所属期：自　　　　年　　月　　日至　　　　年　　月　　日

纳税人识别号（统一社会信用代码）：□□□□□□□□□□□□□□□□□□

纳税人名称：　　　　　　　　　　　　　　　　　　金额单位：**人民币元（列至角分）**

项目 应税消费品名称	适用税率		计量单位	本期销售数量	本期销售额	本期应纳税额
	定额税率	比例税率				
	1	2	3	4	5	$6=1\times4+2\times5$
合计	—	—	—	—	—	

	栏次	本期税费额
本期减（免）税额	7	
期初留抵税额	8	
本期准予扣除税额	9	
本期应扣除税额	$10=8+9$	

	栏次	本期税费额
本期实际扣除税额	11〔10＜（6-7），则为10，否则为6-7〕	
期末留抵税额	12=10-11	
本期预缴税额	13	
本期应补（退）税额	14=6-7-11-13	
城市维护建设税本期应补（退）税额	15	
教育费附加本期应补（退）费额	16	
地方教育附加本期应补（退）费额	17	

声明：此表是根据国家税收法律法规及相关规定填写的，本人（单位）对填报内容（及附带资料）的真实性、可靠性、完整性负责。

纳税人（签章）： 年 月 日

经办人： 经办人身份证号： 代理机构签章： 代理机构统一社会信用代码：	受理人： 受理税务机关（章）： 受理日期： 年 月 日

三、消费税及附加税费的申报附表的式样与填报

表3-2 填表说明

（一）《本期准予扣除税额计算表》（见表3-2）

表3-2 本期准予扣除税额计算表

金额单位：元（列至角分）

准予扣除项目			应税消费品名称			合计
一、本期准予扣除的委托加工应税消费品已纳税款计算	期初库存委托加工应税消费品已纳税款	1				
	本期收回委托加工应税消费品已纳税款	2				
	期末库存委托加工应税消费品已纳税款	3				

准予扣除项目			应税消费品名称			合计
一、本期准予扣除的委托加工应税消费品已纳税款计算		本期领用不准予扣除委托加工应税消费品已纳税款	4			
		本期准予扣除委托加工应税消费品已纳税款	5=1+2-3-4			
二、本期准予扣除的外购应税消费品已纳税款计算	（一）从价计税	期初库存外购应税消费品买价	6			
		本期购进应税消费品买价	7			
		期末库存外购应税消费品买价	8			
		本期领用不准予扣除外购应税消费品买价	9			
		适用税率	10			
		本期准予扣除外购应税消费品已纳税款	11=(6+7-8-9)×10			
	（二）从量计税	期初库存外购应税消费品数量	12			
		本期外购应税消费品数量	13			
		期末库存外购应税消费品数量	14			
		本期领用不准予扣除外购应税消费品数量	15			
		适用税率	16			
		计量单位	17			
		本期准予扣除的外购应税消费品已纳税款	18=(12+13-14-15)×16			
三、本期准予扣除税款合计			19=5+11+18			

（二）《本期准予扣除税额计算表（成品油消费税纳税人适用）》（见表 3-3）

表 3-3　本期准予扣除税额计算表

（成品油消费税纳税人适用）

金额单位：元（列至角分）

一、扣除税额及库存计算

扣除油品类别	上期库存数量	本期外购入库数量	委托加工收回连续生产数量	本期准予扣除数量	本期准予扣除税额	本期领用未用于连续生产不准予扣除数量	期末库存数量
1	2	3	4	5	6	7	8=2+3+4-5-7
汽　油							
柴　油							
石脑油							
润滑油							
燃料油							
合　计							

二、润滑油基础油（废矿物油）和变性燃料乙醇领用存

产品名称	上期库存数量	本期入库数量	本期生产领用数量	期末库存数量
1	2	3	4	5=2+3-4
润滑油基础油（废矿物油）				
变性燃料乙醇				

（三）《本期减（免）税额明细表》（见表 3-4）

表 3-4　本期减（免）税额明细表

金额单位：元（列至角分）

应税消费品名称＼项目	减（免）性质代码	减（免）项目名称	减（免）税销售额	适用税率（从价定率）	减（免）税销售数量	适用税率（从量定额）	减（免）税额
1	2	3	4	5	6	7	8=4×5+6×7
出口免税	—	—		—			

表 3-3 填表说明

表 3-4 填表说明

项目 应税 消费品名称	减（免） 性质代码	减（免） 项目名称	减（免） 税销售额	适用税率 （从价定率）	减（免）税 销售数量	适用税率 （从量定额）	减（免） 税额
1	2	3	4	5	6	7	8=4×5+6×7
合　计	—	—	—	—	—	—	

表3-5填
表说明

（四）《本期委托加工收回情况报告表》（见表3-5）

表 3-5　本期委托加工收回情况报告表

金额单位：元（列至角分）

一、委托加工收回应税消费品代收代缴税款情况

应税 消费品 名称	商品和 服务税 收分类 编码	委托加工 收回应税 消费品 数量	委托加工 收回应税 消费品计 税价格	适用税率		受托方已代 收代缴的 税款	受托方 （扣缴义 务人） 名称	受托方 （扣缴义 务人）识 别号	税收缴款 书（代扣 代收专 用）号码	税收缴款 书（代扣 代收专用） 开具日期
				定额 税率	比例 税率					
1	2	3	4	5	6	7=3×5+4×6	8	9	10	11

二、委托加工收回应税消费品领用存情况

应税消费品 名称	商品和服务税 收分类编码	上期库存数量	本期委托加工 收回入库数量	本期委托加工 收回直接销售 数量	本期委托加工 收回用于连续 生产数量	本期结存数量
1	2	3	4	5	6	7=3+4-5-6

（五）《卷烟批发企业月份销售明细清单（卷烟批发环节消费税纳税人适用）》（见表 3-6）

表 3-6　卷烟批发企业月份销售明细清单

（卷烟批发环节消费税纳税人适用）

表 3-6 填表说明

卷烟条包装商品条码	卷烟牌号规格	卷烟类别	卷烟类型	销售价格	销售数量	销售额	备注
1	2	3	4	5	6	7	8

（六）《卷烟生产企业合作生产卷烟消费税情况报告表（卷烟生产环节消费税纳税人适用）》（见表 3-7）

表 3-7　卷烟生产企业合作生产卷烟消费税情况报告表

（卷烟生产环节消费税纳税人适用）

表 3-7 填表说明

品牌输出方		品牌输入方		卷烟条包装商品条码	卷烟牌号规格	销量	销售价格	销售额	品牌输入方已缴纳税款
企业名称	统一社会信用代码	企业名称	统一社会信用代码						
1	2	3	4	5	6	7	8	9	10
合计							—		

（七）《消费税附加税费计算表》（见表 3-8）

表 3-8 消费税附加税费计算表

金额单位：元（列至角分）

税（费）种	计税（费）依据 / 消费税税额	税（费）率（征收率）（%）	本期应纳税（费）额	本期减免税（费）额 / 减免性质代码	减免税（费）额	本期是否适用增值税小规模纳税人"六税两费"减征政策 □是 □否 / 减征比例（%）	减征额	本期已缴税（费）额	本期应补（退）税（费）额
	1	2	3=1×2	4	5	6	7=(3-5)×6	8	9=3-5-7-8
城市维护建设税									
教育费附加									
地方教育附加									
合 计	—	—		—		—			

表 3-8 填表说明

四、消费税及附加税费的综合申报实务

消费税及附加税费的综合申报可通过电子税务局进行报表填写、报表申报、申报作废、税费缴纳和开具完税证明等操作。

消费税及附加税费的综合申报实务

任务二　消费税及附加税费的会计核算

一、消费税的会计核算

缴纳消费税的企业，需在"应交税费"账户下设置"应交消费税"明细账户进行会计核算，具体规定如下：

（1）企业销售应税消费品时，按应缴税额借记"税金及附加"账户，贷记"应交税费——应交消费税"账户。在实际缴纳消费税时，借记"应交税费——应交消费税"账户，贷记"银行存款"账户。如果发生销货退回及退税时，则作相同的红字分录，予以冲回。

企业出口应税消费品按规定不予免税或退税的，应视同国内销售，按上述程序进行会计核算。

（2）企业以自产的应税消费品换取生产资料、消费资料或抵偿债务、支付代购手续费等，应视同销售进行会计核算。

企业将生产的应税消费品作为投资按规定应纳的消费税，借记"长期投资"账户，贷记"应交税费——应交消费税"账户。

企业将生产的应税消费品用于在建工程、非生产机构等其他方面的，按规定应纳的消费税，借记"固定资产""在建工程""营业外支出""营业费用"等账户，贷记"应交税费——应交消费税"账户。

随同产品销售但单独计价的包装物，其应缴纳的消费税，借记"税金及附加"账户，贷记"应交税费——应交消费税"账户。企业逾期未退还的包装物押金的应纳税额，借记"税金及附加""其他应付款"等账户，贷记"应交税费——应交消费税"账户。

上述几项应纳税额在实际缴纳时，借记"应交税费——应交消费税"账户，贷记"银行存款"账户。

（3）委托加工的应税消费品的会计分录分以下几种情况：

① 受托方按应代收代缴的税款，借记"应收账款""银行存款"等账户，贷记"应交税费——应交消费税"账户。

② 委托方收回应税消费品后直接销售的，应将受托方已代收代缴的消费税款计入委托加工产品的成本，借记"委托加工物资""生产成本""库存商品"等账户，贷记"应付账款""银行存款"等账户。

③ 委托方收回应税消费品用于连续生产应税消费品，按规定准予抵扣的，应将可抵扣的税款，借记"应交税费——应交消费税"账户，贷记"应付账款""银行存款"等账户。

④ 进口的应税消费品，其缴纳的消费税计入该项消费品成本，借记"固定资产""材料采购"等账户，贷记"银行存款"等账户。

二、附加税费的会计核算

企业取得各项业务收入计算的消费税，应当按照规定的税（费）率计提城市维护建设税、教育费附加和地方教育附加等附加税费。计提附加税费时，借记"税金及附加"账户，贷记"应交税费——应交城市维护建设税""应交税费——应交教育费附加"和"应交税费——应交地方教育附加"等账户。

缴纳附加税费时，借记"应交税费——应交城市维护建设税""应交税费——应交教育费附加"和"应交税费——应交地方教育附加"，贷记"银行存款"。

项目训练

连一连

1. 将申报方式和相应的税种连线

消费税

消费税综合申报　　　　城市维护建设税

教育费附加

单独申报　　　　　　　地方教育附加

进口货物消费税

2. 将税种和相应的会计科目连线

消费税

城市维护建设税　　　税金及附加

教育费附加

地方教育附加　　　　存货、固定资产

进口货物消费税

猜一猜

1. 有样东西，很像粉笔，点火能吸，吐出雾气，伤人身体。　　（打一消费税子税目）

2. 生在杏花村，嫁到君家门，热情待宾客，常为人饯行。　　（打一消费税税目）

3. 身上穿红袍，肚里真心焦，惹起心头火，跳得八丈高。　　（打一消费税税目）

看一看

网上搜索观看"消费税：对特定货物与劳务征收的一种间接税"。

练一练

实训

[目的]

知道消费税及附加税费纳税申报的操作流程，能熟练进行消费税及附加税费的申报及其会计核算。

见项目二实训一。

1. 计算本月应交的消费税及其对应的城市维护建设税、教育费附加和地方教育附加，并作相应的计提会计处理。

2. 填制消费税及附加税费申报表。

3. 对消费税及附加税费的缴纳进行会计处理。

1. 计算消费税及附加税费，然后进行会计处理。

2. 根据计算结果和所提供的资料，参考填表说明填写消费税及附加税费申报表及其附表，注意先填附表再填主表。

3. 对相关税费缴纳进行会计核算。

议一议

ZSY 天然气集团有限公司下属燃料油公司（简称燃料油公司）于 2006 年 6 月将 40 万吨进口原油以"调和燃料油"名义销售给 NH 集团，由此出现倒卖进口原油行为。多年来，ZSY 累计倒卖进口原油 1.795 亿吨，共销售给 115 家地炼企业。按照规定地炼企业炼化的成品油最终只能销售给有资质的公司对外销售，成品油的终端价格又是国家统一规定的。地炼企业没有自己的成品油市场渠道，生产炼化成品油对外销售还需要缴纳高额的消费税，以汽油为例，按照计量单位换算标准，1 吨 = 1388 升，消费税税率为 1.52 元 / 升，1 吨汽油需要缴纳消费税 2 109.76 元。为了增大利润空间，部分地炼企业通过商贸企业直接变票或者通过虚假委托加工的方式变票隐匿生产加工环节偷逃消费税，造成了国家税款的大量流失。

分析：

1. 什么是"变票"销售？

2. "变票"行为应如何定性？

项目四
企业所得税的申报与缴纳

学习目标

通过学习，应能够说出所得税的申报和缴纳流程，熟练地操作企业所得税申报、缴纳和会计核算。

重点与难点

所得税的申报缴纳和会计核算的操作。

教学建议

10 学时（其中实训操作 5 课时）；学生已掌握企业所得税的基本知识；应采取理论教学与实际操作相结合的教学方法。

法律法规

《中华人民共和国企业所得税法》及其实施条例、《国家税务总局关于修订企业所得税年度纳税申报表的公告》（国家税务总局公告 2020 年第 24 号）等。

项目引例

小型微利企业所得税税收优惠

2020 年以来，国家先后出台了多项企业所得税税收优惠政策，其中《关于进一步实施小微企业所得税优惠政策的公告》（财政部 税务总局公告 2022 年第 13 号）规定：从 2022 年 1 月 1 日至 2024 年 12 月 31 日对小型微利企业（以下简称小微企业）年应纳税所得额超过 100 万元但不超过 300 万元的部分，减按 25% 计入应纳税所得额，按 20% 的税率缴纳企业所得税。

思考分析

1. 小微企业的条件有哪些？此政策和之前的政策相比税收优惠有什么不同？

2. 小微企业所得税申报时（包括日常申报和汇算清缴申报），税率一栏应如何填写？

3. 除上述资料之外小微企业还可以享受哪些企业所得税税收优惠政策？

任务一 企业所得税申报概述与流程

一、企业所得税的概念

企业所得税是对中国境内的企业和其他取得收入的组织（个人独资企业和合伙企业除外），就其取得的生产经营所得和其他所得征收的一种税。

二、企业所得税征管

企业所得税按纳税年度计算，分月或者分季预缴，年度终了之日起 5 个月内，向税务机关报送年度企业所得税纳税申报表，并汇算清缴，结清应缴应退税款。因此，企业所得税的纳税申报一般分为月（季）度申报和年度申报（汇算清缴申报）两种。

三、企业所得税申报与缴纳流程

企业所得税预缴和年度纳税申报与缴纳流程，如图 4-1 所示。

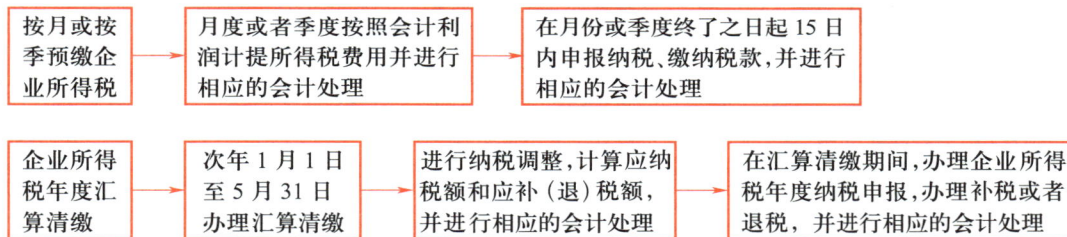

按月或按季预缴企业所得税	→	月度或者季度按照会计利润计提所得税费用并进行相应的会计处理	→	在月份或季度终了之日起 15 日内申报纳税、缴纳税款，并进行相应的会计处理	
企业所得税年度汇算清缴	→	次年 1 月 1 日至 5 月 31 日办理汇算清缴	→	进行纳税调整，计算应纳税额和应补（退）税额，并进行相应的会计处理	→ 在汇算清缴期间，办理企业所得税年度纳税申报，办理补税或者退税，并进行相应的会计处理

图 4-1 企业所得税预缴和年度纳税申报与缴纳流程图

任务二 企业所得税的月（季）度申报

一、查账征收企业所得税月（季）纳税预缴纳税申报

查账征收企业所得税月（季）纳税申报应报送的资料有：

1. A200000《中华人民共和国企业所得税月（季）度预缴纳税申报表（A 类）》，如表 4-1 所示。

2. 附表 1：A201020《资产加速折旧、摊销（扣除）优惠明细表》，如表 4-2 所示。

3. 附表2：A202000《企业所得税汇总纳税分支机构所得税分配表》，如表4-3所示。

4. 财务报表，包括《资产负债表》（略）和《损益表》（略）。

表4-1 A200000 中华人民共和国企业所得税月（季）度预缴纳税申报表（A 类）

税款所属期间：   年 月 日至   年 月 日

纳税人识别号（统一社会信用代码）：□□□□□□□□□□□□□□□□□□

纳税人名称：   金额单位：人民币元（列至角分）

优惠及附报事项有关信息									
项 目	一季度		二季度		三季度		四季度		季度平均值
	季初	季末	季初	季末	季初	季末	季初	季末	
从业人数									
资产总额（万元）									
国家限制或禁止行业	□是□否				小型微利企业				□是□否
附报事项名称									金额或选项
事项1	（填写特定事项名称）								
事项2	（填写特定事项名称）								
预缴税款计算									本年累计
1	营业收入								
2	营业成本								
3	利润总额								
4	加：特定业务计算的应纳税所得额								
5	减：不征税收入								
6	减：资产加速折旧、摊销（扣除）调减额（填写 A201020）								
7	减：免税收入、减计收入、加计扣除（7.1+7.2+…）								
7.1	（填写优惠事项名称）								
7.2	（填写优惠事项名称）								
8	减：所得减免（8.1+8.2+…）								
8.1	（填写优惠事项名称）								
8.2	（填写优惠事项名称）								
9	减：弥补以前年度亏损								
10	实际利润额（3+4-5-6-7-8-9）\按照上一纳税年度应纳税所得额平均额确定的应纳税所得额								
11	税率（25%）								
12	应纳所得税额（10×11）								
13	减：减免所得税额（13.1+13.2+…）								
13.1	（填写优惠事项名称）								

预缴税款计算		本年累计
13.2	（填写优惠事项名称）	
14	减：本年实际已缴纳所得税额	
15	减：特定业务预缴（征）所得税额	
16	本期应补（退）所得税额（12-13-14-15）\税务机关确定的本期应纳所得税额	
汇总纳税企业总分机构税款计算		
17	总机构	总机构本期分摊应补（退）所得税额（18+19+20）	
18		其中：总机构分摊应补（退）所得税额（16×总机构分摊比例 ___%）	
19		财政集中分配应补（退）所得税额（16×财政集中分配比例 ___%）	
20		总机构具有主体生产经营职能的部门分摊所得税额（16×全部分支机构分摊比例 ___%×总机构具有主体生产经营职能部门分摊比例 ___%）	
21	分支机构	分支机构本期分摊比例	
22		分支机构本期分摊应补（退）所得税额	
实际缴纳企业所得税计算		
23	减：民族自治地区企业所得税地方分享部分：（□免征 □减征：减征幅度____%）	本年累计应减免金额 [（12-13-15）×40%×减征幅度]	
24	实际应补（退）所得税额		

谨声明：本纳税申报表是根据国家税收法律法规及相关规定填报的，是真实的、可靠的、完整的。

纳税人（签章）： 　　年　月　日

经办人： 经办人身份证号： 代理机构签章： 代理机构统一社会信用代码：	受理人： 受理税务机关（章）： 受理日期：　年　月　日

国家税务总局监制

（一）适用范围

本表适用于实行查账征收企业所得税的居民企业纳税人（以下简称"纳税人"）在月（季）度预缴纳税申报时填报。执行《跨地区经营汇总纳税企业所得税征收管理办法》（国家税务总局公告 2012 年第 57 号发布，2018 年第 31 号修改）的跨地区经营汇总纳税企业的分支机构，除预缴纳税申报时填报外，在年度纳税申报时也填报本表。省（自治区、直辖市和计划单列市）税务机关对仅在本省（自治区、直辖市和计划单列市）内设立不具有法人资格分支机构的企业，参照《跨地区经营汇总纳税企业所得税征收管理办法》征收管理的，企业的分支机构在除预缴纳税申报时填报外，在年度纳税申报时也填报本表。

（二）表头项目

1. 税款所属期间

（1）月（季）度预缴纳税申报

正常经营的纳税人，填报税款所属期月（季）度第一日至税款所属期月（季）度最后一日；年度中间开业的纳税人，在首次月（季）度预缴纳税申报时，填报开始经营之日至税款所属月（季）度最后一日，以后月（季）度预缴纳税申报时按照正常情况填报；年度中间终止经营活动的纳税人，在终止经营活动当期纳税申报时，填报税款所属期月（季）度第一日至终止经营活动之日，以后月（季）度预缴纳税申报时不再填报。

（2）年度纳税申报

填报税款所属年度1月1日至12月31日。

2. 纳税人识别号（统一社会信用代码）

填报税务机关核发的纳税人识别号或有关部门核发的统一社会信用代码。

3. 纳税人名称

填报营业执照、税务登记证等证件载明的纳税人名称。

（三）优惠及附报事项信息

本项下所有项目按季度填报。按月申报的纳税人，在季度最后一个属期的月份填报。企业类型为"跨地区经营汇总纳税企业分支机构"的，不填报"优惠及附报事项有关信息"所有项目。

1. 从业人数

必报项目。纳税人填报第一季度至税款所属季度各季度的季初、季末、季度平均从业人员的数量。季度中间开业的纳税人，填报开业季度至税款所属季度各季度的季初、季末从业人员的数量，其中开业季度"季初"填报开业时从业人员的数量。季度中间停止经营的纳税人，填报第一季度至停止经营季度各季度的季初、季末从业人员的数量，其中停止经营季度"季末"填报停止经营时从业人员的数量。"季度平均值"填报截至本税款所属期末从业人员数量的季度平均值，计算方法如下：

$$各季度平均值 = （季初值 + 季末值） \div 2$$

截至本税款所属期末季度平均值 = 截至本税款所属期末各季度平均值之和 ÷ 相应季度数

年度中间开业或者终止经营活动的，以其实际经营期计算上述指标。

从业人数是指与企业建立劳动关系的职工人数和企业接受的劳务派遣用工人数之和。汇总纳税企业总机构填报包括分支机构在内的所有从业人数。

2. 资产总额（万元）

必报项目。纳税人填报第一季度至税款所属季度各季度的季初、季末、季度平均资产总额的金额。季度中间开业的纳税人，填报开业季度至税款所属季度各季度的季初、季末资产总额的金额，其中开业季度"季初"填报开业时资产总额的金额。季度中间停止经营的纳税人，填报第一季度至停止经营季度各季度的季初、季末资产总额的金额，其中停止经营季度"季末"填报停止经营时资产总额的金额。"季度平均值"填报截至本税款所属期末资产总额金额的季度平均值，计算方法如下：

$$各季度平均值 =（季初值 + 季末值）\div 2$$

截至本税款所属期末季度平均值 = 截至本税款所属期末各季度平均值之和 ÷ 相应季度数

年度中间开业或者终止经营活动的，以其实际经营期计算上述指标。

填报单位为人民币万元，保留小数点后 2 位。

3. 国家限制或禁止行业

必报项目。纳税人从事行业为国家限制或禁止行业的，选择"是"；其他选择"否"。

4. 小型微利企业

必报项目。本纳税年度截至本期末的从业人数季度平均值不超过 300 人、资产总额季度平均值不超过 5 000 万元、本表"国家限制或禁止行业"选择"否"且本期本表第 10 行"实际利润额\按照上一纳税年度应纳税所得额平均额确定的应纳税所得额"不超过 300 万元的纳税人，选择"是"；否则选择"否"。

5. 附报事项

纳税人根据《企业所得税申报事项目录》，发生符合税法相关规定的支持新型冠状病毒感染的肺炎疫情防控捐赠支出、扶贫捐赠支出、软件集成电路企业优惠政策适用类型等特定事项时，填报事项名称、该事项本年累计享受金额或选择享受优惠政策的有关信息。同时发生多个事项，可以增加行次。

（四）预缴税款计算

预缴方式为"按照实际利润额预缴"的纳税人，填报第 1 行至第 16 行，预缴方式为"按照上一纳税年度应纳税所得额平均额预缴"的纳税人填报第 10、11、12、13、14、16 行，预缴方式为"按照税务机关确定的其他方法预缴"的纳税人填报第 16 行。

（1）第 1 行"营业收入"：填报纳税人截至本税款所属期末，按照国家统一会计制度规定核算的本年累计营业收入。

如：以前年度已经开始经营且按季度预缴纳税申报的纳税人，第二季度预缴纳税申报时本行填报本年 1 月 1 日至 6 月 30 日期间的累计营业收入。

（2）第 2 行"营业成本"：填报纳税人截至本税款所属期末，按照国家统一会计制度规定核算的本年累计营业成本。

（3）第 3 行"利润总额"：填报纳税人截至本税款所属期末，按照国家统一会计制度规定核算的本年累计利润总额。

（4）第 4 行"特定业务计算的应纳税所得额"：从事房地产开发等特定业务的纳税人，填报按照税收规定计算的特定业务的应纳税所得额。房地产开发企业销售未完工开发产品取得的预售收入，按照税收规定的预计计税毛利率计算出预计毛利额，扣除实际缴纳且在会计核算中未计入当期损益的土地增值税等税金及附加后的金额，在此行填报。

（5）第 5 行"不征税收入"：填报纳税人已经计入本表"利润总额"行次但税收规定不征税收入的本年累计金额。

（6）第 6 行"资产加速折旧、摊销（扣除）调减额"：填报资产税收上享受加速折旧、摊销优惠政策计算的折旧额、摊销额大于同期会计折旧额、摊销额期间发生纳税调减的本年累计金额。

本行根据《资产加速折旧、摊销（扣除）优惠明细表》（A201020）填报。

（7）第 7 行"免税收入、减计收入、加计扣除"：根据相关行次计算结果填报。根据《企业所得税申报事项目录》，在第 7.1 行、第 7.2 行……填报税收规定的免税收入、减计收入、加计扣除等优惠事项的具体名称和本年累计金额。发生多项且根据税收规定可以同时享受的优惠事项，可以增加行次，但每个事项仅能填报一次。

（8）第 8 行"所得减免"：根据相关行次计算结果填报。第 3+4-5-6-7 行≤0 时，本行不填报。

根据《企业所得税申报事项目录》，在第 8.1 行、第 8.2 行……填报税收规定的所得减免优惠事项的名称和本年累计金额。发生多项且根据税收规定可以同时享受的优惠事项，可以增加行次，但每个事项仅能填报一次。每项优惠事项下有多个具体项目的，应分别确定各具体项目所得，并填写盈利项目（项目所得＞0）的减征、免征所得额的合计金额。

（9）第 9 行"弥补以前年度亏损"：填报纳税人截至本税款所属期末，按照税收规定在企业所得税税前弥补的以前年度尚未弥补亏损的本年累计金额。

当本表第 3+4-5-6-7-8 行≤0 时，本行 =0。

（10）第 10 行"实际利润额\按照上一纳税年度应纳税所得额平均额确定的应纳税所得额"：预缴方式为"按照实际利润额预缴"的纳税人，根据本表相关行次计算结果填报，第 10 行 = 第 3+4-5-6-7-8-9 行；预缴方式为"按照上一纳税年度应纳税所得额平均额预缴"的纳税人，填报按照上一纳税年度应纳税所得额平均额计算的本年累计金额。

（11）第 11 行"税率（25%）"：填报 25%。

（12）第 12 行"应纳所得税额"：根据相关行次计算结果填报。第 12 行 = 第 10×11 行，且第 12 行≥0。

（13）第 13 行"减免所得税额"：根据相关行次计算结果填报。根据《企业所得税申报事项目录》，在第 13.1 行、第 13.2 行……填报税收规定的减免所得税额优惠事项的具体名称和本年累计金额。发生多项且根据税收规定可以同时享受的优惠事项，可以增加行次，但每个事项仅能填报一次。

（14）第14行"本年实际已缴纳所得税额"：填报纳税人按照税收规定已在此前月（季）度申报预缴企业所得税的本年累计金额。

建筑企业总机构直接管理的跨地区设立的项目部，按照税收规定已经向项目所在地主管税务机关预缴企业所得税的金额不填本行，而是填入本表第15行。

（15）第15行"特定业务预缴（征）所得税额"：填报建筑企业总机构直接管理的跨地区设立的项目部，按照税收规定已经向项目所在地主管税务机关预缴企业所得税的本年累计金额。

本行本期填报金额不得小于本年上期申报的金额。

（16）第16行"本期应补（退）所得税额\税务机关确定的本期应纳所得税额"：按照不同预缴方式，分情况填报：

预缴方式为"按照实际利润额预缴"以及"按照上一纳税年度应纳税所得额平均额预缴"的纳税人，根据本表相关行次计算填报。第16行=第12-13-14-15行，当第12-13-14-15行＜0时，本行填0。其中，企业所得税收入全额归属中央且按比例就地预缴企业的分支机构，以及在同一省（自治区、直辖市、计划单列市）内的按比例就地预缴企业的分支机构，第16行=第12行×就地预缴比例-第13行×就地预缴比例-第14行-第15行，当第12行×就地预缴比例-第13行×就地预缴比例-第14行-第15行＜0时，本行填0。

预缴方式为"按照税务机关确定的其他方法预缴"的纳税人，本行填报本期应纳企业所得税的金额。

（五）汇总纳税企业总分机构税款计算

"跨地区经营汇总纳税企业总机构"的纳税人填报第17、18、19、20行；"跨地区经营汇总纳税企业分支机构"的纳税人填报第21、22行。

（1）第17行"总机构本期分摊应补（退）所得税额"：跨地区经营汇总纳税企业的总机构根据相关行次计算结果填报，第17行=第18+19+20行。

（2）第18行"总机构分摊应补（退）所得税额（16×总机构分摊比例＿％）"：根据相关行次计算结果填报，第18行=第16行×总机构分摊比例。其中：跨省、自治区、直辖市和计划单列市经营的汇总纳税企业"总机构分摊比例"填报25%，同一省（自治区、直辖市、计划单列市）内跨地区经营汇总纳税企业"总机构分摊比例"按照各省（自治区、直辖市、计划单列市）确定的总机构分摊比例填报。

（3）第19行"财政集中分配应补（退）所得税额（16×财政集中分配比例

__%）"：根据相关行次计算结果填报，第19行＝第16行 × 财政集中分配比例。其中：跨省、自治区、直辖市和计划单列市经营的汇总纳税企业"财政集中分配比例"填报25%，同一省（自治区、直辖市、计划单列市）内跨地区经营汇总纳税企业"财政集中分配比例"按照各省（自治区、直辖市、计划单列市）确定的财政集中分配比例填报。

（4）第20行"总机构具有主体生产经营职能的部门分摊所得税额（16× 全部分支机构分摊比例 __%× 总机构具有主体生产经营职能部门分摊比例 __%）"：根据相关行次计算结果填报，第20行＝第16行 × 全部分支机构分摊比例 × 总机构具有主体生产经营职能部门分摊比例。其中：跨省、自治区、直辖市和计划单列市经营的汇总纳税企业"全部分支机构分摊比例"填报50%，同一省（自治区、直辖市、计划单列市）内跨地区经营汇总纳税企业"分支机构分摊比例"按照各省（自治区、直辖市、计划单列市）确定的分支机构分摊比例填报；"总机构具有主体生产经营职能部门分摊比例"按照设立的具有主体生产经营职能的部门在参与税款分摊的全部分支机构中的分摊比例填报。

（5）第21行"分支机构本期分摊比例"：跨地区经营汇总纳税企业分支机构填报其总机构出具的本期《企业所得税汇总纳税分支机构所得税分配表》"分配比例"列次中列示的本分支机构的分配比例。

（6）第22行"分支机构本期分摊应补（退）所得税额"：跨地区经营汇总纳税企业分支机构填报其总机构出具的本期《企业所得税汇总纳税分支机构所得税分配表》"分配所得税额"列次中列示的本分支机构应分摊的所得税额。

（六）实际缴纳企业所得税

适用于民族自治地区纳税人填报。

（1）第23行"民族自治地区企业所得税地方分享部分：（□ 免征 □ 减征：减征幅度 ____%）"：根据《中华人民共和国企业所得税法》《中华人民共和国民族区域自治法》《财政部 国家税务总局关于贯彻落实国务院关于实施企业所得税过渡优惠政策有关问题的通知》（财税〔2008〕21号）等规定，实行民族区域自治的自治区、自治州、自治县的自治机关对本民族自治地区的企业应缴纳的企业所得税中属于地方分享的部分，可以决定免征或减征，自治州、自治县决定减征或者免征的，须报省、自治区、直辖市人民政府批准。

纳税人填报该行次时，根据享受政策的类型选择"免征"或"减征"，二者必选其一。选择"免征"是指免征企业所得税税收地方分享部分；选择"减征：减征幅度 ____%"是指减征企业所得税税收地方分享部分。此时需填写"减征幅度"，减征幅度填写范围为1至100，表示企业所得税税收地方分享部分的减征比例。例如：地方分享部分减半征收，则选择"减征"，并在"减征幅度"后填写"50%"。

本行填报纳税人按照规定享受的民族自治地区的自治机关对本民族自治地区的企业应缴纳的企业所得税中属于地方分享的部分减征或免征额的本年累计金额。

（2）第 24 行"实际应补（退）所得税额"：本行填报民族自治地区纳税人本期实际应补（退）所得税额。

（七）表内表间关系

1. 表内关系

（1）第 7 行 = 第 7.1+7.2+⋯行。

（2）第 8 行 = 第 8.1+8.2+⋯行。

（3）预缴方式为"按照实际利润额预缴"的纳税人，第 10 行 = 第 3+4−5−6−7−8−9 行。

（4）第 12 行 = 第 10×11 行。

（5）第 13 行 = 第 13.1+13.2+⋯行

（6）预缴方式为"按照实际利润额预缴""按照上一纳税年度应纳税所得额平均额预缴"的纳税人，第 16 行 = 第 12−13−14−15 行。当第 12−13−14−15 行＜0 时，第 16 行 =0。

其中，企业所得税收入全额归属中央且按比例就地预缴企业的分支机构，以及在同一省（自治区、直辖市、计划单列市）内的按比例就地预缴企业的分支机构，第 16 行 = 第 12 行 × 就地预缴比例 − 第 13 行 × 就地预缴比例 − 第 14 行 − 第 15 行。当第 12 行 × 就地预缴比例 − 第 13 行 × 就地预缴比例 − 第 14 行 − 第 15 行＜0 时，第 16 行 =0。

（7）第 17 行 = 第 18+19+20 行。

（8）第 18 行 = 第 16 行 × 总机构分摊比例。

（9）第 19 行 = 第 16 行 × 财政集中分配比例。

（10）第 20 行 = 第 16 行 × 全部分支机构分摊比例 × 总机构具有主体生产经营职能部门分摊比例。

2. 表间关系

（1）第 6 行 = 表 A201020 第 3 行第 5 列。

（2）第 16 行 = 表 A202000 "应纳所得税额"栏次填报的金额。

（3）第 18 行 = 表 A202000 "总机构分摊所得税额"栏次填报的金额。

（4）第 19 行 = 表 A202000 "总机构财政集中分配所得税额"栏次填报的金额。

（5）第 20 行 = 表 A202000 "分支机构情况"中对应总机构独立生产经营部门行次的"分配所得税额"列次填报的金额。

表 4-2 填表说明

表 4-2　A201020　资产加速折旧、摊销（扣除）优惠明细表

行次	项目	本年享受优惠的资产原值	本年累计折旧\摊销（扣除）金额				
			账载折旧\摊销金额	按照税收一般规定计算的折旧\摊销金额	享受加速政策计算的折旧\摊销金额	纳税调减金额	享受加速政策优惠金额
		1	2	3	4	5	6(4-3)
1	一、加速折旧、摊销（不含一次性扣除，1.1+1.2+…）						
1.1	（填写优惠事项名称）						
1.2	（填写优惠事项名称）						
2	二、一次性扣除（2.1+2.2+…）						
2.1	（填写优惠事项名称）						
2.2	（填写优惠事项名称）						
3	合计（1+2）						

表 4-3 填表说明

表 4-3　A202000　企业所得税汇总纳税分支机构所得税分配表

税款所属期间：　　年　月　日至　　年　月　日

总机构名称（盖章）：

总机构纳税人识别号（统一社会信用代码）：　　　　　　　　　　金额单位：元（列至角分）

应纳所得税额		总机构分摊所得税额		总机构财政集中分配所得税额			分支机构分摊所得税额	
	分支机构纳税人识别号（统一社会信用代码）	分支机构名称		三项因素			分配比例	分配所得税额
			营业收入	职工薪酬	资产总额		
分支机构情况								
	合　　计							

二、核定征收企业所得税纳税申报

B100000《中华人民共和国企业所得税月（季）度预缴和年度纳税申报表（B类）》，适用于实行核定征收企业所得税的居民企业纳税人在月（季）度预缴纳税申报和年度纳税申报时填报，如表4-4所示。

表4-4 B100000 中华人民共和国企业所得税月（季）度预缴和年度纳税申报表

（B类，2018年版）

税款所属期间：   年   月   日至   年   月   日

纳税人识别号（统一社会信用代码）：□□□□□□□□□□□□□□□□□□

纳税人名称：   金额单位：人民币元（列至角分）

核定征收方式	□核定应税所得率（能核算收入总额的） □核定应税所得率（能核算成本费用总额的） □核定应纳所得税额								
按季度填报信息									
项目	一季度		二季度		三季度		四季度		季度平均值
	季初	季末	季初	季末	季初	季末	季初	季末	
从业人数									
资产总额（万元）									
国家限制或禁止行业	□是 □否				小型微利企业		□是 □否		
按年度填报信息									
从业人数（填写平均值）				资产总额（填写平均值，单位：万元）					
国家限制或禁止行业	□是 □否			小型微利企业			□是 □否		

行次	项　目	本年累计金额
1	收入总额	
2	减：不征税收入	
3	减：免税收入（4+5+10+11）	
4	国债利息收入免征企业所得税	
5	符合条件的居民企业之间的股息、红利等权益性投资收益免征企业所得税（6+7.1+7.2+8+9）	
6	其中：一般股息红利等权益性投资收益免征企业所得税	
7.1	通过沪港通投资且连续持有H股满12个月取得的股息红利所得免征企业所得税	
7.2	通过深港通投资且连续持有H股满12个月取得的股息红利所得免征企业所得税	
8	居民企业持有创新企业CDR取得的股息红利所得免征企业所得税	

行次	项　目	本年累计金额
9	符合条件的居民企业之间属于股息、红利性质的永续债利息收入免征企业所得税	
10	投资者从证券投资基金分配中取得的收入免征企业所得税	
11	取得的地方政府债券利息收入免征企业所得税	
12	应税收入额（1-2-3）\ 成本费用总额	
13	税务机关核定的应税所得率（%）	
14	应纳税所得额（第 12×13 行）\ ［第 12 行 ÷（1- 第 13 行）× 第 13 行］	
15	税率（25%）	
16	应纳所得税额（14×15）	
17	减：符合条件的小型微利企业减免企业所得税	
18	减：实际已缴纳所得税额	
L19	减：符合条件的小型微利企业延缓缴纳所得税额（是否延缓缴纳所得税　□是　□否）	
19	本期应补（退）所得税额（16-17-18-L19）\ 税务机关核定本期应纳所得税额	
20	民族自治地方的自治机关对本民族自治地方的企业应缴纳的企业所得税中属于地方分享的部分减征或免征（□免征　□减征：减征幅度 ＿＿＿%）	
21	本期实际应补（退）所得税额	

谨声明：本纳税申报表是根据国家税收法律法规及相关规定填报的，是真实的、可靠的、完整的。

纳税人（签章）：　　　年　月　日

经办人： 经办人身份证号： 代理机构签章： 代理机构统一社会信用代码：	受理人： 受理税务机关（章）： 受理日期：　　　年　月　日

国家税务总局监制

（一）适用范围

本表适用于实行核定征收企业所得税的居民企业纳税人（以下简称"纳税人"）在月（季）度预缴纳税申报时填报。此外，实行核定应税所得率方式的纳税人在年度纳税申报时填报本表。

（二）表头项目

1. 税款所属期间

（1）月（季）度预缴纳税申报

正常经营的纳税人，填报税款所属期月（季）度第一日至税款所属期月（季）度最后一日；年度中间开业的纳税人，在首次月（季）度预缴纳税申报时，填报开始经营之日至税款所属月（季）度最后一日，以后月（季）度预缴纳税申报时按照正常情况填报。年度中间发生终止经营活动的纳税人，在终止经营活动当期纳税申报时，填报税款所属期月（季）度第一日至终止经营活动之日，以后月（季）度预缴纳税申报表不再填报。

（2）年度纳税申报

正常经营的纳税人，填报税款所属年度1月1日至12月31日；年度中间开业的纳税人，在首次年度纳税申报时，填报开始经营之日至当年12月31日，以后年度纳税申报时按照正常情况填报；年度中间终止经营活动的纳税人，在终止经营活动年度纳税申报时，填报当年1月1日至终止经营活动之日；年度中间开业且当年度中间终止经营活动的纳税人，填报开始经营之日至终止经营活动之日。

2. 纳税人识别号（统一社会信用代码）

填报税务机关核发的纳税人识别号或有关部门核发的统一社会信用代码。

3. 纳税人名称

填报营业执照、税务登记证等证件载明的纳税人名称。

（三）有关项目填报说明

1. 核定征收方式

纳税人根据申报税款所属期税务机关核定的征收方式选择填报。

2. 按季度填报信息

本项下所有项目按季度填报。按月申报的纳税人，在季度最后一个属期的月份填报。实行核定应纳所得税额方式的纳税人仅填报"小型微利企业"选项。

（1）从业人数

纳税人填报第一季度至税款所属季度各季度的季初、季末、季度平均从业人员的数量。季度中间开业的纳税人，填报开业季度至税款所属季度各季度的季初、季末从业人员的数量，其中开业季度"季初"填报开业时从业人员的数量。季度中间停止经营的纳税人，填报第一季度至停止经营季度各季度的季初、季末从业人员的数量，其中停止经营季度"季末"填报停止经营时从业人员的数量。"季度平均值"填报截至本税款所属期末从业人员数量的季度平均值，计算方法如下：

$$各季度平均值 = （季初值 + 季末值）÷ 2$$

截至本税款所属期末季度平均值 = 截至本税款所属期末各季度平均值之和 ÷ 相应季度数

年度中间开业或者终止经营活动的，以其实际经营期计算上述指标。

从业人数是指与企业建立劳动关系的职工人数和企业接受的劳务派遣用工人数之

和。汇总纳税企业总机构填报包括分支机构在内的所有从业人数。

（2）资产总额（万元）

纳税人填报第一季度至税款所属季度各季度的季初、季末、季度平均资产总额的金额。季度中间开业的纳税人，填报开业季度至税款所属季度各季度的季初、季末资产总额的金额，其中开业季度"季初"填报开业时资产总额的金额。季度中间停止经营的纳税人，填报第一季度至停止经营季度各季度的季初、季末资产总额的金额，其中停止经营季度"季末"填报停止经营时资产总额的金额。"季度平均值"填报截至本税款所属期末资产总额金额的季度平均值，计算方法如下：

$$各季度平均值 =（季初值 + 季末值）÷ 2$$

截至本税款所属期末季度平均值 = 截至本税款所属期末各季度平均值之和 ÷ 相应季度数

年度中间开业或者终止经营活动的，以其实际经营期计算上述指标。

填报单位为人民币万元，保留小数点后 2 位。

（3）国家限制或禁止行业

纳税人从事行业为国家限制或禁止行业的，选择"是"；其他选择"否"。

（4）小型微利企业

本栏次为必报项目。

① 实行核定应税所得率方式的纳税人，本纳税年度截至本期末的从业人数季度平均值不超过 300 人、资产总额季度平均值不超过 5 000 万元、本表"国家限制或禁止行业"选择"否"且本期本表第 14 行"应纳税所得额"不超过 300 万元的，选择"是"，否则选择"否"。

② 实行核定应纳所得税额方式的纳税人，由税务机关在核定应纳所得税额时进行判断并告知纳税人，判断标准按照相关税收政策规定执行。

3. 按年度填报信息

实行核定应税所得率方式的纳税人年度申报时填报本项，实行核定应纳所得税额方式的纳税人不填报。

（1）"从业人数（填写平均值）"：纳税人填报从业人数的全年季度平均值。从业人数是指与企业建立劳动关系的职工人数和企业接受的劳务派遣用工人数之和，计算方法如下：

$$各季度平均值 =（季初值 + 季末值）÷ 2$$
$$全年季度平均值 = 全年各季度平均值之和 ÷ 4$$

年度中间开业或者终止经营活动的，以其实际经营期作为一个纳税年度确定上述相关指标。

（2）"资产总额（填写平均值，单位：万元）"：纳税人填报资产总额的全年季度平均值，单位为万元，保留小数点后 2 位，计算方法如下：

$$各季度平均值 = （季初值 + 季末值）÷ 2$$

$$全年季度平均值 = 全年各季度平均值之和 ÷ 4$$

年度中间开业或者终止经营活动的，以其实际经营期作为一个纳税年度确定上述相关指标。

（3）"国家限制或禁止行业"：纳税人从事行业为国家限制或禁止行业的，选择"是"；其他选择"否"。

（4）"小型微利企业"：纳税人符合小型微利企业普惠性所得税减免政策条件的，选择"是"，其他选择"否"。

4. 行次说明

核定征收方式选择"核定应税所得率（能核算收入总额的）"的纳税人填报第 1 行至第 21 行，核定征收方式选择"核定应税所得率（能核算成本费用总额的）"的纳税人填报第 12 行至第 21 行，核定征收方式选择"核定应纳所得税额"的纳税人填报第 L19 行、第 19 行至第 21 行。

（1）第 1 行"收入总额"：填报纳税人各项收入的本年累计金额。

（2）第 2 行"不征税收入"：填报纳税人已经计入本表"收入总额"行次但属于税收规定的不征税收入的本年累计金额。

（3）第 3 行"免税收入"：填报属于税收规定的免税收入优惠的本年累计金额。根据相关行次计算结果填报。本行 = 第 4+5+10+11 行。

（4）第 4 行"国债利息收入免征企业所得税"：填报根据《国家税务总局关于企业国债投资业务企业所得税处理问题的公告》（2011 年第 36 号）等相关税收政策规定，纳税人持有国务院财政部门发行的国债取得的利息收入。本行填报金额为本年累计金额。

（5）第 5 行"符合条件的居民企业之间的股息、红利等权益性投资收益免征企业所得税"：根据相关行次计算结果填报。本行填报第 6+7.1+7.2+8+9 行的合计金额。

（6）第 6 行"其中：一般股息红利等权益性投资收益免征企业所得税"：填报根据《中华人民共和国企业所得税法实施条例》第八十三条规定，纳税人取得的投资收益，不含持有 H 股、创新企业 CDR、永续债取得的投资收益。本行填报金额为本年累计金额。

（7）第 7.1 行"通过沪港通投资且连续持有 H 股满 12 个月取得的股息红利所得免征企业所得税"：填报根据《财政部 国家税务总局 证监会关于沪港股票市场交易互联互通机制试点有关税收政策的通知》（财税〔2014〕81 号）等相关税收政策规定，内地居民企业连续持有 H 股满 12 个月取得的股息红利所得。本行填报金额为本年累计金额。

（8）第7.2行"通过深港通投资且连续持有 H 股满 12 个月取得的股息红利所得免征企业所得税"：填报根据《财政部 国家税务总局 证监会关于深港股票市场交易互联互通机制试点有关税收政策的通知》（财税〔2016〕127 号）等相关税收政策规定，内地居民企业连续持有 H 股满 12 个月取得的股息红利所得。本行填报金额为本年累计金额。

（9）第8行"居民企业持有创新企业 CDR 取得的股息红利所得免征企业所得税"：填报根据《财政部 税务总局 证监会关于创新企业境内发行存托凭证试点阶段有关税收政策的公告》（2019 年第 52 号）等相关税收政策规定，居民企业持有创新企业 CDR 取得的股息红利所得。本行填报金额为本年累计金额。

（10）第9行"符合条件的居民企业之间属于股息、红利性质的永续债利息收入免征企业所得税"：填报根据《财政部 税务总局关于永续债企业所得税政策问题的公告》（2019 年第 64 号）等相关税收政策规定，居民企业取得的可以适用企业所得税法规定的居民企业之间的股息、红利等权益性投资收益免征企业所得税规定的永续债利息收入。本行填报金额为本年累计金额。

（11）第10行"投资者从证券投资基金分配中取得的收入免征企业所得税"：填报纳税人根据《财政部 国家税务总局关于企业所得税若干优惠政策的通知》（财税〔2008〕1 号）第二条第（二）项等相关税收政策规定，投资者从证券投资基金分配中取得的收入。本行填报金额为本年累计金额。

（12）第11行"取得的地方政府债券利息收入免征企业所得税"：填报根据《财政部 国家税务总局关于地方政府债券利息所得免征所得税问题的通知》（财税〔2011〕76 号）、《财政部 国家税务总局关于地方政府债券利息免征所得税问题的通知》（财税〔2013〕5 号）等相关税收政策规定，纳税人取得的 2009 年、2010 年和 2011 年发行的地方政府债券利息所得，2012 年及以后年度发行的地方政府债券利息收入。本行填报金额为本年累计金额。

（13）第12行"应税收入额\成本费用总额"：核定征收方式选择"核定应税所得率（能核算收入总额的）"的纳税人，本行 = 第 1-2-3 行。核定征收方式选择"核定应税所得率（能核算成本费用总额的）"的纳税人，本行填报纳税人各项成本费用的本年累计金额。

（14）第13行"税务机关核定的应税所得率（%）"：填报税务机关核定的应税所得率。

（15）第14行"应纳税所得额"：根据相关行次计算结果填报。核定征收方式选择"核定应税所得率（能核算收入总额的）"的纳税人，本行 = 第 12×13 行。核定征收方式选择"核定应税所得率（能核算成本费用总额的）"的纳税人，本行＝第12行÷（1－第13行）×第13行。

（16）第15行"税率"：填报25%。

（17）第16行"应纳所得税额"：根据相关行次计算填报。本行＝第14×15行。

（18）第17行"符合条件的小型微利企业减免企业所得税"：填报纳税人享受小型微利企业普惠性所得税减免政策减免企业所得税的金额。本行填报根据本表第14行计算的减免企业所得税的本年累计金额。

（19）第18行"实际已缴纳所得税额"：填报纳税人按照税收规定已在此前月（季）度预缴企业所得税的本年累计金额。

（20）第L19行"符合条件的小型微利企业延缓缴纳所得税额"：根据《国家税务总局关于小型微利企业和个体工商户延缓缴纳2020年所得税有关事项的公告》（2020年第10号），填报符合条件的小型微利企业纳税人按照税收规定可以延缓缴纳的所得税额。本行为临时行次，自2021年1月1日起，本行废止。

符合条件的小型微利企业纳税人，在2020年第2季度、第3季度预缴申报时，选择享受延缓缴纳所得税政策的，选择"是"；选择不享受延缓缴纳所得税政策的，选择"否"。

"是否延缓缴纳所得税"选择"是"时，核定征收方式选择"核定应税所得率（能核算收入总额的）""核定应税所得率（能核算成本费用总额的）"的，第L19行＝第16-17-18行。当第16-17-18行＜0时，本行填报0。核定征收方式选择"核定应纳所得税额"的，本行填报本期应纳企业所得税金额与2020年度预缴申报已延缓缴纳企业所得税金额之和。

"是否延缓缴纳所得税"选择"否"时，本行填0。

（21）第19行"本期应补（退）所得税额\税务机关核定本期应纳所得税额"：核定征收方式选择"核定应税所得率（能核算收入总额的）""核定应税所得率（能核算成本费用总额的）"的纳税人，根据相关行次计算结果填报，本行＝第16-17-18-L19行。月（季）度预缴纳税申报时，若第16-17-18-L19行＜0，本行填报0。核定征收方式选择"核定应纳所得税额"的纳税人，在2020年第2季度、第3季度预缴申报时，若"是否延缓缴纳所得税"选择"是"，本行填0；若"是否延缓缴纳所得税"选择"否"的，本行填报本期应纳企业所得税金额与2020年度预缴申报已延缓缴纳企业所得税金额之和。在2020年第4季度预缴申报时，本行填报本期应纳企业所得税金额与2020年度预缴申报已延缓缴纳企业所得税金额之和。自2021年第1季度预缴申报起，本行填报本期应纳企业所得税的金额。

（22）第20行"民族自治地方的自治机关对本民族自治地方的企业应缴纳的企业所

得税中属于地方分享的部分减征或免征（ □ 免征 □ 减征：减征幅度 ____% ）"：根据《中华人民共和国企业所得税法》《中华人民共和国民族区域自治法》《财政部 国家税务总局关于贯彻落实国务院关于实施企业所得税过渡优惠政策有关问题的通知》（财税〔2008〕21号）等规定，实行民族区域自治的自治区、自治州、自治县的自治机关对本民族自治地方的企业应缴纳的企业所得税中属于地方分享的部分，可以决定免征或减征，自治州、自治县决定减征或者免征的，须报省、自治区、直辖市人民政府批准。

纳税人填报该行次时，根据享受政策的类型选择"免征"或"减征"，二者必选其一。选择"免征"是指免征企业所得税税收地方分享部分；选择"减征：减征幅度 ____%"是指减征企业所得税税收地方分享部分。此时需填写"减征幅度"，减征幅度填写范围为1至100，表示企业所得税税收地方分享部分的减征比例。例如：地方分享部分减半征收，则选择"减征"，并在"减征幅度"后填写"50%"。

本行填报纳税人按照规定享受的民族自治地方的自治机关对本民族自治地方的企业应缴纳的企业所得税中属于地方分享的部分减征或免征额的本年累计金额。

（23）第21行"本期实际应补（退）所得税额"：本行填报纳税人本期实际应补（退）所得税额。

（四）表内关系

（1）第3行＝第4+5+10+11行。

（2）核定征收方式选择为"核定应税所得率（能核算收入总额的）"的，第12行＝第1−2−3行。

（3）核定征收方式选择为"核定应税所得率（能核算收入总额的）"的，第14行＝第12×13行；核定征收方式选择为"核定应税所得率（能核算成本费用总额的）"的，第14行＝第12行÷（1−第13行）×第13行。

（4）第5行＝第6+7.1+7.2+8+9行。

（5）第16行＝第14×15行。

（6）"是否延缓缴纳所得税"选择"是"时，核定征收方式选择"核定应税所得率（能核算收入总额的）""核定应税所得率（能核算成本费用总额的）"的，第L19行＝第16−17−18行。当第16−17−18行＜0时，本行＝0。

"是否延缓缴纳所得税"选择"否"时，第L19行＝0。

（7）"是否延缓缴纳所得税"选择"是"时，核定征收方式选择"核定应税所得率（能核算收入总额的）""核定应税所得率（能核算成本费用总额的）"的，第19行＝第16−17−18−L19行。月（季）度预缴纳税申报时，若第16−17−18−L19行＜0，第19

行 =0。

（8）核定征收方式选择"核定应税所得率（能核算收入总额的）""核定应税所得率（能核算成本费用总额的）"的，享受"免征"优惠的，第 20 行 =（第 16-17-L19 行）×40%；享受"减征"优惠的，第 20 行 =（第 16-17-L19 行）×40%× 减征幅度。

核定征收方式选择"核定应纳所得税额"的，享受"免征"优惠的，第 20 行 =［核定的年度应纳所得税额 ÷（4 或者 12）× 截止申报所属期的实际应申报属期数 － 本表第 L19 行］×40%；享受"减征"优惠的，第 20 行 =［核定的年度应纳所得税额 ÷（4 或者 12）× 截止申报所属期的实际应申报属期数 － 本表第 L19 行］×40%× 减征幅度。

（9）核定征收方式选择"核定应税所得率（能核算收入总额的）""核定应税所得率（能核算成本费用总额的）"的，第 21 行 = 第 19-20 行。当第 19-20 行＜0 时，本行 =0。

核定征收方式选择"核定应纳所得税额"的：第 21 行 =［核定的年度应纳所得税额 ÷（4 或者 12）× 截止申报所属期的实际应申报属期数］－ 本表第 L19 行 － 本表第 20 行 － 截止上期本表第 21 行合计金额。当计算结果＜0 时，本行 =0。

三、企业所得税的月（季）度申报操作

企业所得税的月（季）度申报操作可通过电子税务局根据企业实际情况填写相关申报表格和缴纳税款。

企业所得税的月（季）度申报操作

任务三　企业所得税的年度纳税申报

一、企业所得税年度纳税申报需要填报的表单

《企业所得税年度纳税申报表填报表单》，如表 4-5 所示。

表 4-5　企业所得税年度纳税申报表填报表单

表单编号	表单名称	选择填报情况	
		填报	不填报
A000000	企业所得税年度纳税申报基础信息表	√	×
A100000	中华人民共和国企业所得税年度纳税申报表（A 类）	√	×
A101010	一般企业收入明细表	□	□

表单编号	表单名称	选择填报情况	
		填报	不填报
A101020	金融企业收入明细表	☐	☐
A102010	一般企业成本支出明细表	☐	☐
A102020	金融企业支出明细表	☐	☐
A103000	事业单位、民间非营利组织收入、支出明细表	☐	☐
A104000	期间费用明细表	☐	☐
A105000	纳税调整项目明细表	☐	☐
A105010	视同销售和房地产开发企业特定业务纳税调整明细表	☐	☐
A105020	未按权责发生制确认收入纳税调整明细表	☐	☐
A105030	投资收益纳税调整明细表	☐	☐
A105040	专项用途财政性资金纳税调整明细表	☐	☐
A105050	职工薪酬支出及纳税调整明细表	☐	☐
A105060	广告费和业务宣传费等跨年度纳税调整明细表	☐	☐
A105070	捐赠支出及纳税调整明细表	☐	☐
A105080	资产折旧、摊销及纳税调整明细表	☐	☐
A105090	资产损失税前扣除及纳税调整明细表	☐	☐
A105100	企业重组及递延纳税事项纳税调整明细表	☐	☐
A105110	政策性搬迁纳税调整明细表	☐	☐
A105120	贷款损失准备金及纳税调整明细表	☐	☐
A106000	企业所得税弥补亏损明细表	☐	☐
A107010	免税、减计收入及加计扣除优惠明细表	☐	☐
A107011	符合条件的居民企业之间的股息、红利等权益性投资收益优惠明细表	☐	☐
A107012	研发费用加计扣除优惠明细表	☐	☐
A107020	所得减免优惠明细表	☐	☐
A107030	抵扣应纳税所得额明细表	☐	☐
A107040	减免所得税优惠明细表	☐	☐
A107041	高新技术企业优惠情况及明细表	☐	☐
A107042	软件、集成电路企业优惠情况及明细表	☐	☐
A107050	税额抵免优惠明细表	☐	☐
A108000	境外所得税收抵免明细表	☐	☐
A108010	境外所得纳税调整后所得明细表	☐	☐
A108020	境外分支机构弥补亏损明细表	☐	☐
A108030	跨年度结转抵免境外所得税明细表	☐	☐
A109000	跨地区经营汇总纳税企业年度分摊企业所得税明细表	☐	☐

表单编号	表单名称	选择填报情况	
		填报	不填报
A109010	企业所得税汇总纳税分支机构所得税分配表	☐	☐

说明：企业应当根据实际情况选择需要填报的表单。

二、《企业所得税年度纳税申报基础信息表》的填报

A000000《企业所得税年度纳税申报基础信息表》，如表 4-6 所示。

三、《中华人民共和国企业所得税年度纳税申报表（A 类）》（主表）的填报

A100000《中华人民共和国企业所得税年度纳税申报表（A 类）》，如表 4-7 所示。

本表为企业所得税年度纳税申报表的主表，纳税人应当根据《中华人民共和国企业所得税法》及其实施条例（以下简称"税法"）、相关税收政策，以及国家统一会计制度（企业会计准则、小企业会计准则、企业会计制度、事业单位会计准则和民间非营利组织会计制度等）的规定，计算填报利润总额、应纳税所得额和应纳税额等有关项目。

纳税人在计算企业所得税应纳税所得额及应纳税额时，会计处理与税收规定不一致的，应当按照税收规定计算。税收规定不明确的，在没有明确规定之前，暂按国家统一会计制度计算。

（一）有关项目填报说明

1. 表体项目

本表是在纳税人会计利润总额的基础上，加减纳税调整等金额后计算出"纳税调整后所得"。会计与税法的差异（包括收入类、扣除类、资产类等差异）通过《纳税调整项目明细表》（A105000）集中填报。

本表包括利润总额计算、应纳税所得额计算、应纳税额计算三个部分。

（1）"利润总额计算"中的项目，按照国家统一会计制度规定计算填报。实行企业会计准则、小企业会计准则、企业会计制度、分行业会计制度的纳税人，其数据直接取自《利润表》（另有说明的除外）；实行事业单位会计准则的纳税人，其数据取自《收入支出表》；实行民间非营利组织会计制度的纳税人，其数据取自《业务活动表》；实行其他国家统一会计制度的纳税人，根据本表项目进行分析填报。

表4-6　A000000　企业所得税年度纳税申报基础信息表

基本经营情况（必填项目）

101 纳税申报企业类型（填写代码）	
102 分支机构就地纳税比例（%）	
103 资产总额（填写平均值，单位：万元）	
104 从业人数（填写平均值，单位：人）	
105 所属国民经济行业（填写代码）	
106 从事国家限制或禁止行业	□是 □否
107 适用会计准则或会计制度（填写代码）	
108 采用一般企业财务报表格式（2019年版）	□是 □否
109 小型微利企业	□是 □否
110 上市公司	是（□境内 □境外）□否

有关涉税事项情况（存在或者发生下列事项时必填）

201 从事股权投资业务		□是
202 存在境外关联交易		□是
203 境外所得税抵免方式	203-1 选择采用的境外所得抵免方式	□分国（地区）不分项 □不分国（地区）不分项
	203-2 海南自由贸易港新增境外直接投资信息	□是
204 有限合伙制创业投资企业的法人合伙人		□是
205 创业投资企业		□是
206 技术先进型服务企业类型（填写代码）		
207 非营利组织		□是
208 软件、集成电路企业类型（填写代码）		
209 集成电路生产项目类型		□130纳米 □65纳米 □28纳米
210 科技型中小企业	210-1 年（申报所属期年度）入库编号1	210-2 入库时间1
	210-3 年（所属期下一年度）入库编号2	210-4 入库时间2
211 高新技术企业申报所属期年度有效的高新技术企业证书	211-1 证书编号1	211-2 发证时间1
	211-3 证书编号2	211-4 发证时间2
212 重组事项税务处理方式		□一般性 □特殊性
213 重组交易类型（填写代码）		
214 重组当事方类型（填写代码）		
215 政策性搬迁开始时间		年 月
216 发生政策性搬迁且停止生产经营无所得年度		□是
217 政策性搬迁损失分期扣除年度		□是
218 发生非货币性资产对外投资递延纳税事项		□是
219 非货币性资产对外投资转让所得递延纳税年度		□是
220 发生技术成果投资入股递延纳税事项		□是
221 技术成果投资入股递延纳税年度		□是
222 发生资产（股权）划转特殊性税务处理事项		□是
223 债务重组所得递延纳税年度		□是

主要股东及分红情况（必填项目）

股东名称	证件种类	证件号码	投资比例（％）	当年（决议日）分配的股息、红利等权益性投资收益金额	国籍（注册地址）
其余股东合计	—	—			—

表 4-6 填报说明

表 4-7　A100000　中华人民共和国企业所得税年度纳税申报表（A 类）

行次	类别	项　　目	金　额
1	利润总额计算	一、营业收入（填写 A101010\101020\103000）	
2		减：营业成本（填写 A102010\102020\103000）	
3		减：税金及附加	
4		减：销售费用（填写 A104000）	
5		减：管理费用（填写 A104000）	
6		减：财务费用（填写 A104000）	
7		减：资产减值损失	
8		加：公允价值变动收益	
9		加：投资收益	
10		二、营业利润（1-2-3-4-5-6-7+8+9）	
11		加：营业外收入（填写 A101010\101020\103000）	
12		减：营业外支出（填写 A102010\102020\103000）	
13		三、利润总额（10+11-12）	
14	应纳税所得额计算	减：境外所得（填写 A108010）	
15		加：纳税调整增加额（填写 A105000）	
16		减：纳税调整减少额（填写 A105000）	
17		减：免税、减计收入及加计扣除（填写 A107010）	
18		加：境外应税所得抵减境内亏损（填写 A108000）	
19		四、纳税调整后所得（13-14+15-16-17+18）	
20		减：所得减免（填写 A107020）	
21		减：弥补以前年度亏损（填写 A106000）	
22		减：抵扣应纳税所得额（填写 A107030）	
23		五、应纳税所得额（19-20-21-22）	
24	应纳税额计算	税率（25%）	
25		六、应纳所得税额（23×24）	
26		减：减免所得税额（填写 A107040）	
27		减：抵免所得税额（填写 A107050）	
28		七、应纳税额（25-26-27）	
29		加：境外所得应纳所得税额（填写 A108000）	
30		减：境外所得抵免所得税额（填写 A108000）	
31		八、实际应纳所得税额（28+29-30）	
32		减：本年累计实际已预缴的所得税额	
33		九、本年应补（退）所得税额（31-32）	
34		其中：总机构分摊本年应补（退）所得税额（填写 A109000）	

行次	类别	项 目	金 额
35	应纳税额计算	财政集中分配本年应补（退）所得税额（填写 A109000）	
36		总机构主体生产经营部门分摊本年应补（退）所得税额（填写 A109000）	
37	实际应纳税额计算	减：民族自治地区企业所得税地方分享部分：（□免征 □减征：减征幅度 ____%）	
38		十、本年实际应补（退）所得税额（33-37）	

（2）"应纳税所得额计算"和"应纳税额计算"中的项目，除根据主表逻辑关系计算以外，通过附表相应栏次填报。

2. 行次说明

第1-13行参照国家统一会计制度规定填写。本部分未设"研发费用""其他收益""资产处置收益"等项目，对于已执行《财政部关于修订印发2019年度一般企业财务报表格式的通知》（财会〔2019〕6号）的纳税人，在《利润表》中归集的"研发费用"通过《期间费用明细表》（A104000）第19行"十九、研究费用"的管理费用相应列次填报；在《利润表》中归集的"其他收益""资产处置收益""信用减值损失""净敞口套期收益"项目则无需填报，同时第10行"二、营业利润"不执行"第10行＝第1-2-3-4-5-6-7+8+9行"的表内关系，按照《利润表》"营业利润"项目直接填报。

（1）第1行"营业收入"：填报纳税人主要经营业务和其他经营业务取得的收入总额。本行根据"主营业务收入"和"其他业务收入"的数额填报。一般企业纳税人根据《一般企业收入明细表》（A101010）填报；金融企业纳税人根据《金融企业收入明细表》（A101020）填报；事业单位、社会团体、民办非企业单位、非营利组织等纳税人根据《事业单位、民间非营利组织收入、支出明细表》（A103000）填报。

（2）第2行"营业成本"：填报纳税人主要经营业务和其他经营业务发生的成本总额。本行根据"主营业务成本"和"其他业务成本"的数额填报。一般企业纳税人根据《一般企业成本支出明细表》（A102010）填报；金融企业纳税人根据《金融企业支出明细表》（A102020）填报；事业单位、社会团体、民办非企业单位、非营利组织等纳税人，根据《事业单位、民间非营利组织收入、支出明细表》（A103000）填报。

（3）第3行"税金及附加"：填报纳税人经营活动发生的消费税、城市维护建设税、资源税、土地增值税和教育费附加等相关税费。本行根据纳税人相关会计科目填报。纳税人在其他会计科目核算的税金不得重复填报。

（4）第4行"销售费用"：填报纳税人在销售商品和材料、提供劳务的过程中发生的各种费用。本行根据《期间费用明细表》（A104000）中对应的"销售费用"填报。

（5）第5行"管理费用"：填报纳税人为组织和管理企业生产经营发生的管理费用。本行根据《期间费用明细表》（A104000）中对应的"管理费用"填报。

（6）第6行"财务费用"：填报纳税人为筹集生产经营所需资金等发生的筹资费用。本行根据《期间费用明细表》（A104000）中对应的"财务费用"填报。

（7）第7行"资产减值损失"：填报纳税人计提各项资产准备发生的减值损失。本行根据企业"资产减值损失"科目上的数额填报。实行其他会计制度的比照填报。

（8）第8行"公允价值变动收益"：填报纳税人在初始确认时划分为以公允价值计量且其变动计入当期损益的金融资产或金融负债（包括交易性金融资产或负债，直接指定为以公允价值计量且其变动计入当期损益的金融资产或金融负债），以及采用公允价值模式计量的投资性房地产、衍生工具和套期业务中公允价值变动形成的应计入当期损益的利得或损失。本行根据企业"公允价值变动损益"科目的数额填报，损失以"－"号填列。

（9）第9行"投资收益"：填报纳税人以各种方式对外投资所取得的收益或发生的损失。根据企业"投资收益"科目的数额计算填报，实行事业单位会计准则的纳税人根据"其他收入"科目中的投资收益金额分析填报，损失以"－"号填列。实行其他会计制度的纳税人比照填报。

（10）第10行"营业利润"：填报纳税人当期的营业利润。根据上述项目计算填报。已执行《财政部关于修订印发2019年度一般企业财务报表格式的通知》（财会〔2019〕6号）和《财政部关于修订印发2018年度金融企业财务报表格式的通知》（财会〔2018〕36号）的纳税人，根据《利润表》对应项目填列，不执行本行计算规则。

（11）第11行"营业外收入"：填报纳税人取得的与其经营活动无直接关系的各项收入的金额。一般企业纳税人根据《一般企业收入明细表》（A101010）填报；金融企业纳税人根据《金融企业收入明细表》（A101020）填报；实行事业单位会计准则或民间非营利组织会计制度的纳税人根据《事业单位、民间非营利组织收入、支出明细表》（A103000）填报。

（12）第12行"营业外支出"：填报纳税人发生的与其经营活动无直接关系的各项支出的金额。一般企业纳税人根据《一般企业成本支出明细表》（A102010）填报；金融企业纳税人根据《金融企业支出明细表》（A102020）填报；实行事业单位会计准则或民间非营利组织会计制度的纳税人根据《事业单位、民间非营利组织收入、支出明细表》（A103000）填报。

（13）第13行"利润总额"：填报纳税人当期的利润总额。根据上述项目计算填报。

（14）第14行"境外所得"：填报已计入利润总额以及按照税法相关规定已在《纳

税调整项目明细表》（A105000）进行纳税调整的境外所得金额。本行根据《境外所得纳税调整后所得明细表》（A108010）填报。

（15）第15行"纳税调整增加额"：填报纳税人会计处理与税收规定不一致，进行纳税调整增加的金额。本行根据《纳税调整项目明细表》（A105000）"调增金额"列填报。

（16）第16行"纳税调整减少额"：填报纳税人会计处理与税收规定不一致，进行纳税调整减少的金额。本行根据《纳税调整项目明细表》（A105000）"调减金额"列填报。

（17）第17行"免税、减计收入及加计扣除"：填报属于税收规定免税收入、减计收入、加计扣除金额。本行根据《免税、减计收入及加计扣除优惠明细表》（A107010）填报。

（18）第18行"境外应税所得抵减境内亏损"：当纳税人选择不用境外所得抵减境内亏损时，填报0；当纳税人选择用境外所得抵减境内亏损时，填报境外所得抵减当年度境内亏损的金额。用境外所得弥补以前年度境内亏损的，还需填报《企业所得税弥补亏损明细表》（A106000）和《境外所得税收抵免明细表》（A108000）。

（19）第19行"纳税调整后所得"：填报纳税人经过纳税调整、税收优惠、境外所得计算后的所得额。

（20）第20行"所得减免"：填报属于税收规定的所得减免金额。本行根据《所得减免优惠明细表》（A107020）填报。

（21）第21行"弥补以前年度亏损"：填报纳税人按照税收规定可在税前弥补的以前年度亏损数额。本行根据《企业所得税弥补亏损明细表》（A106000）填报。

（22）第22行"抵扣应纳税所得额"：填报根据税收规定应抵扣的应纳税所得额。本行根据《抵扣应纳税所得额明细表》（A107030）填报。

（23）第23行"应纳税所得额"：填报第19-20-21-22行金额。按照上述行次顺序计算结果为负数的，本行按0填报。

（24）第24行"税率"：填报税收规定的税率25%。

（25）第25行"应纳所得税额"：填报第23×24行金额。

（26）第26行"减免所得税额"：填报纳税人按税收规定实际减免的企业所得税额。本行根据《减免所得税优惠明细表》（A107040）填报。

（27）第27行"抵免所得税额"：填报企业当年的应纳所得税额中抵免的金额。本行根据《税额抵免优惠明细表》（A107050）填报。

（28）第28行"应纳税额"：填报第25-26-27行金额。

（29）第29行"境外所得应纳所得税额"：填报纳税人来源于中国境外的所

得，按照我国税收规定计算的应纳所得税额。本行根据《境外所得税收抵免明细表》（A108000）填报。

（30）第30行"境外所得抵免所得税额"：填报纳税人来源于中国境外所得依照中国境外税收法律以及相关规定应缴纳并实际缴纳（包括视同已实际缴纳）的企业所得税性质的税款（准予抵免税款）。本行根据《境外所得税收抵免明细表》（A108000）填报。

（31）第31行"实际应纳所得税额"：填报第28+29-30行金额。其中，跨地区经营企业类型为"分支机构（须进行完整年度申报并按比例纳税）"的纳税人，填报（第28+29-30行）×"分支机构就地纳税比例"金额。

（32）第32行"本年累计实际已缴纳的所得税额"：填报纳税人按照税收规定本纳税年度已在月（季）度累计预缴的所得税额，包括按照税收规定的特定业务已预缴（征）的所得税额，建筑企业总机构直接管理的跨地区设立的项目部按规定向项目所在地主管税务机关预缴的所得税额。

（33）第33行"本年应补（退）的所得税额"：填报第31-32行金额。

（34）第34行"总机构分摊本年应补（退）所得税额"：填报汇总纳税的总机构按照税收规定在总机构所在地分摊本年应补（退）所得税额。本行根据《跨地区经营汇总纳税企业年度分摊企业所得税明细表》（A109000）填报。

（35）第35行"财政集中分配本年应补（退）所得税额"：填报汇总纳税的总机构按照税收规定财政集中分配本年应补（退）所得税款。本行根据《跨地区经营汇总纳税企业年度分摊企业所得税明细表》（A109000）填报。

（36）第36行"总机构主体生产经营部门分摊本年应补（退）所得税额"：填报汇总纳税的总机构所属的具有主体生产经营职能的部门按照税收规定应分摊的本年应补（退）所得税额。本行根据《跨地区经营汇总纳税企业年度分摊企业所得税明细表》（A109000）填报。

（37）第37行"民族自治地区企业所得税地方分享部分：（□免征　□减征：减征幅度_____%）"：根据《中华人民共和国企业所得税法》《中华人民共和国民族区域自治法》《财政部国家税务总局关于贯彻落实国务院关于实施企业所得税过渡优惠政策有关问题的通知》（财税〔2008〕21号）等规定，实行民族区域自治的自治区、自治州、自治县的自治机关对本民族自治地方的企业应缴纳的企业所得税中属于地方分享的部分，可以决定减征或免征，自治州、自治县决定减征或者免征的，须报省、自治区、直辖市人民政府批准。

纳税人填报该行次时，根据享受政策的类型选择"免征"或"减征"，二者必选其一。选择"免征"是指免征企业所得税税收地方分享部分；选择"减征：减征幅度

____%"是指减征企业所得税税收地方分享部分。此时需填写"减征幅度",减征幅度填写范围为 1 至 100,表示企业所得税税收地方分享部分的减征比例。例如:地方分享部分减半征收,则选择"减征",并在"减征幅度"后填写"50%"。

企业类型为"非跨地区经营企业"的,本行填报"实际应纳所得税额"×40%×减征幅度 - 本年度预缴申报累计已减免的地方分享部分减免金额的余额。企业类型为"跨地区经营汇总纳税企业总机构"的,本行填报《跨地区经营汇总纳税企业年度分摊企业所得税明细表》(A109000)第 20 行"总机构因民族地方优惠调整分配金额"的金额。

(38)第 38 行"本年实际应补(退)所得税额":填报纳税人当期实际应补(退)的所得税额。企业类型为"非跨地区经营企业"的,本行填报第 33-37 行金额。企业类型为"跨地区经营汇总纳税企业总机构"的,本行填报《跨地区经营汇总纳税企业年度分摊企业所得税明细表》(A109000)第 21 行"八、总机构本年实际应补(退)所得税额"的金额。

(二)表内、表间关系

1. 表内关系

(1)第 10 行 = 第 1-2-3-4-5-6-7+8+9 行。已执行财会〔2019〕6 号和财会〔2018〕36 号的纳税人,不执行本规则。

(2)第 13 行 = 第 10+11-12 行。

(3)第 19 行 = 第 13-14+15-16-17+18 行。

(4)第 23 行 = 第 19-20-21-22 行。

(5)第 25 行 = 第 23×24 行。

(6)第 28 行 = 第 25-26-27 行。

(7)第 31 行 = 第 28+29-30 行。其中,跨地区经营企业类型为"分支机构(须进行完整年度申报并按比例纳税)"的纳税人,第 31 行 =(第 28+29-30 行)× 表 A000000"102 分支机构就地纳税比例"。

(8)第 33 行 = 第 31-32 行。

2. 表间关系

(1)第 1 行 = 表 A101010 第 1 行或表 A101020 第 1 行或表 A103000 第 2+3+4+5+6 行或表 A103000 第 11+12+13+14+15 行。

(2)第 2 行 = 表 A102010 第 1 行或表 A102020 第 1 行或表 A103000 第 19+20+21+22 行或表 A103000 第 25+26+27 行。

(3)第 4 行 = 表 A104000 第 26 行第 1 列。

（4）第5行＝表 A104000 第 26 行第 3 列。

（5）第6行＝表 A104000 第 26 行第 5 列。

（6）第9行＝表 A103000 第 8 行或者第 16 行（仅限于填报表 A103000 的纳税人，其他纳税人根据财务核算情况自行填写）。

（7）第11行＝表 A101010 第 16 行或表 A101020 第 35 行或表 A103000 第 9 行或第 17 行。

（8）第12行＝表 A102010 第 16 行或表 A102020 第 33 行或表 A103000 第 23 行或第 28 行。

（9）第14行＝表 A108010 第 14 列合计－第 11 列合计。

（10）第15行＝表 A105000 第 46 行第 3 列。

（11）第16行＝表 A105000 第 46 行第 4 列。

（12）第17行＝表 A107010 第 31 行。

（13）第18行：

① 当第 13−14+15−16−17 行≥0，第 18 行 =0；

② 当第 13−14+15−16−17＜0 且表 A108000 第 5 列合计行≥0，表 A108000 第 6 列合计行＞0 时，第 18 行 = 表 A108000 第 5 列合计行与表 A100000 第 13−14+15−16−17 行绝对值的孰小值；

③ 当第 13−14+15−16−17＜0 且表 A108000 第 5 列合计行≥0，表 A108000 第 6 列合计行 =0 时，第 18 行 =0。

（14）第20行：

当第 19 行≤0 时，第 20 行 =0；

当第 19 行＞0 时，

① 第 19 行≥表 A107020 合计行第 11 列，第 20 行 = 表 A107020 合计行第 11 列；

② 第 19 行＜表 A107020 合计行第 11 列，第 20 行 = 第 19 行。

（15）第21行＝表 A106000 第 11 行第 10 列。

（16）第22行＝表 A107030 第 15 行第 1 列。

（17）第26行＝表 A107040 第 34 行。

（18）第27行＝表 A107050 第 7 行第 11 列。

（19）第29行＝表 A108000 合计行第 9 列。

（20）第30行＝表 A108000 合计行第 19 列。

（21）第34行＝表 A109000 第 12+16 行。

（22）第35行＝表 A109000 第 13 行。

（23）第36行＝表 A109000 第 15 行。

（24）企业类型为"跨地区经营汇总纳税企业总机构"的，第37行＝表A109000第20行。

（25）企业类型为"跨地区经营汇总纳税企业总机构"的，第38行＝表A109000第21行。

四、《中华人民共和国企业所得税年度纳税申报表（A类）》（附表）的填报

（1）A101010《一般企业收入明细表》，如表4-8所示。

表4-8填表说明

表4-8　A101010　一般企业收入明细表

行次	项　　　　目	金　　额
1	一、营业收入（2+9）	
2	（一）主营业务收入（3+5+6+7+8）	
3	1.销售商品收入	
4	其中：非货币性资产交换收入	
5	2.提供劳务收入	
6	3.建造合同收入	
7	4.让渡资产使用权收入	
8	5.其他	
9	（二）其他业务收入（10+12+13+14+15）	
10	1.销售材料收入	
11	其中：非货币性资产交换收入	
12	2.出租固定资产收入	
13	3.出租无形资产收入	
14	4.出租包装物和商品收入	
15	5.其他	
16	二、营业外收入（17+18+19+20+21+22+23+24+25+26）	
17	（一）非流动资产处置利得	
18	（二）非货币性资产交换利得	
19	（三）债务重组利得	
20	（四）政府补助利得	
21	（五）盘盈利得	
22	（六）捐赠利得	
23	（七）罚没利得	
24	（八）确实无法偿付的应付款项	
25	（九）汇兑收益	
26	（十）其他	

（2）A101020《金融企业收入明细表》（略）。

（3）A102010《一般企业成本支出明细表》，如表4-9所示。

（4）A102020《金融企业支出明细表》（略）。

（5）A103000《事业单位、民间非营利组织收入、支出明细表》（略）。

（6）A104000《期间费用明细表》，如表4-10所示。

（7）A105000《纳税调整项目明细表》，如表4-11所示。

（8）A105010《视同销售和房地产开发企业特定业务纳税调整明细表》（略）。

表4-9填
表说明

表4-9　A102010　一般企业成本支出明细表

行次	项　　目	金　　额
1	一、营业成本（2+9）	
2	（一）主营业务成本（3+5+6+7+8）	
3	1.销售商品成本	
4	其中：非货币性资产交换成本	
5	2.提供劳务成本	
6	3.建造合同成本	
7	4.让渡资产使用权成本	
8	5.其他	
9	（二）其他业务成本（10+12+13+14+15）	
10	1.销售材料成本	
11	其中：非货币性资产交换成本	
12	2.出租固定资产成本	
13	3.出租无形资产成本	
14	4.包装物出租成本	
15	5.其他	
16	二、营业外支出（17+18+19+20+21+22+23+24+25+26）	
17	（一）非流动资产处置损失	
18	（二）非货币性资产交换损失	
19	（三）债务重组损失	
20	（四）非常损失	
21	（五）捐赠支出	
22	（六）赞助支出	
23	（七）罚没支出	
24	（八）坏账损失	
25	（九）无法收回的债券股权投资损失	
26	（十）其他	

表 4-10 A104000 期间费用明细表

行次	项　　目	销售费用	其中：境外支付	管理费用	其中：境外支付	财务费用	其中：境外支付
		1	2	3	4	5	6
1	一、职工薪酬		*		*	*	*
2	二、劳务费					*	*
3	三、咨询顾问费					*	*
4	四、业务招待费		*		*		
5	五、广告费和业务宣传费		*		*		
6	六、佣金和手续费						
7	七、资产折旧摊销费		*		*	*	*
8	八、财产损耗、盘亏及毁损损失		*		*	*	*
9	九、办公费		*		*	*	*
10	十、董事会费		*		*	*	*
11	十一、租赁费					*	*
12	十二、诉讼费		*		*	*	*
13	十三、差旅费		*		*	*	*
14	十四、保险费		*		*	*	*
15	十五、运输、仓储费					*	*
16	十六、修理费					*	*
17	十七、包装费		*		*	*	*
18	十八、技术转让费					*	*
19	十九、研究费用					*	*
20	二十、各项税费		*		*	*	*
21	二十一、利息收支	*	*	*	*		
22	二十二、汇兑差额	*	*	*	*		
23	二十三、现金折扣	*	*	*	*		
23	二十四、党组织工作经费	*	*	*	*	*	*
25	二十五、其他						
26	合计（1+2+3+…25）						

表 4-11 A105000 纳税调整项目明细表

行次	项　　目	账载金额	税收金额	调增金额	调减金额
		1	2	3	4
1	一、收入类调整项目（2+3+…+8+10+11）	*	*		
2	（一）视同销售收入（填写 A105010）	*			*
3	（二）未按权责发生制原则确认的收入（填写 A105020）				

行次	项　目	账载金额	税收金额	调增金额	调减金额
		1	2	3	4
4	（三）投资收益（填写 A105030）				
5	（四）按权益法核算长期股权投资对初始投资成本调整确认收益	*	*	*	
6	（五）交易性金融资产初始投资调整	*	*		*
7	（六）公允价值变动净损益		*		
8	（七）不征税收入	*	*		
9	其中：专项用途财政性资金（填写 A105040）	*	*		
10	（八）销售折扣、折让和退回				
11	（九）其他				
12	二、扣除类调整项目（13+14+…+24+26+27+28+29+30）	*	*		
13	（一）视同销售成本（填写 A105010）	*		*	
14	（二）职工薪酬（填写 A105050）				
15	（三）业务招待费支出				*
16	（四）广告费和业务宣传费支出（填写 A105060）	*	*		
17	（五）捐赠支出（填写 A105070）				
18	（六）利息支出				
19	（七）罚金、罚款和被没收财物的损失		*		*
20	（八）税收滞纳金、加收利息		*		*
21	（九）赞助支出		*		*
22	（十）与未实现融资收益相关在当期确认的财务费用				
23	（十一）佣金和手续费支出（保险企业填写 A105060）				
24	（十二）不征税收入用于支出所形成的费用	*	*		*
25	其中：专项用途财政性资金用于支出所形成的费用（填写 A105040）	*	*		*
26	（十三）跨期扣除项目				
27	（十四）与取得收入无关的支出		*		*
28	（十五）境外所得分摊的共同支出	*	*		*
29	（十六）党组织工作经费				
30	（十七）其他				
31	三、资产类调整项目（32+33+34+35）	*	*		
32	（一）资产折旧、摊销（填写 A105080）				
33	（二）资产减值准备金		*		
34	（三）资产损失（填写 A105090）	*	*		
35	（四）其他				

行次	项　目	账载金额	税收金额	调增金额	调减金额
		1	2	3	4
36	四、特殊事项调整项目（37+38+…+43）	*	*		
37	（一）企业重组及递延纳税事项（填写A105100）				
38	（二）政策性搬迁（填写A105110）	*	*		
39	（三）特殊行业准备金（39.1+39.2+39.4+39.5+39.6+39.7）	*	*		
39.1	1. 保险公司保险保障基金				
39.2	2. 保险公司准备金				
39.3	其中：已发生未报案未决赔款准备金				
39.4	3. 证券行业准备金				
39.5	4. 期货行业准备金				
39.6	5. 中小企业融资（信用）担保机构准备金				
39.7	6. 金融企业、小额贷款公司准备金（填写A105120）	*	*		
40	（四）房地产开发企业特定业务计算的纳税调整额（填写A105010）	*			
41	（五）合伙企业法人合伙人应分得的应纳税所得额				
42	（六）发行永续债利息支出				
43	（七）其他	*	*		
44	五、特别纳税调整应税所得	*	*		
45	六、其他	*	*		
46	合计（1+12+31+36+44+45）	*	*		

（9）A105020《未按权责发生制确认收入纳税调整明细表》（略）。

（10）A105030《投资收益纳税调整明细表》，如表4-12所示。

（11）A105040《专项用途财政性资金纳税调整明细表》（略）。

（12）A105050《职工薪酬支出及纳税调整明细表》，如表4-13所示。

（13）A105060《广告费和业务宣传费等跨年度纳税调整明细表》，如表4-14所示。

（14）A105070《捐赠支出及纳税调整明细表》，如表4-15所示。

（15）A105080《资产折旧、摊销及纳税调整明细表》，如表4-16所示。

（16）A105090《资产损失税前扣除及纳税调整明细表》（略）。

（17）A105100《企业重组及递延纳税事项纳税调整明细表》（略）。

（18）A105110《政策性搬迁纳税调整明细表》（略）。

（19）A105120《贷款损失准备金及纳税调整明细表》（略）。

表4-10填写说明

表4-11填报说明

表 4-12 A105030 投资收益纳税调整明细表

行次	项目	持有收益			处置收益							纳税调整金额
		账载金额	税收金额	纳税调整金额	会计确认的处置收入	税收计算的处置收入	处置投资的账面价值	处置投资的计税基础	会计确认的处置所得或损失	税收计算的处置所得	纳税调整金额	
		1	2	3（2-1）	4	5	6	7	8（4-6）	9（5-7）	10（9-8）	11（3+10）
1	一、交易性金融资产											
2	二、可供出售金融资产											
3	三、持有至到期投资											
4	四、衍生工具											
5	五、交易性金融负债											
6	六、长期股权投资											
7	七、短期投资											
8	八、长期债券投资											
9	九、其他											
10	合计（1+2+3+4+5+6+7+8+9）											

表 4-12 填报说明

表 4-13 填报说明

表 4-14 填报说明

表 4-15 填报说明

表 4-13　A105050　职工薪酬支出及纳税调整明细表

行次	项　目	账载金额	实际发生额	税收规定扣除率	以前年度累计结转扣除额	税收金额	纳税调整金额	累计结转以后年度扣除额
		1	2	3	4	5	6（1-5）	7（2+4-5）
1	一、工资薪金支出			*	*			*
2	其中：股权激励			*	*			*
3	二、职工福利费支出				*			*
4	三、职工教育经费支出			*				
5	其中：按税收规定比例扣除的职工教育经费							
6	按税收规定全额扣除的职工培训费用				*			*
7	四、工会经费支出				*			*
8	五、各类基本社会保障性缴款			*	*			*
9	六、住房公积金			*	*			*
10	七、补充养老保险				*			*
11	八、补充医疗保险				*			*
12	九、其他			*	*			*
13	合计（1+3+4+7+8+9+10+11+12）			*				

表 4-14　A105060　广告费和业务宣传费等跨年度纳税调整明细表

行次	项　目	广告费和业务宣传费	保险企业手续费及佣金支出
		1	2
1	一、本年支出		
2	减：不允许扣除的支出		
3	二、本年符合条件的支出（1-2）		
4	三、本年计算扣除限额的基数		
5	乘：税收规定扣除率		
6	四、本企业计算的扣除限额（4×5）		
7	五、本年结转以后年度扣除额（3＞6，本行=3-6；3≤6，本行=0）		
8	加：以前年度累计结转扣除额		
9	减：本年扣除的以前年度结转额〔3＞6，本行=0；3小于等于6，本行=8或（6-3）孰小值〕		
10	六、按照分摊协议归集至其他关联方的金额（10小于等于3与6孰小值）		*
11	按照分摊协议从其他关联方归集至本企业的金额		*
12	七、本年支出纳税调整金额（3＞6，本行=2+3-6+10-11；3小于等于6，本行=2+10-11-9）		
13	八、累计结转以后年度扣除额（7+8-9）		

表 4-15　A105070　捐赠支出及纳税调整明细表

行次	项　　目	账载金额	以前年度结转可扣除的捐赠额	按税收规定计算的扣除限额	税收金额	纳税调增金额	纳税调减金额	可结转以后年度扣除的捐赠额
		1	2	3	4	5	6	7
1	一、非公益性捐赠		*	*	*		*	*
2	二、全额扣除的公益性捐赠		*	*		*	*	*
3	三、限额扣除的公益性捐赠（4+5+6+7）							
4	前三年度（　　年）	*		*	*	*		*
5	前二年度（　　年）	*		*	*	*		
6	前一年度（　　年）	*		*	*	*		
7	本　　年（　　年）		*				*	
8	合计（1+2+3）							

（20）A106000《企业所得税弥补亏损明细表》，如表 4-17 所示。

（21）A107010《免税、减计收入及加计扣除优惠明细表》，如表 4-18 所示。

（22）A107011《符合条件的居民企业之间的股息、红利等权益性投资收益优惠明细表》（略）。

（23）A107012《研发费用加计扣除优惠明细表》，如表 4-19 所示。

（24）A107020《所得减免优惠明细表》（略）。

（25）A107030《抵扣应纳税所得额明细表》（略）。

（26）A107040《减免所得税优惠明细表》（略）。

（27）A107041《高新技术企业优惠情况及明细表》（略）。

（28）A107042《软件、集成电路企业优惠情况及明细表》（略）。

（29）A107050《税额抵免优惠明细表》（略）。

（30）A108000《境外所得税收抵免明细表》（略）。

（31）A108010《境外所得纳税调整后所得明细表》（略）。

（32）A108020《境外分支机构弥补亏损明细表》（略）。

（33）A108030《跨年度结转抵免境外所得税明细表》（略）。

（34）A109000《跨地区经营汇总纳税企业年度分摊企业所得税明细表》（略）。

（35）A109010《企业所得税汇总纳税分支机构所得税分配表》（略）。

略去的表格可以通过扫描二维码企业所得税年度申报套表 Excel 版查看。

企业所得
税年度申
报套表
Excel 版

表4-16 A105080 资产折旧、摊销及纳税调整明细表

行次	项　目	账载金额			资产计税基础	税收金额				纳税调整金额
		资产原值	本年折旧、摊销额	累计折旧、摊销额		税收折旧、摊销额	享受加速折旧政策的资产按税收一般规定计算的折旧、摊销额	加速折旧、摊销统计额	累计折旧、摊销额	
		1	2	3	4	5	6	7（5-6）	8	9（2-5）
1	一、固定资产（2+3+4+5+6+7）						*	*		
2	（一）房屋、建筑物						*	*		
3	（二）飞机、火车、轮船、机器、机械和其他生产设备						*	*		
4	（三）与生产经营活动有关的器具、工具、家具等						*	*		
5	（四）飞机、火车、轮船以外的运输工具						*	*		
6	（五）电子设备						*	*		
7	（六）其他						*	*		
8	其中：（一）重要行业固定资产加速折旧（不含一次性扣除）									*
9	（二）其他行业研发设备加速折旧									*
10	（三）特定地区企业固定资产加速折旧（10.1+10.2）									*
10.1	1.海南自由贸易港企业固定资产加速折旧									*
10.2	2.其他特定地区企业固定资产加速折旧									*
11	（四）500万元以下设备器具一次性扣除大于一般折旧额的部分									*

所有固定资产加速折旧及一次性扣除享受政策的资产

续表

行次	项目	账载金额			资产计税基础	税收折旧、摊销额	税收金额			纳税调整金额
		资产原值	本年折旧、摊销额	累计折旧、摊销额			享受加速折旧政策的资产按税收一般规定计算的折旧、摊销额	加速折旧、摊销统计额	累计折旧、摊销额	
		1	2	3	4	5	6	7(5-6)	8	9(2-5)
12	（五）疫情防控重点保障物资生产企业单价500万元以上设备一次性扣除									*
13	其中：享受加速折旧及一次性扣除政策的资产 （六）特定地区企业固定资产一次性扣除（13.1+13.2）									*
13.1	1.海南自由贸易港企业固定资产一次性扣除									*
13.2	2.其他特定地区企业固定资产一次性扣除									*
14	（七）技术进步、更新换代固定资产加速折旧									*
15	（八）常年强震动、高腐蚀固定资产加速折旧一般折旧额大于一般折旧额的部分									*
16	（九）外购软件加速折旧									*
17	（十）集成电路企业生产设备加速折旧									*
18	二、生产性生物资产（19+20）							*	*	
19	（一）林木类						*	*		
20	（二）畜类						*	*		
21	三、无形资产（22+23+24+25+26+27+28+29）						*	*		

续表

行次	项目	账载金额			资产计税基础	税收金额				纳税调整金额
		资产原值	本年折旧、摊销额	累计折旧、摊销额		税收折旧、摊销额	享受加速折旧政策的资产按税收一般规定计算的折旧、摊销额	加速折旧、摊销统计额	累计折旧、摊销额	
		1	2	3	4	5	6	7(5-6)	8	9(2-5)
22	(一)专利权						*			
23	(二)商标权						*	*		
24	(三)著作权						*	*		
25	(四)土地使用权						*	*		
26	(五)非专利技术						*	*		
27	(六)特许权使用费						*	*		
28	(七)软件						*	*		
29	(八)其他						*	*		
30	其中:企业外购软件加速摊销									*
31	享受无形资产加速摊销及一次性摊销政策的资产（二）特定地区企业无形资产加速摊销（31.1+31.2）									*
31.1	1.海南自由贸易港企业无形资产加速摊销									*
31.2	2.其他特定地区企业无形资产加速摊销									*
32	加速摊销额大于一般摊销额的部分（三）特定地区企业无形资产一次性摊销（32.1+32.2）									*
32.1	1.海南自由贸易港企业无形资产一次性摊销									*
32.2	2.其他特定地区企业无形资产一次性摊销									*

续表

行次	项目	账载金额			税收金额					纳税调整金额
		资产原值	本年折旧、摊销额	累计折旧、摊销额	资产计税基础	税收折旧、摊销额	享受加速折旧政策的资产按税收一般规定计算的折旧、摊销额	加速折旧、摊销统计额	累计折旧、摊销额	
		1	2	3	4	5	6	7（5-6）	8	9（2-5）
33	四、长期待摊费用（34+35+36+37+38）						*	*		
34	（一）已足额提取折旧的固定资产的改建支出						*	*		
35	（二）租入固定资产的改建支出						*	*		
36	（三）固定资产的大修理支出						*	*		
37	（四）开办费						*	*		
38	（五）其他						*	*		
39	五、油气勘探投资						*	*		
40	六、油气开发投资						*	*		
41	合计（1+18+21+33+39+40）						*	*		
附列资料	全民所有制企业公司制改制资产评估增值政策资产									

表4-16填报说明

表4-17填表说明

表4-18填表说明

表4-19填表说明

表 4-17　A106000　企业所得税弥补亏损明细表

行次	项目	年度	当年境内所得额	分立转出的亏损额	合并、分立转入的亏损额			弥补亏损企业类型	当年亏损额	当年待弥补的亏损额	用本年度所得额弥补的以前年度亏损额		当年可结转以后年度弥补的亏损额
					可弥补年限5年	可弥补年限8年	可弥补年限10年				使用境内所得弥补	使用境外所得弥补	
		1	2	3	4	5	6	7	8	9	10	11	12
1	前十年度												
2	前九年度												
3	前八年度												
4	前七年度												
5	前六年度												
6	前五年度												
7	前四年度												
8	前三年度												
9	前二年度												
10	前一年度												
11	本年度												
12	可结转以后年度弥补的亏损额合计												

表 4-18　A107010　免税、减计收入及加计扣除优惠明细表

行次	项　目	金　额
1	一、免税收入（2+3+6+7+8+9+…+16）	
2	（一）国债利息收入免征企业所得税	
3	（二）符合条件的居民企业之间的股息、红利等权益性投资收益免征企业所得税（4+5+6+7+8）	
4	1. 一般股息红利等权益性投资收益免征企业所得税（填写 A107011）	
5	2. 内地居民企业通过沪港通投资且连续持有 H 股满 12 个月取得的股息红利所得免征企业所得税（填写 A107011）	
6	3. 内地居民企业通过深港通投资且连续持有 H 股满 12 个月取得的股息红利所得免征企业所得税（填写 A107011）	
7	4. 居民企业持有创新企业 CDR 取得的股息红利所得免征企业所得税（填写 A107011）	
8	5. 符合条件的永续债利息收入免征企业所得税（填写 A107011）	
9	（三）符合条件的非营利组织的收入免征企业所得税	
10	（四）中国清洁发展机制基金取得的收入免征企业所得税	
11	（五）投资者从证券投资基金分配中取得的收入免征企业所得税	
12	（六）取得的地方政府债券利息收入免征企业所得税	
13	（七）中国保险保障基金有限责任公司取得的保险保障基金等收入免征企业所得税	
14	（八）中国奥委会取得北京冬奥组委支付的收入免征企业所得税	
15	（九）中国残奥委会取得北京冬奥组委分期支付的收入免征企业所得税	
16	（十）其他	
17	二、减计收入（18+19+23+24）	
18	（一）综合利用资源生产产品取得的收入在计算应纳税所得额时减计收入	
19	（二）金融、保险等机构取得的涉农利息、保费减计收入（20+21+22）	
20	1. 金融机构取得的涉农贷款利息收入在计算应纳税所得额时减计收入	
21	2. 保险机构取得的涉农保费收入在计算应纳税所得额时减计收入	
22	3. 小额贷款公司取得的农户小额贷款利息收入在计算应纳税所得额时减计收入	
23	（三）取得铁路债券利息收入减半征收企业所得税	
24	（四）其他（24.1+24.2）	
24.1	1. 取得的社区家庭服务收入在计算应纳税所得额时减计收入	
24.2	2. 其他	
25	三、加计扣除（26+27+28+29+30）	
26	（一）开发新技术、新产品、新工艺发生的研究开发费用加计扣除（填写 A107012）	
27	（二）科技型中小企业开发新技术、新产品、新工艺发生的研究开发费用加计扣除（填写 A107012）	

行次	项　目	金　额
28	（三）企业为获得创新性、创意性、突破性的产品进行创意设计活动而发生的相关费用加计扣除	
29	（四）安置残疾人员所支付的工资加计扣除	
30	（五）其他	
31	合计（1+17+25）	

表4-19　A107012　研发费用加计扣除优惠明细表

行次	项　目	金额（数量）
1	本年可享受研发费用加计扣除项目数量	
2	一、自主研发、合作研发、集中研发（3+7+16+19+23+34）	
3	（一）人员人工费用（4+5+6）	
4	1.直接从事研发活动人员工资薪金	
5	2.直接从事研发活动人员五险一金	
6	3.外聘研发人员的劳务费用	
7	（二）直接投入费用（8+9+10+11+12+13+14+15）	
8	1.研发活动直接消耗材料费用	
9	2.研发活动直接消耗燃料费用	
10	3.研发活动直接消耗动力费用	
11	4.用于中间试验和产品试制的模具、工艺装备开发及制造费	
12	5.用于不构成固定资产的样品、样机及一般测试手段购置费	
13	6.用于试制产品的检验费	
14	7.用于研发活动的仪器、设备的运行维护、调整、检验、维修等费用	
15	8.通过经营租赁方式租入的用于研发活动的仪器、设备租赁费	
16	（三）折旧费用（17+18）	
17	1.用于研发活动的仪器的折旧费	
18	2.用于研发活动的设备的折旧费	
19	（四）无形资产摊销（20+21+22）	
20	1.用于研发活动的软件的摊销费用	
21	2.用于研发活动的专利权的摊销费用	
22	3.用于研发活动的非专利技术（包括许可证、专有技术、设计和计算方法等）的摊销费用	
23	（五）新产品设计费等（24+25+26+27）	
24	1.新产品设计费	
25	2.新工艺规程制定费	
26	3.新药研制的临床试验费	

行次	项　目	金额（数量）
27	4. 勘探开发技术的现场试验费	
28	（六）其他相关费用（29+30+31+32+33）	
29	1. 技术图书资料费、资料翻译费、专家咨询费、高新科技研发保险费	
30	2. 研发成果的检索、分析、评议、论证、鉴定、评审、评估、验收费用	
31	3. 知识产权的申请费、注册费、代理费	
32	4. 职工福利费、补充养老保险费、补充医疗保险费	
33	5. 差旅费、会议费	
34	（七）经限额调整后的其他相关费用	
35	二、委托研发（36+37+39）	
36	（一）委托境内机构或个人进行研发活动所发生的费用	
37	（二）委托境外机构进行研发活动发生的费用	
38	其中：允许加计扣除的委托境外机构进行研发活动发生的费用	
39	（三）委托境外个人进行研发活动发生的费用	
40	三、年度研发费用小计（2+36×80%+38）	
41	（一）本年费用化金额	
42	（二）本年资本化金额	
43	四、本年形成无形资产摊销额	
44	五、以前年度形成无形资产本年摊销额	
45	六、允许扣除的研发费用合计（41+43+44）	
46	减：特殊收入部分	
47	七、允许扣除的研发费用抵减特殊收入后的金额（45-46）	
48	减：当年销售研发活动直接形成产品（包括组成部分）对应的材料部分	
49	减：以前年度销售研发活动直接形成产品（包括组成部分）对应材料部分结转金额	
50	八、加计扣除比例（%）	
51	九、本年研发费用加计扣除总额（47-48-49）×50	
52	十、销售研发活动直接形成产品（包括组成部分）对应材料部分结转以后年度扣减金额（当47-48-49≥0，本行=0；当47-48-49<0，本行=47-48-49的绝对值）	

五、企业所得税年度纳税申报的操作

　　企业所得税年度纳税申报可通过电子税务局进行财务会计报告报送以及相关申报表的填报。

企业所得
税年申报
的操作

任务四　企业所得税的会计核算

一、企业所得税会计核算的一般程序

（1）确定资产负债表中除递延所得税资产和递延所得税负债以外的其他资产和负债项目的账面价值。

（2）按照资产和负债计税基础的确定方法，以适用的税收政策为基础，确定资产负债表中有关资产、负债项目的计税基础。

（3）比较资产、负债的账面价值与其计税基础，对于两者之间存在差异的，分析其性质，除企业会计准则中规定的特殊情况外，分别应纳税暂时性差异与可抵扣暂时性差异，确定该资产负债表日递延所得税负债和递延所得税资产的应有金额，并与期初递延所得税负债和递延所得税资产的余额相比、确定当期应予进一步确认的递延所得税资产和递延所得税负债金额或应予转销的金额。

（4）确定利润表中的所得税费用。按照适用的税收政策计算确定当期应纳税所得额，将应纳税所得额与适用的所得税税率计算的结果确认为当期应交所得税（即当期所得税），同时结合当期确认的递延所得税资产和递延所得税负债（即递延所得税），作为利润表中应予确认的所得税费用。

二、企业所得税会计核算涉及的会计账户

企业所得税会计核算涉及的会计账户包括："所得税费用""应交税费——应交所得税""递延所得税资产"和"递延所得税负债"。

（1）平时预缴所得税计提所得税时，相关会计分录如下：

借：所得税费用

　　贷：应交税费——应交所得税

（2）年终资产负债日处理时，相关会计分录如下：

借：所得税费用

　　递延所得税资产

　　贷：应交税费——应交所得税

　　　　（或）递延所得税负债

应交税费（应交所得税）=（会计利润 ± 暂时性差异）× 所得税税率

= 应纳税所得额 × 所得税税率

递延所得税资产（或递延所得税负债）＝暂时性差异 × 所得税税率

（3）缴纳税款时，相应会计分录如下：

借：应交税费——应交所得税

　　贷：银行存款

项目训练

连一连

1. 将企业所得税申报事项与应报送的资料连线

	企业所得税季度纳税申报表
季度纳税申报	资产负债表
年度所得税申报	利润表
	企业所得税年度纳税申报表

2. 将企业所得税规定与对应的事项连线

	工资薪酬类支出
限定条件准予扣除	业务招待费支出
	广告及业务宣传费支出
	公益性捐赠支出
不允许扣除	非公益性捐赠支出
	罚款支出
	滞纳金支出
	与生产经营无关的支出

3. 将依据和对应的事项连线

	业务招待费支出
工资薪酬总额	广告及业务宣传费支出
	职工福利费支出
收入总额	职工教育经费支出
	工会经费支出

4. 将依据、标准与相应事项连线

	60%	业务招待费支出
工资薪酬总额	0.5%	广告及业务宣传费支出
	15%、30%	职工福利费支出
收入总额	14%	职工教育经费支出
	2%	工会经费支出
	8%、100%	

5. 将结转抵扣期限与对应的事项连线

当年超标列支的广告及业务宣传费支出

无限期结转抵扣   当年发生的年度亏损

限期结转抵扣   当年超标列支的职工教育费支出

当年超标列支的业务招待费支出

不允许结转抵扣   当年超标列支的公益性捐赠支出

猜一猜

1. 秋后算账。 （打一税种征收管理方式）
2. 年年有余喜福来，生财有道报国家。 （打一税收名词）
3. 事半功倍。 （打一税收优惠政策）

看一看

网上搜索观看税收动漫宣传片"三分钟让你了解所得税与会计差别"。

练一练

实训一

[目的]

通过实训操作，知道预缴企业所得税的计算和申报缴纳的操作流程，能够熟练填写《企业所得税预缴申报表》和缴纳税款，熟练进行会计核算。

[资料]

舜都机械制造有限公司，统一社会信用代码：91320312661349321K，属于查账征收企业，一、二季度职工人数均为 78 人，资产额均为 1 350 万元，不属于国家限制或禁止行业，按季度预缴企业所得税，2021 年一、二季度有关资料如表 4-20 所示。

表 4-20　2021 年一、二季度财务资料　　　　　　　　　　　　　　　　　单位：万元

项目	一季度	二季度	一、二季度累计
收入	1 000	1 200	2 200
成本	400	460	860
税金及附加	22.5	25	47.5
管理费用	20	21	41
销售费用	10	13	23
财务费用	2	3	5
利润总额	545.5	678	1 223.5

〔要求〕

1. 分别计算该企业 2021 年第一季度、第二季度应预缴纳的企业所得税税额并填写《企业所得税预缴申报表》。

2. 分别对上述业务进行会计处理。

〔指导〕

根据所给资料，填写《企业所得税预缴申报表》，二季度需注意累计额计算，减去一季度已预缴的所得税税额，然后进行相应的会计处理。

实训二

〔目的〕

通过实训操作，知道企业所得税计算和申报缴纳的操作流程，能够熟练填写《企业所得税年度纳税申报表》及其附表，熟练进行会计核算。

〔资料〕

北京市齐家服饰贸易公司相关信息如下：

统一社会信用代码：91110108247712203A

法定代表人：桂福禄

注册地址：北京市海淀区三园里 1 号

开户银行：中国工商银行海淀支行

银行账号：110002976

企业登记注册类型：有限责任公司

电话：010-88884268

北京市齐家服饰贸易公司属于增值税一般纳税人，2021 年度发生如下经济业务：

（1）全年取得服装销售收入 5 600 000.00 元；提供劳务取得收入 200 000.00 元；取得违约金收入 32 000.00 元。发生服装销售成本 2 100 000.00 元；交纳城市维护建设税 38 920.00 元，教育费附加 16 680.00 元以及地方教育附加 11 120.00 元；计提存货跌价

准备 105 000.00 元。

（2）全年发生销售费用共计 936 000.00 元。其中：工资薪金 286 000.00 元；职工福利费 30 400.00 元；职工培训费 7 600.00 元；社会保险 59 600.00 元；住房公积金 27 100.00 元；补充医疗保险 16 000.00 元；业务招待费 8 500.00 元；广告费 124 600.00 元，以前年度累计结转扣除额 85 000.00 元；办公费 12 300.00 元；房租 180 000.00 元；差旅费 8 200.00 元；店铺投保 20 000.00 元；运输费 16 500.00 元；印花税 2 400.00 元；固定资产折旧 14 400.00 元；装修费摊销 36 000.00 元（其中装修费共 180 000.00 元，房屋租赁合同中的租赁期为 5 年，已使用 1.5 年）；其他费用 86 400.00 元（其中 15 000.00 元未取得合规票据）。

（3）全年发生管理费用共计 469 900.00 元。其中：工资薪金 200 000.00 元；职工福利费 7 600.00 元；职工培训费 18 000.00 元；社会保险 41 000.00 元；住房公积金 18 900.00 元；补充医疗保险 4 000.00 元；业务招待费 16 700.00 元；办公费 2 100.00 元；房租 60 000.00 元；差旅费 32 000.00 元；咨询费 24 000.00 元；固定资产折旧 7 800.00 元；其他费用 37 800.00 元（含 12 月电子设备报废损失 1 300.00 元和个人所得税滞纳金 2 800.00 元）。

（4）全年发生财务费用共计 -21 200.00 元。其中：利息收入 27 900.00 元；银行手续费 6 700.00 元。

（5）该公司采用直线法计提固定资产折旧，其折旧和摊销具体计算如表 4-21 所示，均不考虑残值。

表 4-21　折旧计提和长期待摊计算一览表

资产名称	资产类别	购入时间	原值	折旧月数	月折旧	截止 2020 年累计折旧	2021 年折旧额	截止 2021 年累计折旧	净值
职员办公位	家具	2019.6	36 000.00	48	750.00	3 500.00	9 000.00	22 500.00	13 500.00
办公电脑	电子设备	2019.6	66 000.00	60	1 100.00	19 800.00	13 200.00	33 000.00	33 000.00
装修费	长期待摊费用	2019.6	180 000.00	60	3 000.00	45 000.00	36 000.00	81 000.00	99 000.00
合计			282 000.00	—	—	8 300.00	8 200.00	136 500.00	145 500.00

（6）该公司 2021 年度共预缴企业所得税 542 870.00 元，企业所得税税率为 25%。2019 年度纳税调整后所得为 -580 000.00 元，2020 年度纳税调整后所得为 732 000.00 元。

［要求］

（1）为该公司进行企业所得税汇算清缴，填写《企业所得税年度纳税申报表》及其附表。

（2）为该公司企业所得税的计提和缴纳进行会计核算。

[指导]

根据所给资料，填写企业所得税年度申报表，注意应"先附后主"，如附表还有下一级附表，应从最底层表格填写，主表中的会计利润应和年度财务报表中的利润一致，特别注意纳税调整不同项目的填写，应纳税额减去已预缴的所得税税额，为应补（退）税额，然后进行相应的会计处理。

议一议

甲公司为化妆品制造企业，乙公司从事化妆品销售，为甲公司的全资子公司。甲公司和乙公司签订广告宣传费分摊协议，甲公司在 2021 年度发生的广告费和业务宣传费的 40% 应归集至乙公司扣除。

2021 年度甲公司取得主营业务收入 5 000 万元，其他业务收入 500 万元，投资收益 400 万元，视同销售收入 300 万元，发生广告费和业务宣传费支出 1 000 万元。

2021 年度乙公司发生的广告费和业务宣传费支出 3 000 万元，2021 年度取得主营业务收入 10 000 万元，其他业务收入 500 万元，投资收益 400 万元，视同销售收入 300 万元。

分析：

甲公司和乙公司的广告费和业务宣传费如何进行税前扣除？

项目五
个人所得税的申报与缴纳

学习目标

通过学习，能够说出个人所得税的申报和缴纳流程，熟练地操作个人所得税申报、缴纳和会计核算。

重点与难点

个人所得税的代扣代缴纳税申报、综合所得的年度纳税申报和会计核算的操作。

教学建议

8学时（其中实训操作4课时）；学生需在课前掌握个人所得税的基本知识；建议采取理论教学与实际操作相结合的教学方法。

法律法规

《中华人民共和国个人所得税法》及其实施条例、《个人所得税自行纳税申报办法（试行）》等。

项目引例

党的"二十大"报告中提出，完善个人所得税制度，规范收入分配秩序。王某 2023 年 6 月退休，在职期间单位按规定扣缴其个人所得税，7 月份领取退休金，包含基本养老保险金和职业年金两项。

思考分析

1. 在 2023 年 3 月至 6 月，王某是否有必要进行年度个人所得税汇算清缴申报？
2. 王某退休后领取的基本养老保险金是否要交纳个人所得税？
3. 王某退休后领取的职业年金是否要交纳个人所得税，如何缴纳？

任务一　个人所得税的纳税申报基本规定和申报缴纳流程

一、个人所得税的纳税申报基本规定

我国个人所得税实行源泉扣缴和自行申报相结合的征收管理方式。综合所得按月或按次预扣预缴应纳税额，年终汇算清缴；经营所得按年计税；其他所得按月纳税。

（一）代扣代缴税款

1. 扣缴义务人

个人所得税以所得人为纳税义务人，以支付所得的单位或者个人为扣缴义务人。包括向个人支付应纳税所得的企业（公司）、事业单位、机关、社会团体、军队、驻华机构（不包括外国驻华使领馆和联合国及其他依法享有外交特权和豁免权的国际组织驻华机构）、个体工商户等单位或个人。按照税法规定代扣代缴个人所得税，是扣缴义务人的法定义务，必须依法履行。

扣缴义务人应当按照国家规定办理全员全额扣缴申报。全员全额扣缴申报，是指扣缴义务人在代扣税款的次月 15 日内，向主管税务机关报送其支付所得的所有个人的基本信息、支付所得数额、扣缴税款的具体数额和总额以及其他相关涉税信息。全员全额扣缴申报的管理办法，由国务院税务主管部门制定。

2. 应扣缴税款的所得项目

扣缴义务人在向个人支付下列所得时，应代扣代缴个人所得税。应扣缴税款的所得项目包括：工资、薪金所得；经营所得；劳务报酬所得；稿酬所得；特许权使用费所得；财产租赁所得；财产转让所得；利息、股息、红利所得；偶然所得。

3. 扣缴义务人的法定义务

扣缴义务人在向个人支付应税款项时，应当依照税法规定代扣税款，按时缴库，并专项记载备查。扣缴义务人在向个人支付应纳税所得（包括现金支付、汇拨支付、转账支付和以有价证券、实物以及其他形式支付）时，不论纳税人是否属于本单位人员，均应代扣代缴其应纳的个人所得税税款。

扣缴义务人依法履行代扣代缴税款义务，纳税人不得拒绝。如果纳税人拒绝履行纳税义务，扣缴义务人应当及时报告税务机关处理，并暂时停止支付其应纳税所得。否则，纳税人应缴纳的税款由扣缴义务人补缴。同时，扣缴义务人还要就应扣未扣、应收未收的税款缴纳滞纳金或罚款。由扣缴义务人补缴的税款按下列公式计算：

$$应纳税所得额＝（支付的收入额 - 费用扣除标准 - 速算扣除数）÷（1 - 税率）$$

$$应纳税额＝应纳税所得额 × 适用税率 - 速算扣除数$$

扣缴义务人在扣缴税款时，必须向纳税人开具税务机关统一印制的代扣代收税款凭证，并详细注明纳税人姓名、工作单位、家庭住址和身份证或护照号码（无上述证件的，可用其他能有效证明身份的证件）等个人情况。

对工资、薪金所得和利息、股息、红利所得等，因纳税人数众多，不便一一开具代扣代收税款凭证的，经主管税务机关同意，可不开具代扣代收税款凭证，但应通过一定的形式告知纳税人已扣缴税款。

纳税人为持有完税依据而向扣缴义务人索取代扣代收税款凭证的，扣缴义务人不得拒绝。扣缴义务人向纳税人提供非正式扣税凭证的，纳税人可以拒收。

扣缴义务人应设立代扣代缴税款账簿，正确反映个人所得税的扣缴情况，并如实填写《扣缴个人所得税报告表》及其他有关资料。扣缴义务人每月或者每次预扣、代扣的税款，应当在次月15日内缴入国库，并向主管税务机关报送《个人所得税扣缴申报表》、代扣代收税款凭证和包括每一纳税人姓名、单位、职务、收入、税款等内容的支付个人收入明细表，以及税务机关要求报送的其他有关资料。

4. 扣缴义务人的法律责任

扣缴义务人应当按照规定保存与专项附加扣除相关的资料。税务机关可以对纳税人提供的专项附加扣除信息进行抽查，具体办法由国务院税务主管部门另行规定。税务机关发现纳税人提供虚假信息的，应当责令改正并通知扣缴义务人；情节严重的，有关部门应当依法予以处理，纳入信用信息系统并实施联合惩戒。

扣缴义务人的法人代表（或单位主要负责人）、财会部门的负责人及具体办理代扣代缴税款的有关人员，共同对依法履行代扣代缴义务负法律责任。根据税法规定，扣缴义务人有偷税或者抗税行为的，除依法追缴税款，处以罚款（罚金）外，对情节严重的，还需追究直接责任人的刑事责任。

（二）自行申报纳税

1. 自行申报纳税的所得项目

有下列情形之一的，纳税人应当依法办理纳税申报：取得综合所得需要办理汇算清缴；取得应税所得没有扣缴义务人；取得应税所得，扣缴义务人未扣缴税款；取得境外所得；因移居境外注销中国户籍；非居民个人在中国境内从两处以上取得工资、薪金所得；国务院规定的其他情形。

扣缴义务人应当按照国家规定办理全员全额扣缴申报，并向纳税人提供其个人所得和已扣缴税款等信息。

2. 申报纳税地点

申报纳税地点一般应为收入来源地的税务机关。但是，纳税人在两处或两处以上取得工资、薪金所得的，可选择并固定在一地税务机关申报纳税；从境外取得所得的，应向境内户籍所在地或经常居住地税务机关申报纳税。对在中国境内几地工作或者提供劳务的临时来华人员，应以税法所规定的申报纳税日期为准，在某一地区达到申报纳税的日期，即在该地申报纳税。但为了方便纳税，也可准予个人提出申请，经批准后可固定在一地申报纳税。对由在华企业或办事机构发放工资、薪金的外籍纳税人，由在华企业或办事机构集中向当地税务机关申报纳税。纳税人要求变更申报纳税地点的，须经原主管税务机关备案。纳税人的纳税地点一经确定，除特殊情况外，5 年以内不得变更。

3. 不同项目纳税义务发生的时间

（1）居民个人综合所得。居民个人取得综合所得，按年计算个人所得税；有扣缴义务人的，由扣缴义务人按月或者按次预扣预缴税款；需要办理汇算清缴的，应当在取得所得的次年 3 月 1 日至 6 月 30 日内办理汇算清缴。居民个人向扣缴义务人提供专项附加扣除信息的，扣缴义务人按月预扣预缴税款时应当按照规定予以扣除，不得拒绝。

（2）非居民个人综合所得。非居民个人取得工资、薪金所得，劳务报酬所得，稿酬所得和特许权使用费所得，有扣缴义务人的，由扣缴义务人按月或者按次代扣代缴税款，不办理汇算清缴。

（3）经营所得。纳税人取得经营所得，按年计算个人所得税，由纳税人在月度或者季度终了后 15 日内向税务机关报送纳税申报表，并预缴税款；在取得所得的次年 3 月 31 日前办理汇算清缴，多退少补。取得经营所得的个人，没有综合所得的，计算其每一纳税年度的应纳税所得额时，应当减除费用 6 万元、专项扣除、专项附加扣除以及依法确定的其他扣除。专项附加扣除在办理汇算清缴时减除。

（4）利息、股息、红利所得，财产租赁所得，财产转让所得和偶然所得。纳税人取得利息、股息、红利所得，财产租赁所得，财产转让所得和偶然所得，按月或者按次计算个人所得税，有扣缴义务人的，由扣缴义务人按月或者按次代扣代缴税款。

（5）其他情形的纳税申报与汇算清缴。纳税人取得应税所得没有扣缴义务人的，应当在取得所得的次月 15 日内向税务机关报送纳税申报表，并缴纳税款；纳税人取得应税所得，扣缴义务人未扣缴税款的，纳税人应当在取得所得的次年 6 月 30 日前，缴纳税款；税务机关通知限期缴纳的，纳税人应当按照期限缴纳税款；居民个人从中国境外取得所得的，应当在取得所得的次年 3 月 1 日至 6 月 30 日内申报纳税；非居民个人在中国境内从两处以上取得工资、薪金所得的，应当在取得所得的次月 15 日内申报纳税；纳税人因移居境外注销中国户籍的，应当在注销中国户籍前办理税款清算。

4. 纳税申报方式

自行申报纳税人可以直接申报纳税（邮寄申报、网上申报、手机 APP 申报或窗口申报方式自行申报），或者委托他人代为申报纳税。其中，采取邮寄申报纳税的，以邮寄地的邮戳日期为实际申报日期。网上申报方式的，如需补税，应到主管税务机关征收窗口取得《税收缴款书》等完税凭证，到指定银行缴纳税款。

二、个人所得税的申报与缴纳流程

（一）代扣代缴个人所得税申报与缴纳流程

代扣代缴个人所得税申报与缴纳流程，如图 5-1 所示。

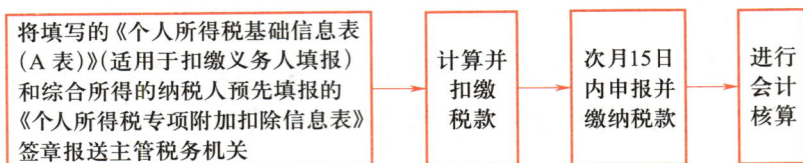

图 5-1　代扣代缴个人所得税申报与缴纳流程图

（二）纳税人自行申报

纳税人取得应税所得的，应于次月 15 日内申报并缴纳税款。

（三）汇算清缴申报与缴纳流程

1. 综合所得的汇算清缴申报与缴纳（退税）流程

综合所得的汇算清缴申报与缴纳（退税）流程，如图 5-2 所示。

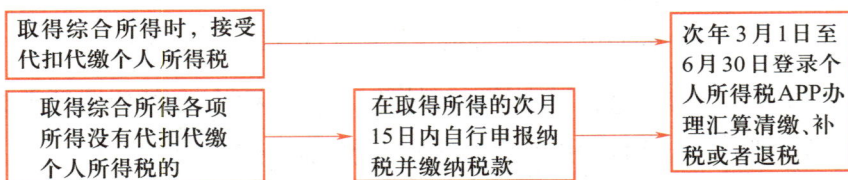

图 5-2　综合所得汇算清缴申报与缴纳(退税)流程图

2. 经营所得的汇算清缴申报与缴纳（退税）流程

经营所得的汇算清缴申报与缴纳（退税）流程，如图 5-3 所示。

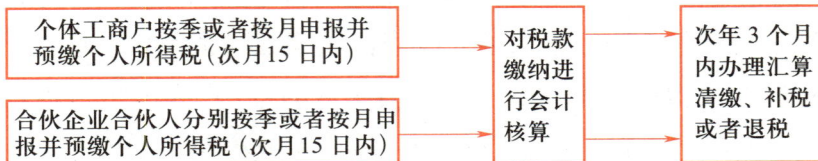

图 5-3　经营所得汇算清缴申报与缴纳流程图

任务二 个人所得税非经营所得的纳税申报

一、个人所得税基础信息表

（一）《个人所得税基础信息表（A表）》（适用于扣缴义务人填报）（见表5-1）

表5-1 个人所得税基础信息表（A表）

（适用于扣缴义务人填报）

扣缴义务人名称：

扣缴义务人纳税人识别号（统一社会信用代码）：□□□□□□□□□□□□□□□□□□

序号	纳税人基本信息（带*必填）						任职受雇从业信息					联系方式					银行账户信息		投资信息		其他信息		华侨、港澳台、外籍个人信息（带*必填）				备注
	纳税人识别号	*纳税人姓名	*身份证件类型	*身份证件号码	*出生日期	*国籍/地区	类型	职务	学历	任职受雇从业日期	离职日期	手机号码	户籍所在地	经常居住地	联系地址	电子邮箱	开户银行	银行账号	投资额（元）	投资比例	是否残疾/孤老/烈属	残疾/烈属证号	*出生地	*性别	*首次入境时间	*预计离境时间	*涉税事由	
1	2	3	4	5	6	7	8	9	10	11	12	13	14	15	16	17	18	19	20	21	22	23	24	25	26	27	28	29

表5-1填表说明

续表

序号	纳税人基本信息（带*必填）						任职受雇从业信息					联系方式					银行账户		投资信息		其他信息		华侨、港澳台、外籍个人信息（带*必填）					备注
	纳税人识别号	*纳税人姓名	*身份证件类型	*身份证件号码	*出生日期	*国籍/地区	类型	职务	学历	任职受雇从业日期	离职日期	手机号码	户籍所在地	经常居住地	联系地址	电子邮箱	开户银行	银行账号	投资额（元）	投资比例	是否残疾/孤老/烈属	残疾/烈属证号	*出生地	*性别	*首次入境时间	*预计离境时间	*涉税事由	备注
1	2	3	4	5	6	7	8	9	10	11	12	13	14	15	16	17	18	19	20	21	22	23	24	25	26	27	28	29

谨声明：本表是根据国家税收法律法规及相关规定填报的，是真实的、可靠的、完整的。

经办人签字：

经办人身份证件号码：

代理机构签章：

代理机构统一社会信用代码：

扣缴义务人（签章）：

年　月　日

受理人：

受理税务机关（章）：

受理日期：　年　月　日

国家税务总局监制

（二）《个人所得税基础信息表（B表）》（适用于自然人填报）（见表5-2）

表5-2　个人所得税基础信息表（B表）

（适用于自然人填报）

表5-2填表说明

纳税人识别号：□□□□□□□□□□□□□□□□□

基本信息（带＊必填）							
基本信息	＊纳税人姓名	中文名		英文名			
	＊身份证件	证件类型一		证件号码			
		证件类型二		证件号码			
	＊国籍／地区			＊出生日期		年　月　日	
联系方式	户籍所在地	省（区、市）　　市　　区（县）　　街道（乡、镇）＿＿＿＿＿					
	经常居住地	省（区、市）　　市　　区（县）　　街道（乡、镇）＿＿＿＿＿					
	联系地址	省（区、市）　　市　　区（县）　　街道（乡、镇）＿＿＿＿＿					
	＊手机号码			电子邮箱			
其他信息	开户银行			银行账号			
	学历	□研究生　　　□大学本科　　　□大学本科以下					
	特殊情形	□残疾　残疾证号＿＿＿＿＿＿＿　　□烈属　烈属证号＿＿＿＿＿＿＿　　□孤老					
任职、受雇、从业信息							
任职受雇从业单位一	名称			国家／地区			
	纳税人识别号（统一社会信用代码）			任职受雇从业日期	年　月	离职日期	年　月
	类型	□雇员　□保险营销员 □证券经纪人　□其他		职务		□高层　□其他	
任职受雇从业单位二	名称			国家／地区			
	纳税人识别号（统一社会信用代码）			任职受雇从业日期	年　月	离职日期	年　月
	类型	□雇员　□保险营销员 □证券经纪人　□其他		职务		□高层　□其他	
该栏仅由投资者纳税人填写							
被投资单位一	名称			国家／地区			
	纳税人识别号（统一社会信用代码）			投资额（元）		投资比例	
被投资单位二	名称			国家／地区			
	纳税人识别号（统一社会信用代码）			投资额（元）		投资比例	
该栏仅由华侨、港澳台、外籍个人填写（带＊必填）							
＊出生地				＊首次入境时间		年　月　日	

该栏仅由华侨、港澳台、外籍个人填写（带＊必填）			
＊性别		＊预计离境时间	年 月 日
＊涉税事由	□任职受雇 □提供临时劳务 □转让财产 □从事投资和经营活动 □其他		
谨声明：本表是根据国家税收法律法规及相关规定填报的，是真实的、可靠的、完整的。 　　　　　　　　　　　　　　　　　　　　　　　纳税人（签字）：　　　　年 月 日			
经办人签字： 经办人身份证件号码： 代理机构签章： 代理机构统一社会信用代码：		受理人： 受理税务机关（章）： 受理日期：　年 月 日	

国家税务总局监制

二、个人所得税专项附加扣除信息表（见表5-3）

表5-3填表说明

表5-3　个人所得税专项附加扣除信息表

填报日期：　　年 月 日　　　　　扣除年度：

纳税人姓名：　　　　　　　　　　纳税人识别号：□□□□□□□□□□□□□□□□□□

纳税人信息	手机号码			电子邮箱	
	联系地址			配偶情况	□有配偶　□无配偶
纳税人配偶信息	姓名		身份证件类型	身份证件号码	□□□□□□□□□□□□□□□□□□
一、子女教育					
较上次报送信息是否发生变化：□首次报送（请填写全部信息） □无变化（不需重新填写） □有变化（请填写发生变化项目的信息）					
子女一	姓名		身份证件类型	身份证件号码	□□□□□□□□□□□□□□□□□□
	出生日期		当前受教育阶段	□学前教育阶段 □义务教育 □高中阶段教育 □高等教育	
	当前受教育阶段起始时间	年 月	当前受教育阶段结束时间	年 月　子女教育终止时间＊不再受教育时填写	年 月
	就读国家（或地区）		就读学校	本人扣除比例　□100%（全额扣除） □50%（平均扣除）	
子女二	姓名		身份证件类型	身份证件号码	□□□□□□□□□□□□□□□□□□
	出生日期		当前受教育阶段	□学前教育阶段 □义务教育 □高中阶段教育 □高等教育	

一、子女教育					
子女二	当前受教育阶段起始时间	年　月	当前受教育阶段结束时间	年　月	子女教育终止时间 *不再受教育时填写	年　月
	就读国家（或地区）		就读学校		本人扣除比例	□100%（全额扣除）　□50%（平均扣除）
子女三	姓名		身份证件类型		身份证件号码	□□□□□□□□□□□□□□□□□□
	出生日期		当前受教育阶段		□学前教育阶段　□义务教育　□高中阶段教育　□高等教育	
	当前受教育阶段起始时间	年　月	当前受教育阶段结束时间	年　月	子女教育终止时间 *不再受教育时填写	年　月
	就读国家（或地区）		就读学校		本人扣除比例	□100%（全额扣除）　□50%（平均扣除）

二、继续教育					
较上次报送信息是否发生变化：□首次报送（请填写全部信息）　□无变化（不需重新填写） □有变化（请填写发生变化项目的信息）					
学历（学位）继续教育	当前继续教育起始时间	年　月	当前继续教育结束时间	年　月	学历（学位）继续教育阶段	□专科　□本科　□硕士研究生 □博士研究生　□其他
职业资格继续教育	职业资格继续教育类型	□技能人员　□专业技术人员		证书名称		
	证书编号		发证机关		发证（批准）日期	

三、住房贷款利息				
较上次报送信息是否发生变化：□首次报送（请填写全部信息）　□无变化（不需重新填写） □有变化（请填写发生变化项目的信息）				
房屋信息	住房坐落地址	省（区、市）　　　　市　　　　县（区）　　　　街道（乡、镇）		
	产权证号/不动产登记号/商品房买卖合同号/预售合同号			
房贷信息	本人是否借款人	□是　□否	是否婚前各自首套贷款，且婚后分别扣除50%	□是　□否

三、住房贷款利息				
房贷信息	公积金贷款|贷款合同编号			
	贷款期限（月）		首次还款日期	
	商业贷款|贷款合同编号		贷款银行	
	贷款期限（月）		首次还款日期	

四、住房租金				
较上次报送信息是否发生变化：□首次报送（请填写全部信息）　□无变化（不需重新填写） □有变化（请填写发生变化项目的信息）				
房屋信息	住房坐落地址	省（区、市）　　　市　　　县（区）　　　街道（乡、镇）		
租赁情况	出租方（个人）姓名	身份证件类型	身份证件号码	□□□□□□□□□□□□□□□□□□
	出租方（单位）名称		纳税人识别号（统一社会信用代码）	
	主要工作城市（*填写市一级）		住房租赁合同编号（非必填）	
	租赁期起		租赁期止	

五、赡养老人				
较上次报送信息是否发生变化：□首次报送（请填写全部信息）　□无变化（不需重新填写） □有变化（请填写发生变化项目的信息）				
纳税人身份		□独生子女　□非独生子女		
被赡养人一	姓名	身份证件类型	身份证件号码	□□□□□□□□□□□□□□□□□□
	出生日期	与纳税人关系	□父亲　□母亲　□其他	
被赡养人二	姓名	身份证件类型	身份证件号码	□□□□□□□□□□□□□□□□□□
	出生日期	与纳税人关系	□父亲　□母亲　□其他	
共同赡养人信息	姓名	身份证件类型	身份证件号码	□□□□□□□□□□□□□□□□□□
	姓名	身份证件类型	身份证件号码	□□□□□□□□□□□□□□□□□□

五、赡养老人						
共同赡养人信息	姓名		身份证件类型		身份证件号码	□□□□□□□□□□□□□□□□□□
	姓名		身份证件类型		身份证件号码	□□□□□□□□□□□□□□□□□□
分摊方式 * 独生子女不需填写		□平均分摊　□赡养人约定分摊　□被赡养人指定分摊			本年度月扣除金额	

六、大病医疗（仅限综合所得年度汇算清缴申报时填写）					
较上次报送信息是否发生变化：□首次报送（请填写全部信息）　□无变化（不需重新填写）　□有变化（请填写发生变化项目的信息）					
患者一	姓名		身份证件类型		身份证件号码	□□□□□□□□□□□□□□□□□□
	医药费用总金额		个人负担金额		与纳税人关系	□本人　□配偶　□未成年子女
患者二	姓名		身份证件类型		身份证件号码	□□□□□□□□□□□□□□□□□□
	医药费用总金额		个人负担金额		与纳税人关系	□本人　□配偶　□未成年子女
患者三	姓名		身份证件类型		身份证件号码	□□□□□□□□□□□□□□□□□□
	医药费用总金额		个人负担金额		与纳税人关系	□本人　□配偶　□未成年子女

七、3 岁以下婴幼儿照护					
较上次报送信息是否发生变化：□首次报送（请填写全部信息）　□无变化（不需重新填写）　□有变化（请填写发生变化项目的信息）					
子女一	姓名		身份证件类型		身份证件号码	□□□□□□□□□□□□□□□□□□
	出生日期				本人扣除比例	□ 100%（全额扣除）　□ 50%（平均扣除）
子女二	姓名		身份证件类型		身份证件号码	□□□□□□□□□□□□□□□□□□
	出生日期				本人扣除比例	□ 100%（全额扣除）　□ 50%（平均扣除）
子女三	姓名		身份证件类型		身份证件号码	□□□□□□□□□□□□□□□□□□
	出生日期				本人扣除比例	□ 100%（全额扣除）　□ 50%（平均扣除）

需要在任职受雇单位预扣预缴工资、薪金所得个人所得税时享受专项附加扣除的，填写本栏

重要提示：当您填写本栏，表示您已同意该任职受雇单位使用本表信息为您办理专项附加扣除。

扣缴义务人名称		扣缴义务人纳税人识别号（统一社会信用代码）	□□□□□□□□□□□□□□□□□□

本人承诺：我已仔细阅读填表说明，并根据《中华人民共和国个人所得税法》及其实施条例、《个人所得税专项附加扣除暂行办法》《个人所得税专项附加扣除操作办法（试行）》等相关法律法规规定填写本表，本人已就所填扣除信息进行了核对，并对所填内容的真实性、准确性、完整性负责。

纳税人签字：　年　月　日

扣缴义务人签章：	代理机构签章：	受理人：
	代理机构统一社会信用代码：	
经办人签字：	经办人签字：	受理税务机关（章）：
接收日期：年　月　日	经办人身份证件号码：	受理日期：　年　月　日

国家税务总局监制

三、《个人所得税扣缴申报表》（见表5-4）

（一）适用范围

本表适用于扣缴义务人向居民个人支付工资、薪金所得，劳务报酬所得，稿酬所得和特许权使用费所得的个人所得税全员全额预扣预缴申报；向非居民个人支付工资、薪金所得，劳务报酬所得，稿酬所得和特许权使用费所得的个人所得税全员全额扣缴申报；以及向纳税人（居民个人和非居民个人）支付利息、股息、红利所得，财产租赁所得，财产转让所得和偶然所得的个人所得税全员全额扣缴申报。

（二）报送期限

扣缴义务人应当在每月或者每次预扣、代扣税款的次月15日内，将已扣税款缴入国库，并向税务机关报送本表。

（三）本表各栏填写

1. 表头项目

（1）税款所属期：填写扣缴义务人预扣、代扣税款当月的第1日至最后1日。如：2019年3月20日发放工资时代扣的税款，税款所属期填写"2019年3月1日至2019年3月31日"。

（2）扣缴义务人名称：填写扣缴义务人的法定名称全称。

（3）扣缴义务人纳税人识别号（统一社会信用代码）：填写扣缴义务人的纳税人识别号或者统一社会信用代码。

2. 表内各栏

（1）第2列"姓名"：填写纳税人姓名。

表 5-4　个人所得税扣缴申报表

税款所属期：　　年　　月　　日至　　年　　月　　日

扣缴义务人名称：

扣缴义务人纳税人识别号（统一社会信用代码）：□□□□□□□□□□□□□□□□□□

金额单位：人民币元（列至角分）

序号	姓名	身份证件类型	身份证件号码	纳税人识别号	是否为非居民个人	所得项目	本月（次）情况 收入额计算				专项扣除				其他扣除						累计情况			累计专项附加扣除						累计其他扣除	减按计税比例	准予扣除的捐赠额	税款计算							备注
							收入	费用	免税收入	减除费用	基本养老保险费	基本医疗保险费	失业保险费	住房公积金	年金	商业健康保险	税延养老保险	财产原值	允许扣除的税费	其他	累计收入额	累计减除费用	累计专项扣除	子女教育	继续教育	住房贷款利息	住房租金	赡养老人	3岁以下婴幼儿照护				应纳税所得额	税率／预扣率	速算扣除数	应纳税额	减免税额	已缴税额	应补／退税额	
1	2	3	4	5	6	7	8	9	10	11	12	13	14	15	16	17	18	19	20	21	22	23	24	25	26	27	28	29	30	31	32	33	34	35	36	37	38	39	40	41
合　计																																								

谨声明：本表是根据国家税收法律法规及相关规定填报的，是真实的、可靠的、完整的。

经办人签字：

经办人身份证件号码：

代理机构签章：

代理机构统一社会信用代码：

扣缴义务人（签章）：

受理人：

受理税务机关（章）：

受理日期：　　年　　月　　日

国家税务总局监制

（2）第3列"身份证件类型"：填写纳税人有效的身份证件名称。中国公民有中华人民共和国居民身份证的，填写居民身份证；没有居民身份证的，填写中华人民共和国护照、港澳居民来往内地通行证或者港澳居民居住证、台湾居民通行证或者台湾居民居住证、外国人永久居留身份证、外国人工作许可证或者护照等。

（3）第4列"身份证件号码"：填写纳税人有效身份证件上载明的证件号码。

（4）第5列"纳税人识别号"：有中国公民身份号码的，填写中华人民共和国居民身份证上载明的"公民身份号码"；没有中国公民身份号码的，填写税务机关赋予的纳税人识别号。

（5）第6列"是否为非居民个人"：纳税人为居民个人的填"否"，为非居民个人的，根据合同、任职期限、预期工作时间等不同情况，填写"是，且不超过90天"或者"是，且超过90天不超过183天"，不填默认为"否"。

其中，纳税人为非居民个人的，填写"是，且不超过90天"的，当年在境内实际居住超过90天的次月15日内，填写"是，且超过90天不超过183天"。

（6）第7列"所得项目"：填写纳税人取得的个人所得税法第二条规定的应税所得项目名称。同一纳税人取得多项或者多次所得的，应分行填写。

（7）第8~21列"本月（次）情况"：填写扣缴义务人当月（次）支付给纳税人的所得，以及按规定各所得项目当月（次）可扣除的减除费用、专项扣除、其他扣除等。其中，工资、薪金所得预扣预缴个人所得税时扣除的专项附加扣除，按照纳税年度内纳税人在该任职受雇单位截至当月可享受的各专项附加扣除项目的扣除总额，填写至"累计情况"中第25~30列相应栏，本月情况则无须填写。

① "收入额计算"：包含"收入""费用""免税收入"。收入额 = 第8列 − 第9列 − 第10列。

a. 第8列"收入"：填写当月（次）扣缴义务人支付给纳税人所得的总额。

b. 第9列"费用"：取得劳务报酬所得、稿酬所得、特许权使用费所得时填写，取得其他各项所得时无须填写本列。居民个人取得上述所得，每次收入不超过4 000元的，费用填写"800"元；每次收入4 000元以上的，费用按收入的20%填写。非居民个人取得劳务报酬所得、稿酬所得、特许权使用费所得，费用按收入的20%填写。

c. 第10列"免税收入"：填写纳税人各所得项目收入总额中，包含的税法规定的免税收入金额。其中，税法规定"稿酬所得的收入额减按70%计算"，对稿酬所得的收入额减计的30%部分，填入本列。

② 第11列"减除费用"：按税法规定的减除费用标准填写。如，2019年纳税人取得工资、薪金所得按月申报时，填写5 000元。纳税人取得财产租赁所得，每次收入不超过4 000元的，填写800元；每次收入4 000元以上的，按收入的20%填写。

③ 第 12～15 列 "专项扣除"：分别填写按规定允许扣除的基本养老保险费、基本医疗保险费、失业保险费、住房公积金（以下简称"三险一金"）的金额。

④ 第 16～21 列 "其他扣除"：分别填写按规定允许扣除的项目金额。

（8）第 22～31 列 "累计情况"：本栏适用于居民个人取得工资、薪金所得，保险营销员、证券经纪人取得佣金收入等按规定采取累计预扣法预扣预缴税款时填报。

① 第 22 列 "累计收入额"：填写本纳税年度截至当前月份，扣缴义务人支付给纳税人的工资、薪金所得，或者支付给保险营销员、证券经纪人的劳务报酬所得的累计收入额。

② 第 23 列 "累计减除费用"：按照 5 000 元 / 月乘以纳税人当年在本单位的任职受雇或者从业的月份数计算。

③ 第 24 列 "累计专项扣除"：填写本年度截至当前月份，按规定允许扣除的"三险一金"的累计金额。

④ 第 25～30 列 "累计专项附加扣除"：分别填写截至当前月份，纳税人按规定可享受的子女教育、继续教育、住房贷款利息或者住房租金、赡养老人、3 岁以下婴幼儿照护扣除的累计金额。大病医疗扣除由纳税人在年度汇算清缴时办理，此处无须填报。

⑤ 第 31 列 "累计其他扣除"：填写本年度截至当前月份，按规定允许扣除的年金（包括企业年金、职业年金）、商业健康保险、个人养老保险及其他扣除项目的累计金额。

（9）第 32 列 "减按计税比例"：填写按规定实行应纳税所得额减计税收优惠的减计比例。无减计规定的，可不填，系统默认为 100%。如某项税收政策实行减按 60% 计入应纳税所得额，则本列填 60%。

（10）第 33 列 "准予扣除的捐赠额"：是指按照税法及相关法规、政策规定，可以在税前扣除的捐赠额。

（11）第 34～40 列 "税款计算"：填写扣缴义务人当月扣缴个人所得税款的计算情况。

① 第 34 列 "应纳税所得额"：根据相关列次计算填报。

a. 居民个人取得工资、薪金所得，填写累计收入额减除累计减除费用、累计专项扣除、累计专项附加扣除、累计其他扣除后的余额。

b. 非居民个人取得工资、薪金所得，填写收入额减去减除费用后的余额。

c. 居民个人或者非居民个人取得劳务报酬所得、稿酬所得、特许权使用费所得，填写本月（次）收入额减除其他扣除后的余额。

保险营销员、证券经纪人取得的佣金收入，填写累计收入额减除累计减除费用、累计其他扣除后的余额。

d. 居民个人或者非居民个人取得利息、股息、红利所得和偶然所得，填写本月（次）收入额。

e. 居民个人或者非居民个人取得财产租赁所得，填写本月（次）收入额减去减除费用、其他扣除后的余额。

f. 居民个人或者非居民个人取得财产转让所得，填写本月（次）收入额减除财产原值、允许扣除的税费后的余额。

其中，适用"减按计税比例"的所得项目，其应纳税所得额按上述方法计算后乘以减按计税比例的金额填报。

按照税法及相关法规、政策规定，可以在税前扣除的捐赠额，可以按上述方法计算后从应纳税所得额中扣除。

② 第 35～36 列"税率 / 预扣率""速算扣除数"：填写各所得项目按规定适用的税率（或预扣率）和速算扣除数。没有速算扣除数的，则不填。

③ 第 37 列"应纳税额"：根据相关列次计算填报。第 37 列 = 第 34 列 × 第 35 列 − 第 36 列。

④ 第 38 列"减免税额"：填写符合税法规定可减免的税额，并附报《个人所得税减免税事项报告表》。居民个人工资、薪金所得，以及保险营销员、证券经纪人取得佣金收入，填写本年度累计减免税额；居民个人取得工资、薪金以外的所得或非居民个人取得各项所得，填写本月（次）减免税额。

⑤ 第 39 列"已缴税额"：填写本年或本月（次）纳税人同一所得项目，已由扣缴义务人实际扣缴的税款金额。

⑥ 第 40 列"应补 / 退税额"：根据相关列次计算填报。第 40 列 = 第 37 列 − 第 38 列 − 第 39 列。

（四）其他事项说明

以纸质方式报送本表的，应当一式两份，扣缴义务人、税务机关各留存一份。

四、《个人所得税自行纳税申报表（A 表）》（见表 5-5）

（一）适用范围

本表适用于居民个人取得应税所得，扣缴义务人未扣缴税款，非居民个人取得应税所得扣缴义务人未扣缴税款，非居民个人在中国境内从两处以上取得工资、薪金所得等情形在办理自行纳税申报时，向税务机关报送。

（二）报送期限

1. 居民个人取得应税所得扣缴义务人未扣缴税款，应当在取得所得的次年 6 月 30 日前办理纳税申报。税务机关通知限期缴纳的，纳税人应当按照期限缴纳税款。

表5-5 个人所得税自行纳税申报表（A表）

税款所属期： 年 月 日至 年 月 日

纳税人姓名：

纳税人识别号：□□□□□□□□□□□□□□□□□□

金额单位：人民币元（列至角分）

自行申报情形：
- □居民个人取得应税所得，扣缴义务人未扣缴税款
- □非居民个人取得应税所得，扣缴义务人未扣缴税款
- □非居民个人在中国境内从两处以上取得工资、薪金所得
- □其他_____

是否为非居民个人 □是 □否

非居民个人本年度境内居住天数 □不超过90天 □超过90天 □不超过183天

序号	所得项目	收入额计算				专项扣除				其他扣除			减按计税比例	准予扣除的捐赠额	应纳税所得额	税款计算						备注
		收入	费用	免税收入	减除费用	基本养老保险费	基本医疗保险费	失业保险费	住房公积金	财产原值	允许扣除的税费	其他				税率	速算扣除数	应纳税额	减免税额	已缴税额	应补退税额	
1	2	3	4	5	6	7	8	9	10	11	12	13	14	15	16	17	18	19	20	21	22	23

谨声明：本表是根据国家税收法律法规及相关规定填报的，是真实的、可靠的、完整的。

纳税人签字：

经办人签字：

经办人身份证件号码：

代理机构签章：

代理机构统一社会信用代码：

受理人：

受理税务机关（章）：

受理日期： 年 月 日

纳税人签字：

国家税务总局监制

2. 非居民个人取得应税所得，扣缴义务人未扣缴税款的，应当在取得所得的次年 6 月 30 日前办理纳税申报。非居民个人在次年 6 月 30 日前离境（临时离境除外）的，应当在离境前办理纳税申报。

3. 非居民个人在中国境内从两处以上取得工资、薪金所得的，应当在取得所得的次月 15 日内办理纳税申报。

4. 其他需要纳税人办理自行申报的情形，按规定的申报期限办理。

（三）本表各栏填写

1. 表头项目

（1）税款所属期：填写纳税人取得所得应纳个人所得税款的所属期间，填写具体的起止年月日。

（2）纳税人姓名：填写自然人纳税人姓名。

（3）纳税人识别号：有中国公民身份号码的，填写中华人民共和国居民身份证上载明的"公民身份号码"；没有中国公民身份号码的，填写税务机关赋予的纳税人识别号。

2. 表内各栏

（1）"自行申报情形"：纳税人根据自身情况在对应框内打"√"。选择"其他"的，应当填写具体自行申报情形。

（2）"是否为非居民个人"：非居民个人选"是"，居民个人选"否"。不填默认为"否"。

（3）"非居民个人本年度境内居住天数"：非居民个人根据合同、任职期限、预期工作时间等不同情况，选择"不超过 90 天"或者"超过 90 天不超过 183 天"。

（4）第 2 列"所得项目"：按照个人所得税法第二条规定的项目填写。纳税人取得多项所得或者多次取得所得的，分行填写。

（5）第 3～5 列"收入额计算"：包含"收入""费用""免税收入"。收入额＝第 3 列－第 4 列－第 5 列。

① 第 3 列"收入"：填写纳税人实际取得所得的收入总额。

② 第 4 列"费用"：取得劳务报酬所得、稿酬所得、特许权使用费所得时填写，取得其他各项所得时无须填写本列。非居民个人取得劳务报酬所得、稿酬所得、特许权使用费所得，费用按收入的 20% 填写。

③ 第 5 列"免税收入"：填写符合税法规定的免税收入金额。其中，税法规定"稿酬所得的收入额减按 70% 计算"，对减计的 30% 部分，填入本列。

（6）第 6 列"减除费用"：按税法规定的减除费用标准填写。

（7）第 7～10 列"专项扣除"：分别填写按规定允许扣除的基本养老保险费、基本医疗保险费、失业保险费、住房公积金的金额。

（8）第 11～13 列"其他扣除"：包含"财产原值""允许扣除的税费""其他"，分别填写按照税法规定当月（次）允许扣除的金额。

① 第 11 列"财产原值"：纳税人取得财产转让所得时填写本栏。

② 第 12 列"允许扣除的税费"：填写按规定可以在税前扣除的税费。

a. 纳税人取得劳务报酬所得时，填写劳务发生过程中实际缴纳的可依法扣除的税费。

b. 纳税人取得特许权使用费所得时，填写提供特许权过程中发生的中介费和实际缴纳的可依法扣除的税费。

c. 纳税人取得财产租赁所得时，填写修缮费和出租财产过程中实际缴纳的可依法扣除的税费。

d. 纳税人取得财产转让所得时，填写转让财产过程中实际缴纳的可依法扣除的税费。

③ 第 13 列"其他"：填写按规定其他可以在税前扣除的项目。

（9）第 14 列"减按计税比例"：填写按规定实行应纳税所得额减计税收优惠的减计比例。无减计规定的，则不填，系统默认为 100%。如某项税收政策实行减按 60% 计入应纳税所得额，则本列填 60%。

（10）第 15 列"准予扣除的捐赠额"：是指按照税法及相关法规、政策规定，可以在税前扣除的捐赠额。

（11）第 16 列"应纳税所得额"：根据相关列次计算填报。

（12）第 17～18 列"税率""速算扣除数"：填写各所得项目按规定适用的税率和速算扣除数。所得项目没有速算扣除数的，则不填。

（13）第 19 列"应纳税额"：根据相关列次计算填报。第 19 列 = 第 16 列 × 第 17 列 − 第 18 列。

（14）第 20 列"减免税额"：填写符合税法规定的可以减免的税额，并附报《个人所得税减免税事项报告表》。

（15）第 21 列"已缴税额"：填写纳税人当期已实际缴纳或者被扣缴的个人所得税税款。

（16）第 22 列"应补 / 退税额"：根据相关列次计算填报。第 22 列 = 第 19 列 − 第 20 列 − 第 21 列。

（四）其他事项说明

以纸质方式报送本表的，应当一式两份，纳税人、税务机关各留存一份。

五、个人所得税年度自行纳税申报表

（一）《个人所得税年度自行纳税申报表》（A 表）（见表 5-6）。

表 5-6　个人所得税年度自行纳税申报表（A 表）

（仅取得境内综合所得年度汇算适用）

表 5-6 填表说明

税款所属期：　　　　年　　月　　日至　　　　年　　月　　日

纳税人姓名：

纳税人识别号：□□□□□□□□□□□□□□□□□ - □□　　　　金额单位：人民币元（列至角分）

基本情况					
手机号码		电子邮箱		邮政编码	□□□□□□
联系地址	_____省（区、市）_____市_____区（县）_____街道（乡、镇）_____				

纳税地点（单选）	
1. 有任职受雇单位的，需选本项并填写"任职受雇单位信息"：	□任职受雇单位所在地

任职受雇单位信息	名称	
	纳税人识别号	□□□□□□□□□□□□□□□□□

2. 没有任职受雇单位的，可以从本栏次选择一地：	□户籍所在地　□经常居住地　□主要收入来源地
户籍所在地 / 经常居住地 / 主要收入来源地	_____省（区、市）_____市_____区（县）_____街道（乡、镇）_____

申报类型（单选）	
□首次申报	□更正申报

综合所得个人所得税计算		
项目	行次	金额
一、收入合计（第 1 行 = 第 2 行 + 第 3 行 + 第 4 行 + 第 5 行）	1	
（一）工资、薪金	2	
（二）劳务报酬	3	
（三）稿酬	4	
（四）特许权使用费	5	
二、费用合计［第 6 行 =（第 3 行 + 第 4 行 + 第 5 行）×20%］	6	
三、免税收入合计（第 7 行 = 第 8 行 + 第 9 行）	7	
（一）稿酬所得免税部分［第 8 行 = 第 4 行 ×（1-20%）×30%］	8	
（二）其他免税收入（附报《个人所得税减免税事项报告表》）	9	
四、减除费用	10	
五、专项扣除合计（第 11 行 = 第 12 行 + 第 13 行 + 第 14 行 + 第 15 行）	11	
（一）基本养老保险费	12	

综合所得个人所得税计算		
项目	行次	金额
（二）基本医疗保险费	13	
（三）失业保险费	14	
（四）住房公积金	15	
六、专项附加扣除合计（附报《个人所得税专项附加扣除信息表》）（第16行＝第17行＋第18行＋第19行＋第20行＋第21行＋第22行）	16	
（一）子女教育	17	
（二）继续教育	18	
（三）大病医疗	19	
（四）住房贷款利息	20	
（五）住房租金	21	
（六）赡养老人	22	
七、其他扣除合计（第23行＝第24行＋第25行＋第26行＋第27行＋第28行）	23	
（一）年金	24	
（二）商业健康保险（附报《商业健康保险税前扣除情况明细表》）	25	
（三）税延养老保险（附报《个人税收递延型商业养老保险税前扣除情况明细表》）	26	
（四）允许扣除的税费	27	
（五）其他	28	
八、准予扣除的捐赠额（附报《个人所得税公益慈善事业捐赠扣除明细表》）	29	
九、应纳税所得额（第30行＝第1行－第6行－第7行－第10行－第11行－第16行－第23行－第29行）	30	
十、税率（%）	31	
十一、速算扣除数	32	
十二、应纳税额（第33行＝第30行×第31行－第32行）	33	
全年一次性奖金个人所得税计算		
（无住所居民个人预判为非居民个人取得的数月奖金，选择按全年一次性奖金计税的填写本部分）		
一、全年一次性奖金收入	34	
二、准予扣除的捐赠额（附报《个人所得税公益慈善事业捐赠扣除明细表》）	35	
三、税率（%）	36	
四、速算扣除数	37	
五、应纳税额［第38行＝（第34行－第35行）×第36行－第37行］	38	

税额调整		
一、综合所得收入调整额（需在"备注"栏说明调整具体原因、计算方式等）	39	
二、应纳税额调整额	40	
应补 / 退个人所得税计算		
一、应纳税额合计（第 41 行 = 第 33 行 + 第 38 行 + 第 40 行）	41	
二、减免税额（附报《个人所得税减免税事项报告表》）	42	
三、已缴税额	43	
四、应补 / 退税额（第 44 行 = 第 41 行 − 第 42 行 − 第 43 行）	44	

无住所个人附报信息			
纳税年度内在中国境内居住天数		已在中国境内居住年数	

退税申请
（应补 / 退税额小于 0 的填写本部分）

□申请退税（需填写"开户银行名称""开户银行省份""银行账号"） □放弃退税		
开户银行名称	开户银行省份	
银行账号		

备注

谨声明：本表是根据国家税收法律法规及相关规定填报的，本人对填报内容（附带资料）的真实性、可靠性、完整性负责。

纳税人签字： 　　　　　年 月 日

经办人签字：	受理人：
经办人身份证件类型：	
经办人身份证件号码：	受理税务机关（章）：
代理机构签章：	
代理机构统一社会信用代码：	受理日期： 年 月 日

国家税务总局监制

(二)《个人所得税年度自行纳税申报表》(B 表)(见表 5-7)

表 5-7　个人所得税年度自行纳税申报表(B 表)

(居民个人取得境外所得适用)

表 5-7 填表说明　　个人所得税综合所得年度汇算清缴申报

税款所属期：　　　年　　月　　日至　　　年　　月　　日

纳税人姓名：

纳税人识别号：□□□□□□□□□□□□□□□□□□－□□　　　　**金额单位：人民币元(列至角分)**

基本情况					
手机号码		电子邮箱		邮政编码	□□□□□□
联系地址	_____省(区、市)_____市_____区(县)_____街道(乡、镇)_____				

纳税地点(单选)	
1.有任职受雇单位的,需选本项并填写"任职受雇单位信息":	□任职受雇单位所在地

任职受雇单位信息	名称	
	纳税人识别号	

2.没有任职受雇单位的,可以从本栏次选择一地:	□户籍所在地　□经常居住地
户籍所在地/经常居住地	_____省(区、市)_____市_____区(县)_____街道(乡、镇)_____

申报类型(单选)	
□首次申报	□更正申报

综合所得个人所得税计算		
项目	行次	金额
一、境内收入合计(第 1 行 = 第 2 行 + 第 3 行 + 第 4 行 + 第 5 行)	1	
(一)工资、薪金	2	
(二)劳务报酬	3	
(三)稿酬	4	
(四)特许权使用费	5	
二、境外收入合计(附报《境外所得个人所得税抵免明细表》) (第 6 行 = 第 7 行 + 第 8 行 + 第 9 行 + 第 10 行)	6	
(一)工资、薪金	7	
(二)劳务报酬	8	
(三)稿酬	9	
(四)特许权使用费	10	
三、费用合计[第 11 行 = (第 3 行 + 第 4 行 + 第 5 行 + 第 8 行 + 第 9 行 + 第 10 行)×20%]	11	
四、免税收入合计(第 12 行 = 第 13 行 + 第 14 行)	12	
(一)稿酬所得免税部分[第 13 行 = (第 4 行 + 第 9 行)×(1-20%)×30%]	13	

综合所得个人所得税计算		
项目	行次	金额
（二）其他免税收入（附报《个人所得税减免税事项报告表》）	14	
五、减除费用	15	
六、专项扣除合计（第16行＝第17行＋第18行＋第19行＋第20行）	16	
（一）基本养老保险费	17	
（二）基本医疗保险费	18	
（三）失业保险费	19	
（四）住房公积金	20	
七、专项附加扣除合计（附报《个人所得税专项附加扣除信息表》）（第21行＝第22行＋第23行＋第24行＋第25行＋第26行＋第27行）	21	
（一）子女教育	22	
（二）继续教育	23	
（三）大病医疗	24	
（四）住房贷款利息	25	
（五）住房租金	26	
（六）赡养老人	27	
八、其他扣除合计（第28行＝第29行＋第30行＋第31行＋第32行＋第33行）	28	
（一）年金	29	
（二）商业健康保险（附报《商业健康保险税前扣除情况明细表》）	30	
（三）税延养老保险（附报《个人税收递延型商业养老保险税前扣除情况明细表》）	31	
（四）允许扣除的税费	32	
（五）其他	33	
九、准予扣除的捐赠额（附报《个人所得税公益慈善事业捐赠扣除明细表》）	34	
十、应纳税所得额（第35行＝第1行＋第6行－第11行－第12行－第15行－第16行－第21行－第28行－第34行）	35	
十一、税率（％）	36	
十二、速算扣除数	37	
十三、应纳税额（第38行＝第35行×第36行－第37行）	38	
除综合所得外其他境外所得个人所得税计算		
（无相应所得不填本部分，有相应所得另需附报《境外所得个人所得税抵免明细表》）		
一、经营所得	（一）经营所得应纳税所得额（第39行＝第40行＋第41行）	39	
	其中：境内经营所得应纳税所得额	40	
	境外经营所得应纳税所得额	41	

除综合所得外其他境外所得个人所得税计算 （无相应所得不填本部分，有相应所得另需附报《境外所得个人所得税抵免明细表》）			
一、经营所得	（二）税率（%）	42	
	（三）速算扣除数	43	
	（四）应纳税额（第44行＝第39行×第42行－第43行）	44	
二、利息、股息、红利所得	（一）境外利息、股息、红利所得应纳税所得额	45	
	（二）税率（%）	46	
	（三）应纳税额（第47行＝第45行×第46行）	47	
三、财产租赁所得	（一）境外财产租赁所得应纳税所得额	48	
	（二）税率（%）	49	
	（三）应纳税额（第50行＝第48行×第49行）	50	
四、财产转让所得	（一）境外财产转让所得应纳税所得额	51	
	（二）税率（%）	52	
	（三）应纳税额（第53行＝第51行×第52行）	53	
五、偶然所得	（一）境外偶然所得应纳税所得额	54	
	（二）税率（%）	55	
	（三）应纳税额（第56行＝第54行×第55行）	56	
六、其他所得	（一）其他境内、境外所得应纳税所得额合计（需在"备注"栏说明具体项目）	57	
	（二）应纳税额	58	
股权激励个人所得税计算 （无境外股权激励所得不填本部分，有相应所得另需附报《境外所得个人所得税抵免明细表》）			
一、境内、境外单独计税的股权激励收入合计		59	
二、税率（%）		60	
三、速算扣除数		61	
四、应纳税额（第62行＝第59行×第60行－第61行）		62	
全年一次性奖金个人所得税计算 （无住所个人预判为非居民个人取得的数月奖金，选择按全年一次性奖金计税的填写本部分）			
一、全年一次性奖金收入		63	
二、准予扣除的捐赠额（附报《个人所得税公益慈善事业捐赠扣除明细表》）		64	
三、税率（%）		65	
四、速算扣除数		66	
五、应纳税额［第67行＝（第63行－第64行）×第65行－第66行］		67	
税额调整			
一、综合所得收入调整额（需在"备注"栏说明调整具体原因、计算方法等）		68	
二、应纳税额调整额		69	

应补／退个人所得税计算		
一、应纳税额合计 （第 70 行 = 第 38 行 + 第 44 行 + 第 47 行 + 第 50 行 + 第 53 行 + 第 56 行 + 第 58 行 + 第 62 行 + 第 67 行 + 第 69 行）	70	
二、减免税额（附报《个人所得税减免税事项报告表》）	71	
三、已缴税额（境内）	72	
其中：境外所得境内支付部分已缴税额	73	
境外所得境外支付部分预缴税额	74	
四、境外所得已纳所得税抵免额（附报《境外所得个人所得税抵免明细表》）	75	
五、应补／退税额（第 76 行 = 第 70 行 − 第 71 行 − 第 72 行 − 第 75 行）	76	

无住所个人附报信息			
纳税年度内在中国境内居住天数		已在中国境内居住年数	

退税申请
（应补／退税额小于 0 的填写本部分）

□申请退税（需填写"开户银行名称""开户银行省份""银行账号"）　□放弃退税

开户银行名称		开户银行省份	
银行账号			

备注

　　谨声明：本表是根据国家税收法律法规及相关规定填报的，本人对填报内容（附带资料）的真实性、可靠性、完整性负责。

纳税人签字：　　　　　　　年　月　日

经办人签字： 经办人身份证件类型： 经办人身份证件号码： 代理机构签章： 代理机构统一社会信用代码：	受理人： 受理税务机关（章）： 受理日期：　　年　月　日

国家税务总局监制

任务三 个人所得税经营所得的申报

表 5-8 填表说明

一、《个人所得税经营所得纳税申报表（A 表）》（见表 5-8）

表 5-8 个人所得税经营所得纳税申报表（A 表）

税款所属期： 年 月 日至 年 月 日

纳税人姓名：

纳税人识别号：□□□□□□□□□□□□□□□□□□

金额单位：人民币元（列至角分）

被投资单位信息		
名称		
纳税人识别号（统一社会信用代码）□□□□□□□□□□□□□□□□□□		
征收方式（单选）		
□查账征收（据实预缴）　□查账征收（按上年应纳税所得额预缴）　□核定应税所得率征收 □核定应纳税所得额征收　□税务机关认可的其他方式＿＿＿＿＿＿＿＿＿＿＿＿＿		
个人所得税计算		
项目	行次	金额 / 比例
一、收入总额	1	
二、成本费用	2	
三、利润总额（第 3 行 = 第 1 行 - 第 2 行）	3	
四、弥补以前年度亏损	4	
五、应税所得率（%）	5	
六、合伙企业个人合伙人分配比例（%）	6	
七、允许扣除的个人费用及其他扣除（第 7 行 = 第 8 行 + 第 9 行 + 第 14 行）	7	
（一）投资者减除费用	8	
（二）专项扣除（第 9 行 = 第 10 行 + 第 11 行 + 第 12 行 + 第 13 行）	9	
1. 基本养老保险费	10	
2. 基本医疗保险费	11	
3. 失业保险费	12	
4. 住房公积金	13	
（三）依法确定的其他扣除（第 14 行 = 第 15 行 + 第 16 行 + 第 17 行）	14	

个人所得税计算		
项目	行次	金额 / 比例
1.	15	
2.	16	
3.	17	
八、准予扣除的捐赠额（附报《个人所得税公益慈善事业捐赠扣除明细表》）	18	
九、应纳税所得额	19	
十、税率（%）	20	
十一、速算扣除数	21	
十二、应纳税额（第 22 行 = 第 19 行 × 第 20 行 − 第 21 行）	22	
十三、减免税额（附报《个人所得税减免税事项报告表》）	23	
十四、已缴税额	24	
十五、应补 / 退税额（第 25 行 = 第 22 行 − 第 23 行 − 第 24 行）	25	

备注

谨声明：本表是根据国家税收法律法规及相关规定填报的，本人对填报内容（附带资料）的真实性、可靠性、完整性负责。

纳税人签字：　　　　　　年 月 日

经办人签字： 经办人身份证件类型： 经办人身份证件号码： 代理机构签章： 代理机构统一社会信用代码：	受理人： 受理税务机关（章）： 受理日期：　年 月 日

国家税务总局监制

二、《个人所得税经营所得纳税申报表（B表）》（见表 5-9）

表 5-9　个人所得税经营所得纳税申报表（B 表）

表 5-9 填表说明

税款所属期：　　　　年　　月　　日至　　　　年　　月　　日

纳税人姓名：

纳税人识别号：□□□□□□□□□□□□□□□□□□　　**金额单位：人民币元（列至角分）**

被投资单位信息	名称		纳税人识别号（统一社会信用代码）	
项目			行次	金额/比例
一、收入总额			1	
其中：国债利息收入			2	
二、成本费用（3=4+5+6+7+8+9+10）			3	
（一）营业成本			4	
（二）营业费用			5	
（三）管理费用			6	
（四）财务费用			7	
（五）税金			8	
（六）损失			9	
（七）其他支出			10	
三、利润总额（11=1-2-3）			11	
四、纳税调整增加额（12=13+27）			12	
（一）超过规定标准的扣除项目金额（13=14+15+16+17+18+19+20+21+22+23+24+25+26）			13	
1. 职工福利费			14	
2. 职工教育经费			15	
3. 工会经费			16	
4. 利息支出			17	
5. 业务招待费			18	
6. 广告费和业务宣传费			19	
7. 教育和公益事业捐赠			20	
8. 住房公积金			21	
9. 社会保险费			22	
10. 折旧费用			23	
11. 无形资产摊销			24	
12. 资产损失			25	
13. 其他			26	

项目	行次	金额／比例
（二）不允许扣除的项目金额（27=28+29+30+31+32+33+34+35+36）	27	
1. 个人所得税税款	28	
2. 税收滞纳金	29	
3. 罚金、罚款和被没收财物的损失	30	
4. 不符合扣除规定的捐赠支出	31	
5. 赞助支出	32	
6. 用于个人和家庭的支出	33	
7. 与取得生产经营收入无关的其他支出	34	
8. 投资者工资薪金支出	35	
9. 其他不允许扣除的支出	36	
五、纳税调整减少额	37	
六、纳税调整后所得（38=11+12−37）	38	
七、弥补以前年度亏损	39	
八、合伙企业个人合伙人分配比例（%）	40	
九、允许扣除的个人费用及其他扣除（41=42+43+48+55）	41	
（一）投资者减除费用	42	
（二）专项扣除（43=44+45+46+47）	43	
1. 基本养老保险费	44	
2. 基本医疗保险费	45	
3. 失业保险费	46	
4. 住房公积金	47	
（三）专项附加扣除（48=49+50+51+52+53+54）	48	
1. 子女教育	49	
2. 继续教育	50	
3. 大病医疗	51	
4. 住房贷款利息	52	
5. 住房租金	53	
6. 赡养老人	54	
（四）依法确定的其他扣除（55=56+57+58+59）	55	
1. 商业健康保险	56	
2. 税延养老保险	57	
3.	58	
4.	59	
十、投资抵扣	60	

项目	行次	金额／比例
十一、准予扣除的个人捐赠支出	61	
十二、应纳税所得额（62=38-39-41-60-61）或〔62=（38-39）×40-41-60-61〕	62	
十三、税率（%）	63	
十四、速算扣除数	64	
十五、应纳税额（65=62×63-64）	65	
十六、减免税额（附报《个人所得税减免税事项报告表》）	66	
十七、已缴税额	67	
十八、应补／退税额（68=65-66-67）	68	

谨声明：本表是根据国家税收法律法规及相关规定填报的，是真实的、可靠的、完整的。

纳税人签字：　　　　　　　　　年　月　日

经办人： 经办人身份证件号码： 代理机构签章： 代理机构统一社会信用代码：	受理人： 受理税务机关（章）： 受理日期：　年　月　日

国家税务总局监制

三、《个人所得税经营所得纳税申报表（C表）》（见表5-10）

表5-10填表说明

表5-10　个人所得税经营所得纳税申报表（C表）

税款所属期：　　　年　月　日至　　　年　月　日

纳税人姓名：

纳税人识别号：□□□□□□□□□□□□□□□□□

金额单位：人民币元（列至角分）

被投资单位信息	单位名称		纳税人识别号（统一社会信用代码）	投资者应纳税所得额
	汇总地			
	非汇总地	1		
		2		
		3		
		4		
		5		

项目	行次	金额／比例
一、投资者应纳税所得额合计	1	
二、应调整的个人费用及其他扣除（2=3+4+5+6）	2	
（一）投资者减除费用	3	

项目	行次	金额／比例
（二）专项扣除	4	
（三）专项附加扣除	5	
（四）依法确定的其他扣除	6	
三、应调整的其他项目	7	
四、调整后应纳税所得额（8=1+2+7）	8	
五、税率（%）	9	
六、速算扣除数	10	
七、应纳税额（11=8×9-10）	11	
八、减免税额（附报《个人所得税减免税事项报告表》）	12	
九、已缴税额	13	
十、应补／退税额（14=11-12-13）	14	

谨声明：本表是根据国家税收法律法规及相关规定填报的，是真实的、可靠的、完整的。

纳税人签字：　　　　　　年　月　日

经办人： 经办人身份证件号码： 代理机构签章： 代理机构统一社会信用代码：	受理人： 受理税务机关（章）： 受理日期：　　年　月　日

国家税务总局监制

任务四　个人所得税的会计核算

个人所得税的征收范围包括不同的项目，会计处理具体如下：

一、工资、薪金所得应纳个人所得税的会计处理

支付工资、薪金所得的单位扣缴的工资、薪金所得应缴纳的个人所得税税款，实际上是个人工资、薪金所得的一部分。

代扣时，借记"应付职工薪酬"账户，贷记"应交税费——应交个人所得税"账户。

缴纳代扣的个人所得税时，借记"应交税费——应交个人所得税"账户，贷记"银行存款"账户。

二、个体工商户生产经营所得应纳所得税的会计处理

个体工商户取得生产经营所得按规定计算应纳的所得税，借记"所得税费用"账户，贷记"应交税费——应交个人所得税"账户。

实际缴纳税款时，借记"应交税费——应交个人所得税"账户，贷记"银行存款"账户。

三、对企事业单位的承包经营、承租经营所得税的会计处理

对企事业单位的承包经营、承租经营取得的所得，如果由支付所得的单位代扣代缴的，支付所得的单位代扣税款时，借记"应付利润"账户，贷记"应交税费——应交代扣个人所得税"账户。

实际缴纳代扣税款时，借记"应交税费——应交代扣个人所得税"账户，贷记"银行存款"账户。

四、其他项目个人所得税的会计处理

1. 企业支付劳务报酬所得

① 计算应代扣的个人所得税、支付劳务报酬时：

借：管理费用（或销售费用等）

　　贷：应交税费——应交代扣个人所得税

　　　　银行存款

② 实际缴纳税款时：

借：应交税费——应交代扣个人所得税

　　贷：银行存款

2. 企业支付稿酬所得

① 计算应代扣的个人所得税、支付稿酬时：

借：其他应付款

　　贷：应交税费——应交代扣个人所得税

　　　　银行存款（库存现金）

② 实际缴纳税款时：

借：应交税费——应交代扣个人所得税

　　贷：银行存款

3. 企业购入无形资产

① 计算应代扣的个人所得税、支付价款时：

借：无形资产

　　贷：应交税费——应交代扣个人所得税

　　　　银行存款（库存现金）

② 实际缴纳税款时：

借：应交税费——应交代扣个人所得税

　　贷：银行存款

4. 企业向个人分配股息、利润

① 计算应代扣的个人所得税、支付股息、利润时：

借：应付利润

　　贷：应交税费——应交代扣个人所得税

　　　　银行存款（库存现金）

② 实际缴纳税款时：

借：应交税费——应交代扣个人所得税

　　贷：银行存款

项目训练

连一连

1. 请将类别和项目连线

　　　　　　　　　　　工薪所得

分项课征　　　　　　利息所得

　　　　　　　　　　　租赁所得

　　　　　　　　　　　特许权使用费所得

综合课征　　　　　　劳务报酬所得

　　　　　　　　　　　稿酬所得

　　　　　　　　　　　财产转让所得

　　　　　　　　　　　偶然所得

2. 请将项目与是否需要汇算清缴连线

　　　　　　　　　　　居民个人综合所得

需要汇算清缴　　　　非居民个人取得各项所得

　　　　　　　　　　　经营所得

不需要汇算清缴　　　偶然所得

3. 请将事项与纳税申报义务时间连线

代扣代缴　　　　　　　　15 日内

居民个人综合所得　　　　年度终了后 3 个月内

经营所得　　　　　　　　次年的 3 月至 6 月

猜一猜

1. 放羊拾柴——捎带。　　　　　　（打一税种征收管理方式）

2. 敬老爱幼保健康，安居乐业幼到老。　　　　（打一个税税收术语）

看一看

到国家税务总局网站观看，"手把手教你办汇算：手把手教你办理个税年度汇算系列视频" 1—7 期。

练一练

实训一

[目的]

通过实训操作，知道个体工商户个人所得税计算和申报缴纳的操作流程，熟练填写个体工商户所得税月份申报表和个体工商户所得税年度申报表，熟练进行会计核算。

[资料]

北京华丽服装贸易有限公司属于个体经营，实行查账据实征收个人所得税；业主为齐大山；地址：北京市西三环中路 5 号；2019 年 7 月取得营业执照；开户银行及账号：中国工商银行海淀支行　1234560；邮编：100100；电话：010-86868686；统一社会信用代码：92440300MA5HBHUGXW；其业务如下：

（1）2021 年 5 月份营业收入 2 万元，与经营活动相关的营业成本、费用 1.3 万元。该个体工商户在 2021 年 6 月 6 日向主管税务机关纳税申报。

（2）2021 年营业收入 20 万元，与经营活动相关的成本 10 万元，费用 2 万元，营业外支出 0.5 万元，已预交个人所得税 1.2 万元，于 2022 年 3 月 6 日向主管税务机关办理年度申报。

[要求]

1. 计算该个体工商户 5 月份应缴纳个人所得税，填写《个人所得税经营所得纳税申报表（A 表）》，并进行会计核算。

2. 计算该个体工商户全年应缴纳个人所得税，填写《个人所得税经营所得纳税申报表（B 表）》，并进行会计核算。

首先确定应纳税所得额，然后计算应纳（补缴）的税额，最后按要求填写相关个人所得税申报表。

实训二

[目的]

通过实训操作，知道代扣代缴个人所得税计算和申报缴纳操作流程，能够熟练填写个人所得税扣缴申报表，熟练进行会计核算。

[资料]

北京大华实业有限公司有关信息如下：

注册类型：国有经济

法定代表人：张大洪

办税人员：程娜

注册经营地址：北京市西城区西四乙 26 号

开户银行及账号：中国工商银行西四分理处，110248-564

电话号码：010-66168032

统一社会信用代码：9110101414152789。

2021 年生产经营资料如下：

（1）2021 年各月工资明细表相同，如表 5-11 所示。

（2）北京大华实业有限公司公司 2021 年 7 月支付员工集资年度利息情况（见表 5-12）。

表 5-11　工资明细表

2021 年 1 月

姓名	岗位工资	薪级工资	岗位绩效	过节费	养老保险	医疗保险	失业险	专项附加扣除	应发工资	应纳税所得额	扣缴个人所得税	实发工资
张伟	3 070	3 168	3 475	1 000	777.04	194.26	23.37	1 000	10 713			
李达	3 000	2 980	3 212	1 000	735.36	183.84	22.22	2 000	10 192			
王小	2 500	2 200	2 010	1 000	536.80	134.20	16.76	1 500	7 710			
陈好	1 958	1 752	2 000	1 000	456.80	114.20	14.56	3 900	6 710			
程守法	2 620	2 450	2 200	1 000	581.60	145.40	17.99	1 000	8 270			
霍悉尼	3 560	4 000	3 600	1 000	892.80	223.20	26.55	1 500	12 160			
马六甲	4 000	4 200	3 700	1 000	952.00	238.00	28.18	1 000	12 900			

表 5-12　员工集资利息支付明细表

姓名	本金	利息	应扣个人所得税	实发利息
张伟	20 000	2 000		

姓名	本金	利息	应扣个人所得税	实发利息
李大	10 000	1 000		
王小	10 000	1 000		
陈好	8 000	800		
程守法	8 000	800		
霍悉尼	8 000	800		
马六甲	8 000	800		
合计	72 000	7 200		

（3）2021年7月支付外单位员工张书赫劳务报酬70 000元。

［要求］

1. 计算并填写上述两表的空白列。

2. 填写2021年7月该企业个人所得税扣缴申报表。

3. 对不同业务进行会计处理。

［指导］

首先确定应纳税所得额，然后计算应纳（补缴）的税额，最后按要求填写申报表，并做相应的会计处理。

实训三

［目的］

通过实训操作，知道个人综合所得汇算清缴应纳税额的计算，掌握汇算清缴纳税申报的操作流程，能够熟练填报《个人所得税年度自行纳税申报表》。

［资料］

居民个人赵书山，身份证号：11010419680607113。

2021年赵书山取得的个人综合所得和缴纳的个人所得税情况如下：

（1）全年取得的唯一单位工薪所得216 000元（不含全年一次性奖金），已有所在单位按规定扣缴税款4 080元。每月收入及扣缴税款情况如表5-13所示；

表5-13　赵书山2021年工资薪金所得扣缴个人所得税计算表　　　　单位：元

月份	累计工资收入	累计减除费用	累计专项扣除	累计专项附加扣除	累计预扣预缴应纳税所得额	预扣率	速算扣除数	累计已预扣预缴税额	本月应预扣预缴税额
1	18 000	5 000	4 500	3 000	5 500				
2	36 000	10 000	9 000	6 000	11 000				
3	54 000	15 000	13 500	9 000	16 500				
4	72 000	20 000	18 000	12 000	22 000				
5	90 000	25 000	22 500	15 000	27 500				
6	108 000	30 000	27 000	18 000	33 000				

月份	累计工资收入	累计减除费用	累计专项扣除	累计专项附加扣除	累计预扣预缴应纳税所得额	预扣率	速算扣除数	累计已预扣预缴税额	本月应预扣预缴税额
7	126 000	35 000	31 500	21 000	38 500				
8	144 000	40 000	36 000	24 000	44 000				
9	162 000	45 000	40 500	27 000	49 500				
10	180 000	50 000	45 000	30 000	55 000				
11	198 000	55 000	49 500	33 000	60 500				
12	216 000	60 000	54 000	36 000	66 000				
全年应纳税额									—

（2）取得作为全年一次性奖金收入的年终奖，20 000 元；

（3）从乙单位取得劳务报酬所得收入 60 000 元；

（4）从丙单位取得稿酬所得收入 4 000 元；

（5）从丁单位取得特许权使用费收入 6 000 元。

[要求]

1. 计算并填写赵书山 2021 年工资薪金所得扣缴个人所得税计算表（表5-13）空白列。

2. 计算赵书山全年一次性奖金单位应扣缴的个人所得税税额。

3. 分别计算实训资料中（3）、（4）、（5）三项，乙、丙、丁三家支付单位应预扣预缴赵书山的个人所得税税额。

4. 对赵书山 2021 年取得的各项综合所得，进行汇算清缴申报，填写《个人所得税年度自行纳税申报表》。

议一议

中国公民王某在甲公司担任高级工程师，2021 年综合所得由单位预扣预缴、个人自行汇算。全年取得工资薪金收入 35 万元，全年符合条件的专项扣除金额为 3.2 万元。全年符合条件的专项附加扣除金额为 4.8 万元（子女教育专项附加扣除 1.2 万元、赡养老人专项附加扣除 2.4 万元、住房贷款利息专项附加扣除 1.2 万元），上述扣除项目，已由甲公司在当年各月预扣预缴个人所得税时，申报扣除。

2021 年 1 月，王某还成立了一家个体工商户从事动漫设计，取得动漫设计服务收入 161 万元。已知该个体工商户准予税前扣除的雇用人员工资 30 万元、房租 6 万元、水电和办公用品支出 14 万元，合计 50 万元。

分析：

对于王某已在综合所得申报扣除的费用，可否在当年经营所得汇算时调整扣除？请你对王某的涉税事项进行涉税策划。

项目六
财产和行为税的综合纳税申报与会计核算

学习目标

通过学习，能够叙述财产和行为税等税种的纳税流程，熟练掌握财产和行为税等税种的申报缴纳和会计核算。

重点与难点

操作财产和行为税等税种的申报缴纳。

教学建议

10 学时（其中实训操作 5 学时）；学生需在课前掌握财产和行为税等税种的基本知识；应采取理论教学与实际操作相结合的教学方法。

法律法规

《中华人民共和国土地增值税暂行条例》及其实施细则、《中华人民共和国资源税法》《中华人民共和国房产税暂行条例》《中华人民共和国城镇土地使用税暂行条例》《中华人民共和国印花税法》《中华人民共和国车船税法》及其实施条例等。

项目引例

张某打算 2022 年年底前购买一辆小汽车，可以有三种选择：购买燃油小汽车、新能源小汽车和二手小汽车，想从税收的角度听听专业建议。

思考分析

1. 购买燃油小汽车、新能源小汽车和二手小汽车分别是否需要缴纳车辆购置税，如果享受车辆购置税免税需要具备哪些条件和时间限制？

2. 张某购买小汽车签订买售合同是否需要缴纳印花税？

3. 张某拥有小汽车后，还应缴纳哪些税种？如何缴纳？

任务一　财产和行为税综合纳税申报的基本规定和申报缴纳流程

自 2021 年 6 月 1 日起，纳税人申报缴纳城镇土地使用税、房产税、车船税、印花税、耕地占用税、资源税、土地增值税、契税、环境保护税、烟叶税中一个或多个税种时，使用《财产和行为税纳税申报表》。纳税人新增税源或税源变化时，需先填报《财产和行为税税源明细表》。

一、财产和行为税纳税申报表的填报

（一）《财产和行为税纳税申报表》（见表 6-1）

表 6-1　财产和行为税纳税申报表

纳税人识别号（统一社会信用代码）：□□□□□□□□□□□□□□□□□□

纳税人名称：　　　　　　　　　　　　　　　　　　　　　金额单位：人民币元（列至角分）

序号	税种	税目	税款所属期起	税款所属期止	计税依据	税率	应纳税额	减免税额	已缴税额	应补（退）税额
1										
2										
3										
4										
5										
6										
7										
8										
9										
10										
11	合计	—	—	—	—	—				

声明：此表是根据国家税收法律法规及相关规定填写的，本人（单位）对填报内容（及附带资料）的真实性、可靠性、完整性负责。

纳税人（签章）：　　　　　　年　月　日

经办人： 经办人身份证号： 代理机构签章： 代理机构统一社会信用代码：	受理人： 受理税务机关（章）： 受理日期：　年　月　日

《财产和行为税纳税申报表》填表说明：

（1）本表适用于申报城镇土地使用税、房产税、契税、耕地占用税、土地增值税、印花税、车船税、烟叶税、环境保护税、资源税。

（2）本表根据各税种税源明细表自动生成，申报前需填写税源明细表。

（3）本表包含一张附表《财产和行为税减免税明细申报附表》。

（4）纳税人识别号（统一社会信用代码）：填写税务机关核发的纳税人识别号或有关部门核发的统一社会信用代码。纳税人名称：填写营业执照、税务登记证等证件载明的纳税人名称。

（5）税种：税种名称，多个税种的，可增加行次。

（6）税目：税目名称，多个税目的，可增加行次。

（7）税款所属期起：纳税人申报相应税种所属期的起始时间，填写具体的年、月、日。

（8）税款所属期止：纳税人申报相应税种所属期的终止时间，填写具体的年、月、日。

（9）计税依据：计算税款的依据。

（10）税率：适用的税率。

（11）应纳税额：纳税人本期应当缴纳的税额。

（12）减免税额：纳税人本期享受的减免税金额，等于减免税附表中该税种的减免税额小计。

（13）已缴税额：纳税人本期应纳税额中已经缴纳的部分。

（14）应补（退）税额：纳税人本期实际需要缴纳的税额。应补（退）税额＝应纳税额－减免税额－已缴税额。

表6-2填表说明

（二）《财产和行为税减免税明细申报附表》（见表6-2）

表6-2 财产和行为税减免税明细申报附表

纳税人识别号（统一社会信用代码）：□□□□□□□□□□□□□□□□□□

纳税人名称：   金额单位：人民币元（列至角分）

本期是否适用增值税小规模纳税人减征政策	□是 □否	本期适用增值税小规模纳税人减征政策起始时间	年　　月
		本期适用增值税小规模纳税人减征政策终止时间	年　　月
合计减免税额			

城镇土地使用税					
序号	土地编号	税款所属期起	税款所属期止	减免性质代码和项目名称	减免税额
1					
2					
小计	—			—	

房产税					
序号	房产编号	税款所属期起	税款所属期止	减免性质代码和项目名称	减免税额
1					
2					
小计	—			—	

车船税					
序号	车辆识别代码/船舶识别码	税款所属期起	税款所属期止	减免性质代码和项目名称	减免税额
1					
2					
小计				—	

印花税					
序号	税目	税款所属期起	税款所属期止	减免性质代码和项目名称	减免税额
1					
2					
小计	—			—	

资源税						
序号	税目	子目	税款所属期起	税款所属期止	减免性质代码和项目名称	减免税额
1						
2						
小计	—	—			—	

耕地占用税					
序号	税源编号	税款所属期起	税款所属期止	减免性质代码和项目名称	减免税额
1					
2					
小计	—			—	

契税					
序号	税源编号	税款所属期起	税款所属期止	减免性质代码和项目名称	减免税额
1					
2					
小计	—			—	

土地增值税					
序号	项目编号	税款所属期起	税款所属期止	减免性质代码和项目名称	减免税额
1					
2					
小计	—			—	

环境保护税						
序号	税源编号	污染物类别	污染物名称	税款所属期起	税款所属期止	减免性质代码和项目名称	减免税额
1						
2						
小计	—	—	—			—

声明：此表是根据国家税收法律法规及相关规定填写的，本人（单位）对填报内容（及附带资料）的真实性、可靠性、完整性负责。

纳税人（签章）： 年 月 日

经办人：
经办人身份证号：
代理机构签章：
代理机构统一社会信用代码：

受理人：
受理税务机关（章）：
受理日期： 年 月 日

表6-3填
表说明

二、《财产和行为税税源明细表》的填报

(一)《城镇土地使用税 房产税税源明细表》(见表6-3)

表6-3 城镇土地使用税 房产税税源明细表

纳税人识别号(统一社会信用代码):□□□□□□□□□□□□□□□□□□

纳税人名称:

金额单位:人民币元(列至角分);面积单位:平方米

一、城镇土地使用税税源明细

*纳税人类型	土地使用权人□ 集体土地使用人□ 实际使用人□ 无偿使用人□ 代管人□ (必选)	土地使用权人名称	
*土地编号	土地使用权人纳税人识别号(统一社会信用代码) 土地名称		
不动产单元号	不动产权证号 宗地号		
*土地取得方式	划拨□ 出让□ 转让□ 租赁□ 其他□ (必选)	*土地性质 国有□ 集体□ (必选) *土地用途 工业□ 商业□ 居住□ 综合用地□ 其他□ (必选) 房地产开发企业的开发用地□(必选)	
*土地坐落地址(详细地址)	省(自治区、直辖市) 市(区) 县(区) 乡镇(街道) (必填)		
*土地所属主管税务所(科、分局)	(必填)		
*土地取得时间 年 月	变更类型	纳税义务终止(权属转移□ 其他□) 信息项变更(土地面积变更□ 土地等级变更□ 减免税变更□ 其他□)	变更时间 年 月
*占用土地面积	地价	*土地等级	*税额标准

一、城镇土地使用税税源明细

减免税部分	减免性质代码和项目名称	减免起止时间		减免税土地面积	月减免税金额
		减免起始月份	减免终止月份		
	序号	年　月	年　月		
	1				
	2				
	3				

二、房产税税源明细

（一）从价计征房产税明细

*纳税人类型	产权所有人□　经营管理人□　承典人□　房屋代管人□　房屋使用人□　融资租赁承租人□（必选）	所有权人纳税人识别号（统一社会信用代码）	所有权人名称
*房产编号		房产名称	
不动产权证号		不动产单元号	
*房屋坐落地址（详细地址）	省（自治区、直辖市）　市（区）　县（区）　乡镇（街道）（必填）		
*房产所属主管税务所（科、分局）			
房屋所在土地编号			
*房产取得时间	年　月	*房产用途	工业□　商业及办公□　住房□　其他□（必选）
变更类型	纳税义务终止（权属转移□　其他□）信息项变更（房产原值变更□　出租房产原值变更□　申报租金收入变更□　减免税变更□　其他□）	减免税变更变更时间	年　月（必选）
*建筑面积		其中：出租房产面积	

续表

二、房产税税源明细

（一）从价计征房产税明细

*房产原值

其中：出租房产原值

序号	减免性质代码和项目名称	减免起止时间		计税比例	减免税房产原值	月减免税金额
		减免起始月份 年 月	减免终止月份 年 月			
减免税部分	1					
	2					
	3					

（二）从租计征房产税明细

*房产编号

房产名称

*房产所属主管税务所（科、分局）

承租方纳税人识别号（统一社会信用代码）

承租方名称

*出租面积

*申报租金收入

*申报租金所属租赁期起

*申报租金所属租赁期止

序号	减免性质代码和项目名称	减免起止时间		减免税租金收入	月减免税金额
		减免起始月份 年 月	减免终止月份 年 月		
减免税部分	1				
	2				
	3				

(二)《车船税税源明细表》(见表6-4)

表6-4 车船税税源明细表

纳税人识别号(统一社会信用代码): □□□□□□□□□□□□□□□□□□

纳税人名称:

体积单位:升; 质量单位:吨; 功率单位:千瓦; 长度单位:米

车辆税源明细

序号	车牌号码	*车辆识别代码(车架号)	*车辆类型	车辆品牌	车辆型号	*车辆发票日期或注册登记日期	排(气)量	核定载客量	整备质量	*单位税额	减免性质代码和项目名称	纳税义务终止时间
1												
2												
3												

船舶税源明细

序号	船舶登记号	*船舶识别号	*船舶种类	*中文船名	初次登记号码	船籍港	发证日期	取得所有权日期	建成日期	净吨位	主机功率	艇身长度(总长)	*单位税额	减免性质代码和项目名称	纳税义务终止时间
1															
2															
3															

表6-4填表说明

（三）《契税税源明细表》（见表 6-5）

表 6-5　契税税源明细表

纳税人识别号（统一社会信用代码）：□□□□□□□□□□□□□□□□□□

纳税人名称：　　　　　　　　　　　　　　**金额单位：人民币元（列至角分）；面积单位：平方米**

*税源编号		*土地房屋坐落地址		不动产单元代码	
合同编号		*合同签订日期		*共有方式	☐ 单独所有 / 按份共有 ☐ 共同共有 （共有人：＿＿＿＿）
*权属转移对象		*权属转移方式		*用途	
*成交价格		*权属转移面积		*成交单价	
*评估价格				*计税价格	
*适用税率				减免性质代码和项目名称	

注：设立下拉列框说明

权属转移对象、方式、用途逻辑关系对照表

权属转移对象			权属转移方式	用途
一级（大类）	二级（小类）	三级（细目）		
土地	无	无	土地使用权出让	1. 居住用地；2. 商业用地；3. 工业用地；4. 综合用地；5. 其他用地
			土地使用权转让　土地使用权出售	1. 居住用地；2. 商业用地；3. 工业用地；4. 综合用地；5. 其他用地
			土地使用权转让　土地使用权赠与	1. 居住用地；2. 商业用地；3. 工业用地；4. 综合用地；5. 其他用地
			土地使用权转让　土地使用权交换	1. 居住用地；2. 商业用地；3. 工业用地；4. 综合用地；5. 其他用地
			土地使用权转让　其他	1. 居住用地；2. 商业用地；3. 工业用地；4. 综合用地；5. 其他用地
房屋	增量房	商品住房	1. 房屋买卖；2. 房屋赠与；3. 房屋交换；4. 其他	1. 居住
		保障性住房	1. 房屋买卖；2. 房屋赠与；3. 房屋交换；4. 其他	1. 居住
		其他住房	1. 房屋买卖；2. 房屋赠与；3. 房屋交换；4. 其他	1. 居住

表 6-5 填表说明

权属转移对象			权属转移方式	用途
一级（大类）	二级（小类）	三级（细目）		
房屋	增量房	非住房	1. 房屋买卖；2. 房屋赠与；3. 房屋交换；4. 其他	2. 商业；3. 办公；4. 商住；5. 附属建筑；6. 工业；7. 其他
	存量房	商品住房	1. 房屋买卖；2. 房屋赠与；3. 房屋交换；4. 其他	1. 居住
		保障性住房	1. 房屋买卖；2. 房屋赠与；3. 房屋交换；4. 其他	1. 居住
		其他住房	1. 房屋买卖；2. 房屋赠与；3. 房屋交换；4. 其他	1. 居住
		非住房	1. 房屋买卖；2. 房屋赠与；3. 房屋交换；4. 其他	2. 商业；3. 办公；4. 商住；5. 附属建筑；6. 工业；7. 其他

（四）《印花税税源明细表》（见表 6-6）

表 6-6 填表说明

表 6-6　印花税税源明细表

纳税人识别号（统一社会信用代码）：□□□□□□□□□□□□□□□□□□

纳税人名称：

金额单位：人民币元（列至角分）

序号	*税目	*税款所属期起	*税款所属期止	应纳税凭证编号	应纳税凭证书立（领受）日期	*计税金额或件数	核定比例	*税率	减免性质代码和项目名称
按期申报									
1									
2									
3									
按次申报									
1									
2									
3									

（五）《资源税税源明细表》（见表6-7）

表6-7 资源税税源明细表

税款所属期限：自　　年　　月　　日至　　年　　月　　日

纳税人识别号（统一社会信用代码）：□□□□□□□□□□□□□□□□□□□□

纳税人名称：

表6-7填表说明

金额单位：人民币元（列至角分）

申报计算明细									
序号	税目	子目	计量单位	销售数量	准予扣减的外购应税产品购进数量	计税销售数量	销售额	准予扣除的运杂费	准予扣减的外购应税产品购进金额	计税销售额
	1	2	3	4	5	6=4-5	7	8	9	10=7-8-9
1										
2										
合计										

减免税计算明细								
序号	税目	子目	减免性质代码和项目名称	计量单位	减免税销售数量	减免税销售额	适用税率	减征比例	本期减免税额
	1	2	3	4	5	6	7	8	9①=5×7×8
									9②=6×7×8
1									
2									
合计									

（六）《耕地占用税税源明细表》（见表6-8）

表6-8 耕地占用税税源明细表

纳税人识别号（统一社会信用代码）：□□□□□□□□□□□□□□□□□□□□

纳税人名称：

表6-8填表说明

面积单位：平方米；金额单位：人民币元（列至角分）

占地方式	1. 经批准按批次转用□ 2. 经批准单独选址转用□ 3. 经批准临时占用□	项目（批次）名称		批准占地文号	
		批准占地部门		经批准占地面积	
		收到书面通知日期（或收到经批准改变原占地用途日期）	年 月 日	批准时间	年 月 日
	4. 未批先占□	认定的实际占地日期（或认定的未经批准改变原占地用途日期）	年 月 日	认定的实际占地面积	
损毁耕地	挖损□ 采矿塌陷□ 压占□ 污染□	认定的损毁耕地日期	年 月 日	认定的损毁耕地面积	

税源编号	占地位置	占地用途	征收品目	适用税额	计税面积	减免性质代码和项目名称	减免税面积

（七）《土地增值税税源明细表》（见表6-9）

表6-9填表说明

表6-9 土地增值税税源明细表

税款所属期限：自　　　年　　月　　日至　　　年　　月　　日

纳税人识别号（统一社会信用代码）：□□□□□□□□□□□□□□□□□□

纳税人名称：

金额单位：人民币元（列至角分）；面积单位：平方米

土地增值税项目登记表（从事房地产开发的纳税人适用）			
项目名称		项目地址	
土地使用权受让（行政划拨）合同号		受让（行政划拨）时间	
建设项目起讫时间		总预算成本	单位预算成本
项目详细坐落地点			
开发土地总面积		开发建筑总面积	房地产转让合同名称
转让次序	转让土地面积（按次填写）	转让建筑面积（按次填写）	转让合同签订日期（按次填写）
第1次			
第2次			
……			
备注			
土地增值税申报计算及减免信息			
申报类型：			
1.从事房地产开发的纳税人预缴适用□			
2.从事房地产开发的纳税人清算适用□			
3.从事房地产开发的纳税人按核定征收方式清算适用□			
4.纳税人整体转让在建工程适用□			

土地增值税申报计算及减免信息

5. 从事房地产开发的纳税人清算后尾盘销售适用□

6. 转让旧房及建筑物的纳税人适用□

7. 转让旧房及建筑物的纳税人核定征收适用□

项目名称				项目编码		
项目地址						
项目总可售面积				自用和出租面积		
已售面积		其中：普通住宅已售面积		其中：非普通住宅已售面积	其中：其他类型房地产已售面积	
清算时已售面积				清算后剩余可售面积		

申报类型	项目	序号	金额			
			普通住宅	非普通住宅	其他类型房地产	总额
1. 从事房地产开发的纳税人预缴适用	一、房产类型子目	1				—
	二、应税收入	2=3+4+5				
	1. 货币收入	3				
	2. 实物收入及其他收入	4				
	3. 视同销售收入	5				
	三、预征率（%）	6				—
2. 从事房地产开发的纳税人清算适用 3. 从事房地产开发的纳税人按核定征收方式清算适用 4. 纳税人整体转让在建工程适用	一、转让房地产收入总额	1=2+3+4				
	1. 货币收入	2				
	2. 实物收入及其他收入	3				
	3. 视同销售收入	4				
	二、扣除项目金额合计	5=6+7+14+17+21+22				
	1. 取得土地使用权所支付的金额	6				
	2. 房地产开发成本	7=8+9+10+11+12+13				
	其中：土地征用及拆迁补偿费	8				
	前期工程费	9				
	建筑安装工程费	10				
	基础设施费	11				
	公共配套设施费	12				
	开发间接费用	13				
	3. 房地产开发费用	14=15+16				
	其中：利息支出	15				

申报类型	项目		序号	金额			
				普通住宅	非普通住宅	其他类型房地产	总额
2.从事房地产开发的纳税人清算适用 3.从事房地产开发的纳税人按核定征收方式清算适用 4.纳税人整体转让在建工程适用	其他房地产开发费用		16				
	4.与转让房地产有关的税金等		17=18+19+20				
	其中：营业税		18				
	城市维护建设税		19				
	教育费附加		20				
	5.财政部规定的其他扣除项目		21				
	6.代收费用（纳税人整体转让在建工程不填此项）		22				
	三、增值额		23=1−5				
	四、增值额与扣除项目金额之比（%）		24=23÷5				
	五、适用税率（核定征收率）（%）		25				
	六、速算扣除系数（%）		26				
	七、减免税额		27=29+31+33				
	其中：减免税（1）	减免性质代码和项目名称（1）	28				
		减免税额（1）	29				
	减免税（2）	减免性质代码和项目名称（2）	30				
		减免税额（2）	31				
	减免税（3）	减免性质代码和项目名称（3）	32				
		减免税额（3）	33				
5.从事房地产开发的纳税人清算后尾盘销售适用	一、转让房地产收入总额		1=2+3+4				
	1.货币收入		2				
	2.实物收入及其他收入		3				
	3.视同销售收入		4				
	二、扣除项目金额合计		5=6×7+8				
	1.本次清算后尾盘销售的销售面积		6				
	2.单位成本费用		7				
	3.本次与转让房地产有关的税金		8=9+10+11				
	其中：营业税		9				

申报类型	项目		序号	金额			
				普通住宅	非普通住宅	其他类型房地产	总额
5.从事房地产开发的纳税人清算后尾盘销售适用	城市维护建设税		10				
	教育费附加		11				
	三、增值额		12=1-5				
	四、增值额与扣除项目金额之比（%）		13=12÷5				
	五、适用税率（核定征收率）（%）		14				
	六、速算扣除系数（%）		15				
	七、减免税额		16=18+20+22				
	其中：减免税（1）	减免性质代码和项目名称（1）	17				
		减免税额（1）	18				
	减免税（2）	减免性质代码和项目名称（2）	19				
		减免税额（2）	20				
	减免税（3）	减免性质代码和项目名称（3）	21				
		减免税额（3）	22				
6.转让旧房及建筑物的纳税人适用 7.转让旧房及建筑物的纳税人核定征收适用	一、转让房地产收入总额		1=2+3+4				
	1.货币收入		2				
	2.实物收入		3				
	3.其他收入		4				
	二、扣除项目金额合计		（1）5=6+7+10+15 （2）5=11+12+14+15				
	（一）提供评估价格						
	1.取得土地使用权所支付的金额		6				
	2.旧房及建筑物的评估价格		7=8×9				
	其中：旧房及建筑物的重置成本价		8				
	成新度折扣率		9				
	3.评估费用		10				
	（二）提供购房发票						
	1.购房发票金额		11				
	2.发票加计扣除金额		12=11×5%×13				
	其中：房产实际持有年数		13				

申报类型	项目		序号	金额			
				普通住宅	非普通住宅	其他类型房地产	总额
6.转让旧房及建筑物的纳税人适用 7.转让旧房及建筑物的纳税人核定征收适用	3.购房契税		14				
	4.与转让房地产有关的税金等		15=16+17+18+19				
	其中：营业税		16				
	城市维护建设税		17				
	印花税		18				
	教育费附加		19				
	三、增值额		20=1-5				
	四、增值额与扣除项目金额之比（%）		21=20÷5				
	五、适用税率（核定征收率）（%）		22				
	六、速算扣除系数（%）		23				
	七、减免税额		24=26+28+30				
	其中：减免税（1）	减免性质代码和项目名称（1）	25				
		减免税额（2）	26				
	减免税（2）	减免性质代码和项目名称（2）	27				
		减免税额（2）	28				
	减免税（3）	减免性质代码和项目名称（3）	29				
		减免税额（3）	30				

（八）《环境保护税税源明细表》（见表6-10）

表6-10　环境保护税税源明细表

表6-10填表说明

纳税人识别号（统一社会信用代码）：□□□□□□□□□□□□□□□□□□

纳税人名称：　　　　　　　　　　　　　　　　　　金额单位：人民币元（列至角分）

1.按次申报□	2.从事海洋工程□
3.城乡污水集中处理场所□	4.生活垃圾集中处理场所□
*5.污染物类别	大气污染物□　水污染物□　固体废物□　噪声□
6.排污许可证编号	
*7.生产经营所在区划	
*8.生态环境主管部门	

税源基础采集信息					
			新增☐	变更☐	删除☐
*税源编号		（1）			
排放口编号		（2）			
*排放口名称或噪声源名称		（3）			
*生产经营所在街乡		（4）			
排放口地理坐	*经度	（5）			
	*纬度	（6）			
*有效期起止		（7）			
*污染物类别		（8）			
水污染物种类		（9）			
*污染物名称		（10）			
危险废物污染物子类		（11）			
*污染物排放量计算方法		（12）			
大气、水污染物标准排放限值	*执行标准	（13）			
	*标准浓度值（毫克／升或毫克／标立方米）	（14）			
产（排）污系数	*计税基数单位	（15）			
	*污染物单位	（16）			
	*产污系数	（17）			
	*排污系数	（18）			
固体废物信息	贮存情况	（19）			
	处置情况	（20）			
	综合利用情况	（21）			
噪声信息	*是否昼夜产生	（22）			
	*标准值——昼间（6时至22时）	（23）			
	*标准值——夜间（22时至次日6时）	（24）			
申报计算及减免信息					
*税源编号		（1）			
*税款所属月份		（2）			
*排放口名称或噪声源名称		（3）			
*污染物类别		（4）			
*水污染物种类		（5）			

申报计算及减免信息				
*污染物名称		（6）		
危险废物污染物子类		（7）		
*污染物排放量计算方法		（8）		
大气、水污染物监测计算	*废气（废水）排放量（万标立方米、吨）	（9）		
	*实测浓度值（毫克/标立方米、毫克/升）	（10）		
	*月均浓度（毫克/标立方米、毫克/升）	（11）		
	*最高浓度（毫克/标立方米、毫克/升）	（12）		
产（排）污系数计算	*计算基数	（13）		
	*产污系数	（14）		
	*排污系数	（15）		
固体废物计算	*本月固体废物的产生量（吨）	（16）		
	*本月固体废物的贮存量（吨）	（17）		
	*本月固体废物的处置量（吨）	（18）		
	*本月固体废物的综合利用量（吨）	（19）		
噪声计算	*噪声时段	（20）		
	*监测分贝数	（21）		
	*超标不足15天	（22）		
	*两处以上噪声超标	（23）		
抽样测算计算	特征指标	（24）		
	特征单位	（25）		
	特征指标数量	（26）		
	特征系数	（27）		
污染物排放量（千克或吨）		大气、水污染物监测计算：（28）=（9）×（10）÷100（1000） 大气、水污染物产（排）污系数计算： （28）=（13）×（14）×M		

申报计算及减免信息				
污染物排放量（千克或吨）	（28）=（13）×（15）×M pH值、大肠菌群数、余氯量等水污染物计算： （28）=（9） 色度污染物计算：（28）=（9）×色度超标倍数 固体废物排放量（含综合利用量）： （28）=（16）-（17）-（18）			
*污染当量值（特征值）（千克或吨）	（29）			
*污染当量数	大气、水污染物污染当量数计算： （30）=（28）÷（29）			
减免性质代码和项目名称	（31）			
*单位税额	（32）			
*本期应纳税额	大气、水污染物应纳税额计算： （33）=（30）×（32）固体废物应纳税额计算：（33）=（28）×（32）噪声应纳税额计算：（33）=0.5或1［（22）为是的用0.5；为否的用1］×2或1［（23）为是的用2，为否的用1］×（32）按照税法所附表二中畜禽养殖业等水污染物当量值表计算：（33）=（26）÷（29）×（32）采用特征系数计算：（33）=（26）×（27）÷（29）×（32）采用特征值计算：（33）=（26）×（29）×（32）			
本期减免税额	大气、水污染物减免税额计算： （34）=（30）×（32）×N 固体废物减免税额计算：（34）= （19）×（32）			
本期已缴税额	（35）			
*本期应补（退）税额	（36）=（33）-（34）-（35）			

（九）《烟叶税税源明细表》（见表 6-11）

表 6-11　烟叶税税源明细表

税款所属期限：自　　　年　　月　　日至　　　年　　月　　日

纳税人识别号（统一社会信用代码）：□□□□□□□□□□□□□□□□□□

纳税人名称：

金额单位：人民币元（列至角分）

序号	烟叶收购价款总额	税率
1		
2		
3		
4		
5		
6		

表 6-11 填表说明

任务二　财产和行为税综合纳税申报系统操作与会计核算

一、财产和行为税的纳税申报操作

财产和行为税纳税申报操作

　　纳税人应在规定的时间，即每季度末次月的 1 日至 15 日在所属税务机关的电子税务局纳税申报系统进行财产和行为税的纳税申报操作。本任务仅以城镇土地使用税和房产税两税申报、土地增值税申报和环境保护税申报操作为例。纳税申报操作指导以扫描二维码的形式呈现。

二、财产和行为税的会计核算

　　除船舶吨税外其余的财产和行为税（含资源税）均需进行会计核算，主要区分为通过"应交税费"账户核算和不通过"应交税费"账户进行会计核算两种情况。

（一）通过"应交税费"账户核算的涉税税种的核算

　　通过"应交税费"账户核算的涉税税种包括房产税、城镇土地使用税、土地增值税、印花税、环境保护税、资源税、车船税、烟叶税和城建税等。除烟叶税外，企业当发生具体业务时，分析计算和计提相应税费时，借记"税金及附加"账户，贷记"应交税费——×××税"账户。烟叶税企业在烟叶尚未提回时，借记"在途物资"和"应交税费——应交增值税（进项税额）"账户，贷记"银行存款"和"应交税费——烟叶税"账户，烟叶提回入库时，借记"库存商品"账户，贷记"在途物资"账户。

企业缴纳上述涉税税款时，借记"应交税费——×××税"账户，贷记"银行存款"账户。

（二）不通过"应交税费"账户核算的涉税税种的核算

不通过"应交税费"账户核算的涉税税种主要包括契税、耕地占用税和车辆购置税等，其缴纳的涉税税款计入相应资产原值。

1. 契税、耕地占用税的会计核算

企业在征用耕地取得土地使用权按规定缴纳耕地占用税和契税，计入所取得土地使用权成本，企业缴纳的耕地占用税和契税，借记"无形资产"账户，贷记"银行存款"账户。企业依法受让土地使用权、房屋所有权按规定缴纳的契税，计入所取得土地使用权和房屋所有权的成本，企业缴纳的契税，借记"固定资产""无形资产"等账户，贷记"银行存款"账户。

2. 车辆购置税的会计核算

企业购入车辆发生车辆购置税时，借记"固定资产"等账户，贷记"银行存款"账户。

项目训练

连一连

1. 将下列行为事项与对应缴纳的税种连线

房地产开发	土地增值税
开发矿产	资源税
拥有房产	房产税
签订购销合同	印花税
拥有车船	车船税
占用土地	城镇土地使用税

2. 将税种与应登记的会计科目连线

资源税

房产税　　　　　　　　　税金及附加

城镇土地使用税

车船税　　　　　　　　　固定资产

印花税

契税　　　　　　　　　　无形资产

车辆购置税

3. 将税种与申报事项连线

土地增值税

资源税

房产税　　　　　　　　　综合申报

印花税

车船税

城镇土地使用税　　　　　单独申报

环境保护税

契税

车辆购置税

猜一猜

1. 诚信纳贡。　　　　　　（打一税种名称）

2. 模样像邮票，寄信却无效。　　　　　（打一税种相关的有价票证）

3. 既要金山银山，又要绿水青山。　　　　（打一税种名称）

看一看

访问国家税务总局网站观看《财产和行为税合并申报今天起全面推行！3 分钟 get 政策要点》视频。

练一练

[目的]

通过实训操作，知道城镇土地使用税、房产税和印花税的操作流程，熟练对城镇土地使用税、房产税和印花税进行申报、缴纳及其会计核算。

[资料]

北方实业有限责任公司，统一社会信用登记代码：91654200230730893J；法定代表人：廉观；办税人员：常皎；注册地址：北方市阳光区朝阳北路 2 号；开户银行：中国工商银行阳光支行；账号：1137222；企业登记注册类型：有限责任公司；电话：9586119；邮编：160038。

2021 年 10 月发生如下业务：该企业占地面积 20 000 平方米，为三等土地，城镇土地使用税每平方米 3 元，拥有房产原值为 200 万元（其中自用部分 150 万元，出租部分 50 万元，年租金 10 万元，尚未缴纳印花税），分两次缴纳城镇土地使用税和房产税。4 月份已按规定缴纳。下半年为 10 月份缴纳。另外该企业 10 月份领取专利证 1 件；与其他企业订立购销合同一件，所载金额 100 万元；订立借款合同一份，所载金额 200 万元；接收委托加工产品，订立加工承揽合同一份，内列加工收入 10 万元，由本公司提供原材料金额 90 万元；订立财产保险合同一份，投保金额 200 万元，保险费 5 万元；签订总承包合同一份，承包金额 5 000 万元，其中 1 000 万元分包给其他单位，已签订分包合同。

［要求］

1. 计算 10 月份应交的城镇土地使用税、房产税和印花税税额。
2. 填制城镇土地使用税、房产税和印花税纳税申报表。
3. 填写城镇土地使用税、房产税税收缴款书，说明印花税的完税方法。
4. 对相应的涉税业务进行会计处理。

议一议

商业企业甲公司收到当地主管税务机关关于新建食堂施工扬尘环境保护税的催报催缴通知，公司相关负责人对此却一头雾水，该企业一直认为施工噪声不属于环境保护税征税范围，不知道施工扬尘还需要申报缴纳环境保护税。

分析：

税务机关的催缴是否正确。

项目七
纳税人的法律救济

学习目标

通过本章的学习，能够说出纳税人法律救济的途径及其程序，能够陈述税务行政复议、税务行政诉讼、税务行政处罚听证和税务行政赔偿的范围，熟练操作法律救济的相关文书。

重点与难点

纳税人法律救济的程序、主要规定和相关文书操作。

教学建议

6学时（其中实训操作2学时）；学生需在课前掌握各个税种的相关知识及有关纳税实务；应采用理论联系实际的学习方法。

法律法规

《中华人民共和国行政处罚法》《税务行政处罚听证程序实施办法（试行）》《税务行政复议规则》《中华人民共和国行政诉讼法》《中华人民共和国国家赔偿法》等。

项目引例

A企业从事综合零售业务，2021年5月，因A企业财务人员临时出差，没有交接好工作，导致企业未如期报送员工个人所得税代扣代缴资料。事后，A企业财务人员担心受到处罚，主动向税务机关咨询。A企业以往年度纳税信用良好，近年来纳税信用等级连续保持在B级及以上，能够如实、按期申报缴纳税款并报送涉税资料，税法遵从度较高。此次出现问题的主要原因在于财务人员的工作疏忽，并非主观故意未按期报送员工个人所得税代扣代缴资料。

思考分析

1. A企业的行为是否会受到税务机关的行政处罚？为什么？

2. 如果收到税务机关的行政处罚，A企业可以通过哪些法律途径维护自身的合法权益？

3. 《税务行政处罚"首违不罚"事项清单》的范围包括哪些？

任务一　税务行政处罚听证

税务行政处罚听证是在税务机关做出重大行政处罚决定之前，在税务机关派出专门人员或者机构的主持下，以直接参与案件调查取证的税务人员或部门为一方，被认为违法的当事人为一方，有关证人等共同参加，由税务人员提出当事人违法的事实、证据和行政处罚建议，当事人进行申辩和质证，以进一步澄清事实，核实证据的法定程序。

一、税务行政处罚听证应遵循的原则

税务行政处罚听证遵循合法、公正、公开、及时和便民的原则。

二、税务行政处罚听证的范围

税务机关对公民做出 2 000 元以上（含 2 000 元）罚款或者对法人或者其他组织作出 10 000 元以上（含 10 000 元）罚款的行政处罚之前，应当向当事人送达《税务行政处罚事项告知书》，告知当事人已经查明的违法事实、证据、行政处罚的法律依据和拟将给予的行政处罚，并告知当事人有要求举行听证的权利。

三、当事人在行政处罚听证中享有的权利

当事人在听证过程中享有如下权利：

（1）当事人要求听证的，税务机关应当组织听证。当事人提出听证后，税务机关发现自己拟作的行政处罚决定对事实认定有错误或者偏差，应当予以改变的，并及时向当事人说明。

（2）当事人认为听证主持人与本案有直接利害关系的，有权申请回避。回避申请应当在举行听证的 3 日前向税务机关提出，并说明理由。听证主持人的回避，由组织听证的税务机关负责人决定。对驳回申请回避的决定，当事人可以申请复核一次。听证主持人是本案当事人的近亲属，或者认为自己与本案有直接利害关系或其他关系可能影响公正听证的，应当自行提出回避。

（3）在听证过程中，当事人或者其代理人可以就本案调查人员所指控的事实及相关问题进行申辩和质证，并有最后陈述的权利。听证过程中，当事人或者其代理人放弃申辩和质证权利，声明退出听证会，或者不经听证主持人许可擅自退出听证会的，听证主持人可以宣布听证终止。

（4）对应当进行听证的案件，税务机关不组织听证，行政处罚决定不能成立，当事

人放弃听证权利或者被正当取消听证权利的除外。

（5）听证费用由组织听证的税务机关支付，不得由要求听证的当事人承担或者变相承担。

（6）公开进行的听证，应当允许群众旁听。经听证主持人许可，旁听群众可以发表意见。

四、税务行政处罚听证程序

税务行政处罚听证程序如图 7-1 所示。

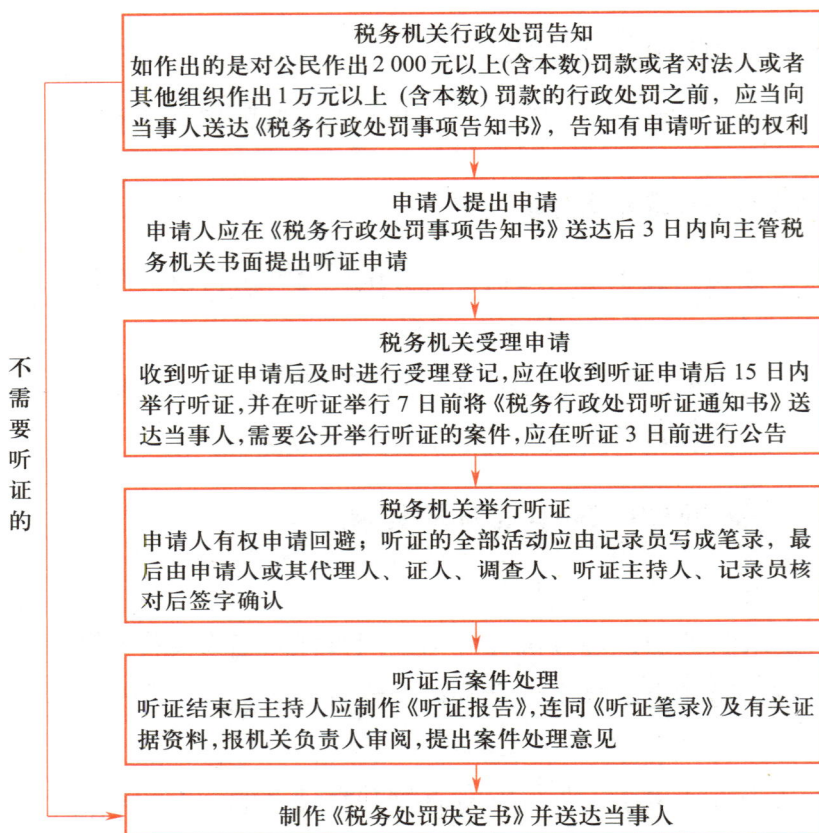

```
         ┌─────────────────────────────────────────────┐
         │              税务机关行政处罚告知               │
         │  如作出的是对公民作出 2 000 元以上(含本数)罚款或者对法人或者  │
         │  其他组织作出 1 万元以上（含本数）罚款的行政处罚之前，应当向   │
         │  当事人送达《税务行政处罚事项告知书》，告知有申请听证的权利    │
         └─────────────────────────────────────────────┘
                            ↓
         ┌─────────────────────────────────────────────┐
         │                 申请人提出申请                  │
         │  申请人应在《税务行政处罚事项告知书》送达后 3 日内向主管税    │
         │  务机关书面提出听证申请                         │
         └─────────────────────────────────────────────┘
                            ↓
         ┌─────────────────────────────────────────────┐
         │                 税务机关受理申请                │
         │  收到听证申请后及时进行受理登记,应在收到听证申请后 15 日内   │
         │  举行听证,并在听证举行 7 日前将《税务行政处罚听证通知书》送  │
不         │  达当事人,需要公开举行听证的案件,应在听证 3 日前进行公告   │
需         └─────────────────────────────────────────────┘
要                          ↓
听         ┌─────────────────────────────────────────────┐
证         │                 税务机关举行听证                │
的         │  申请人有权申请回避;听证的全部活动应由记录员写成笔录,最    │
           │  后由申请人或其代理人、证人、调查人、听证主持人、记录员核    │
           │  对后签字确认                                 │
           └─────────────────────────────────────────────┘
                            ↓
           ┌─────────────────────────────────────────────┐
           │                 听证后案件处理                 │
           │  听证结束后主持人应制作《听证报告》,连同《听证笔录》及有关证   │
           │  据资料,报机关负责人审阅,提出案件处理意见             │
           └─────────────────────────────────────────────┘
                            ↓
         ┌─────────────────────────────────────────────┐
         │         制作《税务处罚决定书》并送达当事人          │
         └─────────────────────────────────────────────┘
```

图 7-1　税务行政处罚听证程序图

（1）当事人要求听证的，应在收到税务行政处罚告知事项之日起 3 日内向税务机关书面提出申请，并填写《税务行政处罚听证申请书》；逾期不提出的，视为放弃听证权利。

（2）税务机关应当在收到当事人听证要求后 15 日内举行听证，并在举行听证的 7 日前将《税务行政处罚听证通知书》送达当事人，通知当事人举行听证的时间、地点、听证主持人姓名及有关事项。当事人由于不可抗力或者其他特殊情况而耽误提出听证期限的，在障碍消除后 5 日以内，可以向税务机关申请延长期限。

（3）除涉及国家秘密、商业秘密或者个人隐私依法予以保密外，听证应公开进行。听证由税务机关指定的非本案调查人员主持，当事人认为主持人与本案有直接利害关系的，有权申请回避。当事人可以亲自参加听证，也可以委托一至二人代理。举行听证时，调查人员提出当事人的违法事实、证据和行政处罚建议，当事人进行申辩和质证；听证应当制作笔录，笔录应当交当事人审核无误后签字或盖章。

（4）听证结束后，税务机关依法作出决定。

五、税务行政处罚听证申请

《税务行政处罚听证申请书》，如表7-1所示。申请是否准许，由税务机关决定。

表7-1 税务行政处罚听证申请书

_____（税务机关）：

　　我（单位）对《税务行政处罚事项告知书》（文书字号 _____ ）拟做出的行政处罚有异议，要求听证。听证理由如下：_____

_____

_____

_____

_____

_____

_____

_____

　　听证申请人（自然人姓名）：_____ 联系电话：_____
　　住所：_____
　　证件名称：_____ 证件号码：_____
　　（法人或其他组织名称：_____
　　联系电话：_____ 地址：_____
　　法定代表人或主要负责人姓名：_____ ）
　　委托代理人姓名：_____ 联系电话：_____
　　住所：_____
　　证件名称：_____ 证件号码：_____

申请人（签章）

年　月　日

　　税务行政处罚听证申请书应当载明以下内容：

（1）申请人名称、住所、法定代表人姓名等；申请人为公民个人的，应当载明当事人姓名、住所、身份证号码。

（2）有代理人的，应当载明代理人单位、姓名、联系方法（地址、电话）、代理权限并应附代理授权委托书（略）。

（3）案由及要求听证的理由。

（4）声明本案是否涉及国家秘密、商业秘密或个人隐私。

（5）申请人签章。

六、《税务行政处罚"首违不罚"事项清单》

《税务行政处罚"首违不罚"事项清单》

对当事人首次发生《税务行政处罚"首违不罚"事项清单》中所列事项且危害后果轻微，在税务机关发现前主动改正或者在税务机关责令限期改正的期限内改正的，不予行政处罚。税务违法行为造成不可挽回的税费损失或者较大社会影响的，不能认定为"危害后果轻微"。适用税务行政处罚"首违不罚"的，主管税务机关应及时作出不予行政处罚决定，充分保障当事人合法权益。

任务二　税务行政复议

税务行政复议，是指纳税人和其他税务当事人（包括公民、法人和其他组织，以下简称"申请人"）认为税务机关的具体行政行为侵犯其合法权益，依法向上一级税务机关提出申请，请求上一级税务机关纠正。上一级税务机关根据申请人的申请，对引起争议的下级税务机关的具体行政行为进行审议，并依法做出维持、变更、撤销原具体行政行为或者责令下级税务机关补正，限期履行和重新作出具体行政行为裁决的一项行政司法活动。税务行政复议是《税收征管法》赋予纳税人、扣缴义务人和其他税务当事人的权利，目的是为了防止和纠正违法的或不当的具体行政行为，保护纳税人及其他税务当事人的合法权益，保障和监督税务机关依法行使职权做出的法律规定。

一、税务行政复议的原则

税务行政复议应遵循以下原则：

（1）复议机关履行行政复议职责，应当遵循合法、公正、公开、及时、便民的原则。坚持有错必纠，保障法律、法规的正确实施。

（2）申请人对行政复议决定不服的，可以依法向人民法院提起行政诉讼。

二、税务行政复议范围

税务行政复议范围包括税务具体行政行为和部分税务抽象行政行为。

（一）税务具体行政行为

行政复议机关受理申请人对税务机关的下列具体行政行为不服提出的行政复议

申请：

（1）征税行为，包括确认纳税主体、征税对象、征税范围、减税、免税、退税、抵扣税款、适用税率、计税依据、纳税环节、纳税期限、纳税地点和税款征收方式等具体行政行为，征收税款、加收滞纳金，扣缴义务人、受税务机关委托的单位和个人作出的代扣代缴、代收代缴、代征行为等。

（2）行政许可、行政审批行为。

（3）发票管理行为，包括发售、收缴、代开发票等。

（4）税收保全措施、强制执行措施。

（5）行政处罚行为，包括罚款，没收财物和违法所得，停止出口退税权。

（6）不依法履行职责的行为，包括颁发税务登记，开具、出具完税凭证、外出经营活动税收管理证明，行政赔偿，行政奖励，其他不依法履行职责的行为。

（7）资格认定行为。

（8）不依法确认纳税担保行为。

（9）政府信息公开工作中的具体行政行为。

（10）纳税信用等级评定行为。

（11）通知出入境管理机关阻止出境行为。

（12）其他具体行政行为。

（二）部分税务抽象行政行为

申请人认为税务机关的具体行政行为所依据的下列规定（不包括规章）不合法，对具体行政行为申请行政复议时，可以一并向行政复议机关提出对有关规定的审查申请；申请人对具体行政行为提出行政复议申请时不知道该具体行政行为所依据的规定的，可以在行政复议机关作出行政复议决定以前提出对该规定的审查申请：

（1）国家税务总局和国务院其他部门的规定。

（2）其他各级税务机关的规定。

（3）地方各级人民政府的规定。

（4）地方人民政府工作部门的规定。

三、税务行政复议的管辖

申请人对各级税务局的具体行政行为不服的，向其上一级税务局申请行政复议。对国家税务总局的具体行政行为不服的，向国家税务总局申请行政复议。对行政复议决定不服，申请人可以向人民法院提起行政诉讼，也可以向国务院申请裁决。国务院的裁决为最终裁决。

申请人对下列税务机关的具体行政行为不服的，按照下列规定申请行政复议：

（1）对计划单列市税务局的具体行政行为不服的，向国家税务总局申请行政复议。

（2）对税务所（分局）、各级税务局的稽查局的具体行政行为不服的，向其所属税务局申请行政复议。

（3）对两个以上税务机关共同做出的具体行政行为不服的，向共同上一级税务机关申请行政复议；对税务机关与其他行政机关以共同的名义做出的具体行政行为不服的，向其共同上一级行政机关申请行政复议。

（4）对被撤销的税务机关在撤销以前所做出的具体行政行为不服的，向继续行使其职权的税务机关的上一级税务机关申请行政复议。

（5）对税务机关做出逾期不缴纳罚款加处罚款的决定不服的，向做出行政处罚决定的税务机关申请行政复议。但是对已处罚款和加处罚款都不服的，一并向做出行政处罚决定的税务机关的上一级税务机关申请行政复议。

对于以上五项行政复议，申请人向具体行政行为发生地的县级地方人民政府提交行政复议申请的，由接受申请的县级地方人民政府依法转送。

四、税务行政复议程序

申请人对税务机关做出的征税行为不服的，应当先向复议机关申请行政复议，对复议决定不服，再向人民法院起诉。申请人按规定申请行政复议，必须先依照税务机关根据法律、法规确定的税额、期限缴纳或者解缴税款及滞纳金。

申请人对征税行为以外的其他税务具体行政行为不服的，可以申请行政复议，也可以直接向人民法院提起行政诉讼。

税务行政复议程序如图 7-2 所示。

五、税务行政复议的操作

（一）税务行政复议的申请

1. 税务行政复议申请时限的规定

纳税人、扣缴义务人、纳税担保人同税务机关在纳税上发生争议时，必须先依照税务机关的纳税决定缴纳或者解缴税款及滞纳金或者提供相应的担保，然后可以在收到税务机关填发的缴款凭证之日起 60 日内向上一级税务机关申请复议。

申请人对税务机关做出的税收保全措施、税收强制执行措施及行政处罚行为不服，可以在接到处罚通知之日起或者税务机关采取税收保全措施、强制执行措施之日起 60 日内向上一级税务机关申请复议或直接向人民法院起诉。

```
┌────┐   ┌──────────────────┐         ┌──────────┐   ┌────────────────────────┐
│申请│───│申请条件包括：      │────┬────│书面申请   │───│①认为具体行政行为所依据的规│
└────┘   │①有明确的被申请人  │    │    └──────────┘   │定违法，可一并提出审查申请 │
  │      │②有明确具体行政行为│    │    ┌──────────┐   │②有权申请停止执行原具体行政│
  │      │③属于税务行政复议申请范围│─┴────│口头申请   │───│行为                    │
  │      │④符合 60 日复议申请一般期限│   └──────────┘   └────────────────────────┘
  │      └──────────────────┘
  ▼
┌────┐   ┌──────────────────────────────────────────────────────────────┐
│受理│───│不予受理：税务机关应自收到申请之日起 5 个工作日内审查，决定是否受理，不符合规定的，│
└────┘   │制作《不予受理决定书》并告知申请人                                 │
  │      └──────────────────────────────────────────────────────────────┘
  │      ┌──────────────────────────────────────────────────────────────┐
  │      │转送：税务机关对符合规定但不属于本机关受理的，应自收到申请之日起 5 个工作日告知│
  │      │申请人向有关机关申请复议，依法转送有权机关，并告知申请人               │
  │      └──────────────────────────────────────────────────────────────┘
  │      ┌────────────────────────────────────────────────┐  ┌──────────┐
  │      │受理：对符合规定、且本机关有权受理的申请，自行政复议机构收到之│  │可决定是否 │
  │      │日起即为受理，受理行政复议申请，应当书面告知申请人        │  │停止执行   │
  │      └────────────────────────────────────────────────┘  └──────────┘
  ▼
┌────┐   ┌──────────────────────────────────────────────┐  ┌────────┐ ┌────────┐
│审理│───│①行政复议机构自受理起 7 日内将申请副本或者行政复议申│  │一般自受 │ │经批准   │
└────┘   │请笔录复印件发送被申请人，被申请人收到申请副本或者行│  │理之日起 │ │最多可   │
  │      │政复议申请笔录复印件之日起 10 日内作出书面答复，并提交做│  │60 日做出│ │延长 30 │
  │      │出具体行政行为时的证据、依据及其他相关材料          │  │复议决定 │ │日       │
  │      │②可以通知第三人参加行政复议                       │  └────────┘ └────────┘
  │      │③告知申请人、第三人可以查阅被申请人提交的材料        │
  │      │④审查具体行政行为是否合法、适当                    │
  │      └──────────────────────────────────────────────┘
  │  调解和解  ┌──────────────────────────────────────────────┐
  │──────────│申请人和被申请人在做出行政复议决定前达成和解的向行政复议机关提交书面和解协议；│
  │          │达成协议后制作行政复议调解书，双方签字生效，否则行政复议机关应及时做出复议决定│
  │          └──────────────────────────────────────────────┘
  ▼
┌────┐   ┌──────────────────┐         ┌──────────────────────┐
│复议│───│申请人撤回复议申请  │─────────│若批准则制作《行政复议终止决定书》│
│决定│   └──────────────────┘         └──────────────────────┘
│    │   ┌──────────────────┐         ┌──────────────────────┐
│    │   │对《税务行政复议规则》第十│────┬───│维持原具体行政行为      │
│    │   │五条规定一并提出审查申请，│    │   └──────────────────────┘
│    │   │有权处理的，30 日内依法处理；│  │   ┌──────────────────────┐
│    │   │无权处理的，在 7 日内转送有│   ├───│责令限期履行            │
│    │   │权处理机关             │    │   └──────────────────────┘
│    │   └──────────────────┘    │   ┌──────────────────────┐
│    │   ┌──────────────────┐    ├───│变更原具体行政行为      │
│    │   │制作行政复议决定书   │────┤   └──────────────────────┘
│    │   └──────────────────┘    │   ┌──────────────────────┐
│    │                           ├───│确认违法责令重新做出具体行政行为│
│    │                           │   └──────────────────────┘
│    │                           │   ┌──────────────────────┐
│    │                           └───│撤销原具体行政行为      │
│    │                               └──────────────────────┘
│    │   ┌──────────────────┐         ┌──────────────────────┐
│    │   │决定驳回行政复议申请 │─────────│驳回行政复议申请决定书  │
│    │   └──────────────────┘         └──────────────────────┘
│    │   ┌──────────────────┐         ┌──────────────────────┐
│    │   │行政复议中止、终止   │─────────│行政复议中止审理通知书   │
│    │   └──────────────────┘         │行政复议终止决定书      │
│    │                               └──────────────────────┘
  ▼
┌────┐   ┌──────────────────────────────────────────┐
│送达│───│制作送达回证，将税务行政复议文书一并送达申请人        │
└────┘   └──────────────────────────────────────────┘
```

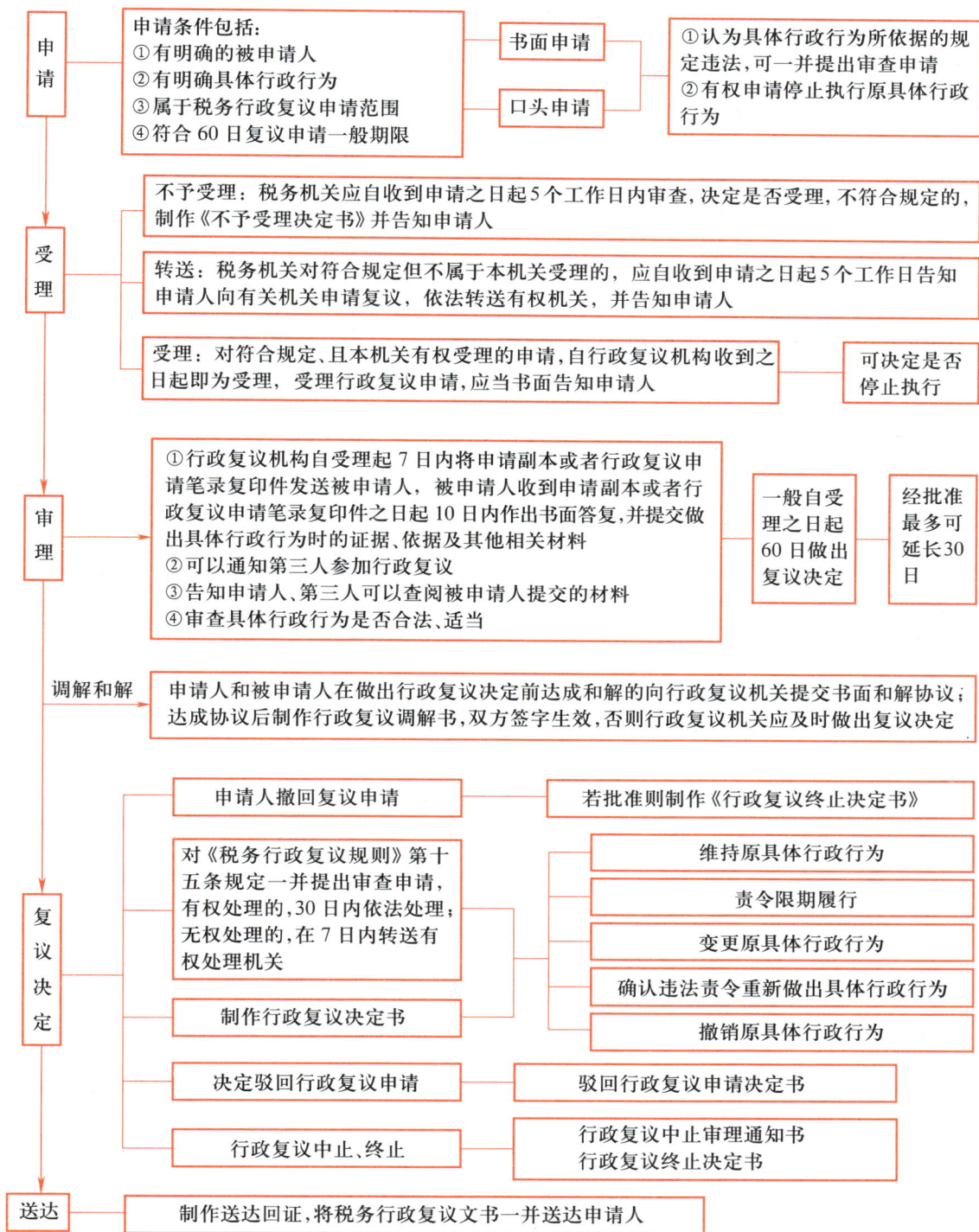

图 7-2　税务行政复议程序图

　　申请人对税务机关做出的阻止出境行为，拒绝颁发税务登记证、出售发票或不予答复的行为以及责令提交纳税保证金或提供纳税担保的行为不服申请复议，可以在知道上述行为之日起 60 日内向上一级税务机关申请复议。

　　申请人对税务机关做出的征税行为以外的其他税务具体行政行为不服，可以申请行政复议，也可以直接向人民法院提起行政诉讼。申请人可以在得知税务机关作出具体行政行为之日起 60 日内提出行政复议申请。

复议申请人因不可抗力或者其他特殊情况耽误法定复议申请期限的，在障碍消除后 10 日内，可以申请延长期限，经有管辖权的税务机关批准后，仍可享有申请复议的权利，并可在税务机关批准延长的期限内申请复议。申请人需要延长申请复议的期限时，应向税务机关提交书面报告。

2. 申请人申请行政复议

申请人申请行政复议，可以书面申请，也可以口头申请。口头申请的，复议机关应当当场记录申请人的基本情况、行政复议请求、申请行政复议的主要事实、理由和时间。书面申请的，应提交《税务行政复议申请书》，如表 7-2 所示。

表 7-2 填写说明

表 7-2　税务行政复议申请书

申请人：＿＿＿＿＿＿＿＿＿＿＿＿＿＿＿＿＿＿＿＿＿＿＿＿＿＿＿＿＿

委托代理人：＿＿＿＿＿＿＿＿＿＿＿＿＿＿＿＿＿＿＿＿＿＿＿＿＿＿

被申请人：＿＿＿＿＿＿＿＿＿＿＿＿＿＿＿＿＿＿＿＿＿＿＿＿＿＿＿

行政复议请求：＿＿＿＿＿＿＿＿＿＿＿＿＿＿＿＿＿＿＿＿＿＿＿＿。

申请人对 ＿＿＿＿＿＿ 税务局（稽查局）于 ＿＿＿＿ 年 ＿＿＿ 月 ＿＿＿ 日做出的 ＿＿＿＿＿

＿＿＿＿＿＿＿＿＿＿＿＿＿＿＿＿＿＿（具体行政行为）不服，特申请行政复议。

申请行政复议的事实和理由：＿＿＿＿＿＿＿＿＿＿＿＿＿＿＿＿＿＿＿＿＿

＿＿＿＿＿＿＿＿＿＿＿＿＿＿＿＿＿＿＿＿＿＿＿＿＿＿＿＿＿＿＿＿＿＿＿

＿＿＿＿＿＿＿＿＿＿＿＿＿＿＿＿＿＿＿＿＿＿＿＿＿＿＿＿＿＿＿＿＿。

此致

＿＿＿＿＿＿＿＿＿＿ 税务局

申请人（签章）

年　月　日

税务行政复议申请书应当载明下列内容：

（1）申请人的姓名、性别、年龄、职业、住址等（法人或其他组织的名称、地址、法定代表人的姓名）。

（2）被申请人的名称、地址。

（3）申请复议的要求和理由。

（4）已经依照国家税务机关根据法律、行政法规确定的税额缴纳或者解缴税款及滞纳金的证明材料。

（5）提出复议申请的日期。

3. 税务行政复议申请人的规定

依法提起行政复议的纳税人或其他税务当事人为税务行政复议申请人，具体是指纳税义务人、扣缴义务人、纳税担保人和其他税务当事人；有权申请行政复议的公民死亡的，其近亲属可以申请行政复议；有权申请行政复议的公民为无民事行为能力人或者限制民事行为能力人，其法定代理人可以代理申请行政复议；有权申请行政复议的法人或者其他组织发生终止的，承受其权利的法人或其他组织可以申请行政复议；与申请行政复议的具体行政行为有利害关系的其他公民、法人或者其他组织，可以作为第三人参加行政复议，第三人参加行政复议，需要提交第三人参加复议申请书；申请人、第三人可以委托代理人代为参加行政复议；被申请人不得委托代理人代为参加行政复议，被申请人是做出具体行政行为的税务机关。

税务行政复议申请人提起申请应以如下名义进行：

（1）法人应以法人的名义，由法定代表人提起复议申请。

（2）不是法人的私营企业主及个体工商户应以工商和税务登记的户主（业户）名义提起复议申请。

（3）合伙企业申请行政复议的，应当以核准登记的企业为申请人，由执行合伙事务的合伙人代表该企业参加行政复议；其他合伙组织申请行政复议的，由合伙人共同申请行政复议。

（4）非独立核算的分支机构，可以其总机构或自身的名义提起复议申请。

（5）临时经营的单位和个人，应以自己的名义提起复议申请。

（6）其他税务争议当事人，应以其单位或个人的名义提起申请复议。

4. 申请税务行政复议应符合的条件

（1）属于规定的行政复议范围。

（2）在法定申请期限内提出。

（3）有明确的申请人和符合规定的被申请人。

（4）申请人与具体行政行为有利害关系。

（5）有具体的行政复议请求和理由。

（6）须先行缴纳或者解缴税款和滞纳金，或者提供相应的担保的，在缴清税款和滞纳金以后或者所提供的担保得到做出具体行政行为税务机关的确认；对逾期不缴纳罚款加处罚款的决定不服的，应当先缴纳罚款和加处罚款。

（7）属于收到行政复议申请的行政复议机关的职责范围。

（8）其他行政复议机关尚未受理同一行政复议申请，人民法院尚未受理同一主体就同一事实提起的行政诉讼。

（二）税务行政复议的审查

1. 审查形式

行政复议原则上采用书面审查的办法，但是申请人提出要求或者行政复议机关负责法制工作的机构认为有必要时，可以向有关组织和人员调查了解情况，应当听取申请人、被申请人和第三人的意见。

2. 审查准备

行政复议机关负责法制工作的机构应当自受理行政复议申请之日起 7 日内，将行政复议申请书副本或者行政复议申请笔录复印件发送被申请人。被申请人应当自收到申请书副本或者申请笔录复印件之日起 10 日内，提出书面答复，并提交当初做出具体行政行为的证据、依据和其他有关材料。

3. 审查过程中的有关规定

申请人和第三人可以查阅被申请人提出的书面答复、作出具体行政行为的证据、依据和其他有关材料，除涉及国家秘密、商业秘密或者个人隐私外，复议机关不得拒绝。在行政复议过程中，被申请人不得自行向申请人和其他有关组织或者个人收集证据。法制工作机构依据规定职责所取得的有关材料，不得作为支持被申请人具体行政行为的证据。

行政复议证据包括：书证，物证，视听资料，电子数据，证人证言，当事人的陈述，鉴定意见，勘验笔录和现场笔录等。

在行政复议中，被申请人对其作出的具体行政行为负有举证责任。

行政复议机关应当依法全面审查相关证据。行政复议机关审查行政复议案件，应当以证据证明的案件事实为依据。定案证据应当具有合法性、真实性和关联性。

行政复议机关应当根据案件的具体情况，从以下几个方面审查证据的合法性：证据是否符合法定形式；证据的取得是否符合法律、法规、规章和司法解释的规定；是否有影响证据效力的其他违法情形。

行政复议机关应当根据案件的具体情况，从以下几个方面审查证据的真实性：证据形成的原因；发现证据时的环境；证据是否为原件、原物，复制件、复制品与原件、原物是否相符；提供证据的人或者证人与行政复议参加人是否具有利害关系；影响证据真实性的其他因素。

行政复议机关应当根据案件的具体情况，从以下几个方面审查证据的关联性：证据与待证事实是否具有证明关系；证据与待证事实的关联程度；影响证据关联性的其他因素。

以下证据材料不得作为定案依据：

（1）违反法定程序收集的证据材料。

（2）以偷拍、偷录和窃听等手段获取侵害他人合法权益的证据材料。

（3）以利诱、欺诈、胁迫和暴力等不正当手段获取的证据材料。

（4）无正当事由超出举证期限提供的证据材料。

（5）无正当理由拒不提供原件、原物，又无其他证据印证，且对方不予认可的证据的复制件、复制品。

（6）无法辨明真伪的证据材料。

（7）不能正确表达意志的证人提供的证言。

（8）不具备合法性、真实性的其他证据材料。

行政复议机关认为必要时，可以调查取证。行政复议工作人员向有关组织和人员调查取证时，可以查阅、复制和调取有关文件和资料，向有关人员询问。调查取证时，行政复议工作人员不得少于 2 人，并应当向当事人和有关人员出示证件。被调查单位和人员应当配合行政复议工作人员的工作，不得拒绝、阻挠。需要现场勘验的，现场勘验所用时间不计入行政复议审理期限。

4. 复议审查的中止和终止

（1）复议审查的中止。申请人在申请行政复议时，依据行政复议规则提出对有关规定的审查申请的，行政复议机关对该规定有权处理的，应当在 30 日内依法处理，无权处理的，应当在 7 日内按照法定程序转送有权处理的行政机关依法处理，有权处理的行政机关应当在 60 日内依法处理。

行政复议期间，有下列情形之一的，行政复议中止：① 作为申请人的公民死亡，其近亲属尚未确定是否参加行政复议的；② 作为申请人的公民丧失参加行政复议的能力，尚未确定法定代理人参加行政复议的；③ 作为申请人的法人或者其他组织终止，尚未确定权利义务承受人的；作为申请人的公民下落不明或者被宣告失踪的；④ 申请人或被申请人因不可抗力，不能参加行政复议的；⑤ 行政复议机关因不可抗力原因暂时不能履行工作职责的；⑥ 案件涉及法律适用问题，需要有权机关做出解释或者确认的；⑦ 案件审理需要以其他案件的审理结果为依据，而其他案件尚未审结的；⑧ 其他需要中止行政复议的情形。

行政复议中止的原因消除以后，应当及时恢复行政复议案件的审理。行政复议机关中止、恢复行政复议案件的审理，应当告知申请人、被申请人和第三人。

（2）复议审查的终止。行政复议期间，有下列情形之一的，行政复议终止：① 申请人要求撤回行政复议申请，行政复议机构准予撤回的；② 作为申请人的公民死亡，没有近亲属，或者其近亲属放弃行政复议权利的；③ 作为申请人的法人或者其他组织终止，其权利义务的承受人放弃行政复议权利的；④ 申请人与被申请人依照《税务行政复议规则》经行政复议机构准许达成和解的；⑤ 行政复议申请受理以后，发现其他行政复议机关已经先于本机关受理，或者人民法院已经受理的；⑥ 中止行政复议满 60 日，行政复议中止的原因未消除的。

(三) 税务行政复议的受理

申请复议的单位和个人必须按照税务行政复议的要求提交有关材料、证据并提出答辩书。

行政复议机关收到行政复议申请后，应当在 5 日内进行审查，对不符合规定的行政复议申请，决定不予受理，并书面告知申请人。对符合本法规定，但是不属于本机关受理的行政复议申请，应当告知申请人向有关行政复议机关提出申请，开具行政复议告知书。对符合规定的行政复议申请，自行政复议机关法制工作机构收到之日起即为受理。受理行政复议申请，应向申请人开具复议通知书。依法延长行政复议期限的，以延长后的时间为行政复议期满时间。

申请复议的单位和个人在复议人员审理中可以申请回避，但要服从行政复议机关法定人员做出的是否回避的决定；申请复议的单位和个人可以向复议机关申请撤销、收回其复议申请，但必须经过行政复议机关的同意，复议申请的撤回才产生法律效力；复议申请人认为国家税务机关的具体行政行为侵犯了其合法权益并造成了损害，可以在提起复议申请的同时请求赔偿；对应当先向行政复议机关申请行政复议，对行政复议决定不服再向人民法院提起行政诉讼的具体行政行为，行政复议机关决定不予受理或者受理后超过复议期限不做答复的，纳税人和其他税务当事人可以自收到不予受理决定书之日起或者行政复议期满之日起 15 日内，依法向人民法院提起行政诉讼。

纳税人及其他税务当事人依法提出行政复议申请，行政复议机关无正当理由不予受理且申请人没有向人民法院提起行政诉讼的，上级税务机关应当责令其受理；必要时，上级税务机关也可以直接受理。

行政复议期间税务具体行政行为不停止执行，但有下列情形之一的，可以停止执行：

（1）被申请人认为需要停止执行的。

（2）行政复议机关认为需要停止执行的。

（3）申请人申请停止执行，行政复议机关认为其要求合理，决定停止执行的。

（4）法律规定停止执行的。

申请人向行政复议机关申请行政复议，行政复议机关已经受理的，在法定行政复议期限内申请人不得再向人民法院起诉；申请人向人民法院提起行政诉讼，人民法院已经依法受理的，不得申请行政复议。

行政复议机关应当自受理申请之日起 60 日内做出行政复议决定。情况复杂，不能在规定期限内作出行政复议决定的，经行政复议机关负责人批准，可以适当延长，并告知申请人和被申请人，但是延长期限最多不超过 30 日。

行政复议机关逾期不做决定的，申请人可以在复议期满之日起 15 日内向人民法院提起诉讼。

（四）税务行政复议的决定

行政复议机关应当对被申请人作出的具体行政行为进行合法性与适当性审查，提出意见，经行政复议机关负责人同意或者集体讨论通过后，按照下列规定作出行政复议决定：

（1）具体行政行为认定事实清楚，证据确凿，适用依据正确，程序合法，内容适当的，决定维持。

（2）被申请人不履行法定职责的，决定其在一定期限内履行。

（3）具体行政行为有下列情形之一的，决定撤销、变更或者确认该具体行政行为违法，决定撤销或者确认该具体行政行为违法的，可以责令被申请人在一定期限内重新做出具体行政行为：① 主要事实不清、证据不足的；② 适用依据错误的；③ 违反法定程序的；④ 超越或者滥用职权的；⑤ 具体行政行为明显不当的。

行政复议机关责令被申请人重新作出具体行政行为的，被申请人不得以同一的事实和理由作出与原具体行政行为相同或者基本相同的具体行政行为。

（4）被申请人不按照规定提出书面答复，提交当初作出具体行政行为的证据、依据和其他有关材料的，视为该具体行政行为没有证据、依据，决定撤销该具体行政行为。

（5）重大、疑难的复议申请，行政复议机关应集体讨论决定。

（五）复议决定的送达与执行

行政复议机关作出行政复议决定，应当制作《行政复议决定书》，并加盖印章。《行政复议决定书》一经送达，即发生法律效力，复议申请人接到复议裁决书时必须签收。申请人如对复议决定不服，可以在接到复议决定之日起15日内向人民法院起诉。

被申请人应当履行行政复议决定。被申请人不履行或者无正当理由拖延履行行政复议决定的，行政复议机关或者有关上级行政机关应当责令其限期履行。

申请人逾期不起诉又不履行行政复议决定的，或者不履行最终裁决的行政复议决定的，按照下列规定分别处理：

（1）维持具体行政行为的行政复议决定，由作出具体行政行为的行政机关依法强制执行，或者申请人民法院强制执行。

（2）变更具体行政行为的行政复议决定，由行政复议机关依法强制执行，或者申请人民法院强制执行。

（六）撤回复议申请

行政复议决定作出以前，申请人自愿撤回复议申请的，经行政复议机关同意可以撤回。申请人撤回复议申请的，应由申请人记明撤回申请日期，签名或盖章。申请人撤回复议申请，不得以同一事实和理由再申请复议。申请人撤回复议申请必须在复议机关尚未作出复议决定以前，如已作出复议决定的，复议申请不能撤回。

（七）税务行政复议的和解与调解

1. 税务行政复议的和解

对于以下税务行政复议事项，按照自愿、合法的原则，申请人和被申请人在行政复议机关作出行政复议决定以前可以达成和解，行政复议机关也可以调解：

（1）行使自由裁量权作出的具体行政行为，如行政处罚、核定税额、确定应税所得率等。

（2）行政赔偿。

（3）行政奖励。

（4）存在其他合理性问题的具体行政行为。

行政复议审理期限在和解、调解期间中止计算。

申请人和被申请人达成和解的，应当向行政复议机构提交书面和解协议。和解内容不损害社会公共利益和他人合法权益的，行政复议机构应当准许。

经行政复议机构准许和解终止行政复议的，申请人不得以同一事实和理由再次申请行政复议。

2. 税务行政复议的调解

税务行政复议的调解应当符合以下要求：

（1）尊重申请人和被申请人的意愿。

（2）在查明案件事实的基础上进行。

（3）遵循客观、公正和合理原则。

（4）不得损害社会公共利益和他人合法权益。

税务行政复议的调解程序如图7-3所示。

图7-3 税务行政复议调解程序图

《行政复议调解书》应当载明行政复议请求、事实、理由和调解结果，并加盖行政复议机关印章。《行政复议调解书》经双方当事人签字，即具有法律效力。

调解未达成协议，或者《行政复议调解书》不生效的，行政复议机关应当及时作出行政复议决定。

申请人不履行《行政复议调解书》的，由被申请人依法强制执行，或者申请人民法院强制执行。

任务三　税务行政诉讼

税务行政诉讼是指公民、法人和其他组织认为税务机关及其工作人员的行政行为侵犯其合法权益，有权依法向人民法院提起诉讼。其目的是保证人民法院正确、及时审理税务行政案件，保护纳税人、扣缴义务人等当事人的合法权益，维护和监督税务机关依法行使行政职权。

一、税务行政诉讼的受案范围

《中华人民共和国行政诉讼法》（以下简称《行政诉讼法》）规定的受案范围限于影响行政行为的相对人人身权和财产权的具体行政行为。税务具体行政行为只涉及行政相对人的人身权和财产权，对全部税务具体行政行为不服的，行政相对人有权向人民法院提起行政诉讼。具体包括：

（1）税务机关做出的征税行为，如征收税款，加收滞纳金，扣缴义务人、受税务机关委托的单位和个人作出的代扣代缴、代收代缴行为等。

（2）税务机关做出的责令纳税人提供纳税担保的行为。

（3）税务机关做出的税收保全措施，如由税务机关书面通知银行或者其他金融机构暂停支付存款，扣押、查封商品、货物或者其他财产。

（4）税务机关未及时解除税收保全措施，使纳税人的合法权益遭受损失的行为。

（5）税务机关做出的税收强制执行措施，如由税务机关书面通知银行或者其他金融机构从当事人存款中扣缴税款，拍卖或者变卖扣押、查封的商品、货物或者其他财产。

（6）税务机关做出的税务行政处罚行为，如罚款（包括逾期交纳罚款的加罚行为）、没收非法所得、停止出口退税权等。

（7）税务机关不予依法办理或答复的行为，如不予审批减免税或出口退税；不予抵扣税款；不予退还税款；不予颁发税务登记证、发售发票；不予开具完税凭证和出具票据；不予登记为增值税一般纳税人；不予核准延期申报、批准延期缴纳税款等。

（8）税务机关做出的取消增值税一般纳税人资格的行为。

（9）税务机关做出的通知出境管理机关阻止出境的行为。

（10）税务机关做出的其他税务具体行政行为。

二、税务行政诉讼的管辖

税务行政诉讼的管辖，是指人民法院之间受理第一审税务案件的职权分工。根据

《行政诉讼法》规定，当事人不服人民法院第一审的判决或裁定，有权向上一级人民法院上诉。

税务行政诉讼管辖包括级别管辖、地域管辖和裁定管辖。

（一）级别管辖

级别管辖是指上下级人民法院之间受理第一审行政案件的分工和权限。根据《行政诉讼法》的规定：基层人民法院管辖第一审行政案件；中级人民法院管辖的第一审行政案件包括：对国务院部门或者县级以上地方人民政府所作的行政行为提起诉讼的案件，海关处理的案件，本辖区内重大、复杂的案件；高级人民法院管辖本辖区内重大、复杂的第一审行政案件；最高人民法院管辖全国范围内重大、复杂的第一审行政案件。

（二）地域管辖

地域管辖是指同级人民法院之间受理第一审行政案件的分工和权限，分一般地域管辖和特殊地域管辖两种。

一般地域管辖是指按照最初做出具体行政行为的机关所在地来确定管辖法院。凡是未经复议直接向人民法院提起诉讼的，或者经过复议，复议裁决维持原具体行政行为，当事人不服向人民法院提起诉讼的，均由最初做出具体行政行为的税务机关所在地人民法院管辖。

特殊地域管辖是指根据特殊行政法律关系或特殊行政法律关系所指向的对象来确定管辖法院。特殊地域管辖具体包括三种：一是经过复议并改变原行为的案件；二是对限制人身自由强制措施提起的诉讼；三是因不动产提起的诉讼。

税务行政案件中的特殊地域管辖主要是指第一种情况，即经过复议且复议机关改变原具体行政行为的案件，由原告选择最初做出具体行政行为的税务机关所在地的人民法院，或者行政复议机关所在地人民法院管辖。原告可以向任何一个有管辖权的人民法院起诉，最先收到起诉状的人民法院为第一审法院。

（三）裁定管辖

裁定管辖是指人民法院依法自行裁定的管辖，包括移送管辖、指定管辖及管辖权的转移三种情况。

移送管辖是指人民法院将已经受理的案件，移送给有管辖权的人民法院审理。移送管辖必须具备三个条件：一是移送人民法院已经受理了该案件；二是移送法院发现自己对该案件没有管辖权；三是接受移送的人民法院必须对该案件确有管辖权。

指定管辖是指上级人民法院以裁定的方式，指定某下一级人民法院管辖某一案件。

有管辖权的人民法院因特殊原因不能行使对行政诉讼的管辖权的，由其上级人民法院指定管辖；人民法院对管辖权发生争议且协商不成的，由他们共同的上级人民法院指定管辖。

管辖权的转移是指上级人民法院有权审理下级人民法院管辖的第一审税务行政案件，也可以将自己管辖的第一审行政案件移交下级人民法院审判；下级人民法院对其管辖的第一审税务行政案件，认为需要由上级人民法院审判的，可以报请上级人民法院决定。

三、税务行政诉讼流程

税务行政诉讼流程如图 7-4 所示。

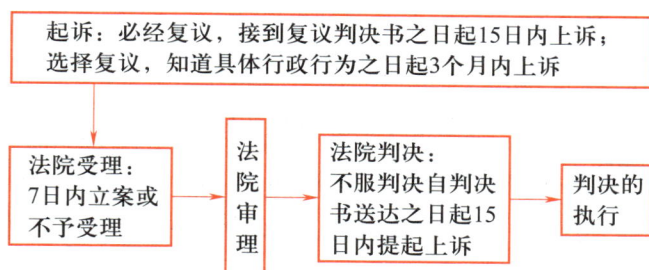

图 7-4　税务行政诉讼流程图

四、税务行政诉讼的起诉

（一）税务行政诉讼参加人

税务行政诉讼参加人，是指依法参加行政诉讼活动，享有诉讼权利，承担诉讼义务，并且与诉讼争议和诉讼结果有利害关系的主体，包括当事人，共同诉讼人、第三人及诉讼代理人。当事人在不同的诉讼阶段有不同的称谓：在第一审程序中称为原告和被告；在第二审程序中，称为上诉人和被上诉人；在审判监督程序中，若适用第一审程序审理，称为"原审原告"和"原审被告"，若适用第二审程序审理，则称为原审上诉人和原审被上诉人；在执行程序中，称为申请执行人和被申请执行人。税务行政诉讼参加人与参与人不同，参与人的范围更为广泛，不仅包括参加人，还包括证人，勘验人，鉴定人和翻译人员等。

1. 税务行政诉讼的原告

税务行政诉讼的原告是指认为税务机关及其工作人员的具体行政行为侵犯其合法权益，而向人民法院提起诉讼的纳税人、扣缴义务人、纳税担保人等税务当事人及其他行政相对人。原告可以是共同原告，即原告可以是两方以上或两人以上。

有权提起诉讼的公民死亡，其近亲属可以提起诉讼。有权提起诉讼的法人或者其他组织终止，承受其权利的法人或者其他组织可以提起诉讼。

享有税务行政诉讼原告资格，必须具备以下三个法定条件：

（1）原告必须是税务具体行政行为所涉及的行政行为的相对人，包括公民、法人和其他组织。与税务具体行政行为在事实和法律上没有联系、不受该具体行政行为约束的人，不能成为税务行政诉讼的原告。这是成为税务行政诉讼的前提条件。

（2）原告必须是认为税务具体行政行为侵犯其合法权益的行政相对人。不认为税务具体行政行为侵犯其合法权益，就不可能起诉。

（3）原告必须是向人民法院提起税务行政诉讼的行政相对人。行政相对人虽认为自己的合法权益受到了税务具体行政行为的侵害，但放弃了起诉权，也不能成为原告。

2. 原告的权利和义务

原告的权利包括：① 依法提起税务行政诉讼的权利；② 索取被告税务机关答辩状的权利；③ 申请停止执行具体行政行为的权利；④ 申请审判人员及其他有关人员回避的权利；⑤ 同意或不同意被告改变具体行政行为的权利；⑥ 申请撤诉的权利；⑦ 提起上诉和撤回上诉的权利；⑧ 申请人民法院强制执行的权利；⑨ 依法请求行政赔偿的权利；⑩ 两个以上的人民法院都具有管辖权的案件，原告有选择其中一个法院提起诉讼的权利；⑪ 有权提起诉讼的公民死亡，其近亲属有提起诉讼的权利；⑫ 有权提起诉讼的法人或组织终止，承受其权利的法人或其他组织有提起诉讼的权利；⑬ 税务机关因故被撤销或者职权变更的，原告有向继续行使其职权的税务机关提起诉讼的权利；⑭ 纳税人有通过律师查阅资料、调查、收集证据的权利；⑮ 在诉讼过程中，纳税人有拒绝税务机关自行收集证据的权利；⑯ 纳税人进行税务行政诉讼，有向人民法院申请证据保全的权利；⑰ 纳税人因不可抗力发生，有向人民法院申请延长诉讼期限的权利；⑱ 纳税人在税务行政诉讼中，有进行辩论和陈述的权利；⑲ 纳税人有要求税务机关履行法院判决的权利；⑳ 纳税人不服法院裁决，有提出上诉的权利；㉑ 纳税人有要求法院在收到上诉状之日起的规定期限内做出终审判决的权利；㉒ 其他捍卫自己合法权益的权利，如委托代理人进行诉讼的权利、使用本民族语言文字的权利等。

原告的义务包括：① 根据人民法院的要求提供或补充证据；② 正确行使诉讼权利，遵守诉讼秩序；③ 接受人民法院传唤并参加诉讼；④ 不得伪造、隐匿、毁灭证据；⑤ 不得隐匿、转移、变卖、毁损已被查封、扣押、冻结的财产；⑥ 不违法要求他人作伪证或者威胁、阻止证人作证；⑦ 不得胁迫、阻碍人民法院执行公务或扰乱人民法院工作秩序；⑧ 不得侮辱、诽谤、诬陷、殴打或者打击报复法院工作人员、诉讼参加人员和协助执行人；⑨ 对于已经发生法律效力的判决、裁决，必须依法履行。

3. 税务行政诉讼的被告

税务行政诉讼的被告是指与原告立于相对地位的作出具体税务行政行为的税务机关。国家税务工作人员不能成为税务行政诉讼的被告。被告可以是共同被告，即被告当事人是两方以上或者是两人以上。根据法律规定，税务行政诉讼的被告分以下几种情况。

（1）具体行政行为未经复议的，以做出具体行政行为的税务机关为被告。

（2）具体行政行为经过复议的，分以下三种情况：

① 复议机关维持原具体行政行为，做出原具体行政行为的税务机关是被告。

② 复议机关改变原具体行政行为，税务复议机关是被告。有下列三种情形之一的，即属于复议机关改变原具体行政行为：复议机关改变原具体行政行为所认定的事实的；复议机关改变原具体行政行为所适用的法律、法规或者规章的；复议机关改变原具体行政行为的处理结果，即撤销、部分撤销或者变更原具体行政行为的。

③ 复议机关逾期未做复议决定的，做出原具体行政行为的税务机关是被告。

（3）税务机关与其他行政机关共同做出具体行政行为，共同做出具体行政行为的机关为共同被告。

（4）其他情况。受税务机关委托的组织所做的具体行政行为，委托的税务机关是被告。税务机关被撤销的，继续行使其职权的税务机关是被告。

如果行政相对人起诉的被告有误，人民法院将要求起诉人更换被告；如当事人不同意更换，人民法院将不受理此案。

4. 税务行政诉讼共同诉讼人、第三人和诉讼代理人

共同诉讼人是指当事人一方或者双方为两人以上的诉讼。原告为两人以上的，称为共同原告；被告为两人以上的，称为共同被告。共同原告或共同被告称为共同诉讼人。

第三人是指同提起诉讼的具体行政行为有利害关系，为了维护自己的合法权益而参加诉讼的个人或组织。第三人与被诉税务具体行政行为有直接利害关系，即与被诉的具体行政行为有法律上的权利义务关系。第三人在诉讼开始之后和案件审结之前参加到税务行政诉讼中。第三人以自己申请或法院通知的方式参加诉讼。

诉讼代理人是指依法律规定，受法院指定或当事人委托，以当事人名义在一定权限范围内进行诉讼活动，维护被代理人合法权益的人。按照代理权限产生的根据不同，可以将行政诉讼的代理人分为法定代理人、指定代理人和委托代理人。

（二）税务行政诉讼的起诉

税务行政诉讼的起诉是指纳税人、扣缴义务人、纳税担保人等税务当事人或其他行政相对人认为自己的合法权益受到税务机关具体行政行为的侵害，而依法向人民法院提

起诉讼，请求人民法院行使审判权，审查具体行政行为的合法性并依法予以保护的诉讼行为。

1. 税务行政诉讼起诉与税务行政复议的关系

必经复议，即未经复议不能向人民法院起诉。因征税问题发生争议，行政相对人必须先申请税务行政复议，否则不得向人民法院起诉。在此情况下，税务行政相对人在法定申请复议期限内没有申请复议或者在复议期间，都不得向法院提起诉讼，只有等到复议决定做出后，才能起诉。税务行政相对人在法定申请复议期限内不申请复议不仅丧失了申请复议权，且同时丧失了起诉权。

选择复议，即税务行政相对人既可以向税务机关申请复议，也可以直接向人民法院起诉。非因征税问题发生的税务争议均可以选择诉讼。在此情况下，是否经过税务行政复议程序，不影响当事人行使起诉权。如果当事人首先选择了税务行政复议，在复议期间，当事人不能向法院提起税务行政诉讼。

行政复议机关终局裁决，即行政相对人在税务行政复议机关做出复议决定后，不得向人民法院提起行政诉讼。税务行政复议机关一般无权做出终局裁决，只有一种例外情况。根据《行政复议法》的规定，对国家税务总局做出的具体行政行为不服的，行政相对人只能向国家税务总局申请复议。对国家税务总局做出的复议决定不服的，申请人可以向法院起诉，也可以向国务院申请裁决，但国务院的裁决是终局裁决。

2. 提起税务行政诉讼的条件

（1）有明确的原告。原告是指认为税务具体行政行为侵犯其合法权益的公民、法人或者其他组织。根据法律规定，认为他人权益受到具体行政行为侵犯或认为非具体行政行为侵犯其权益均不得提起行政诉讼。

（2）有明确的被告。有明确的被告是指管理相对人必须指明其控告哪一级、哪一个税务机关。如果没有明确的被告，诉讼法律关系就不能形成，诉讼后果将无人承担。

（3）有具体的诉讼请求和事实根据。原告起诉，必须提出具体的诉讼请求。诉讼请求包括两方面：一是诉讼主张，即原告控告税务机关的哪些具体行政行为违法或不当，侵犯其合法权益。二是司法保护请求，即要求人民法院对该具体行政行为进行撤销、变更或要求税务机关履行职责、予以赔偿等。原告起诉必须提出事实根据，即起诉人应提供税务机关已经做出的某种具体行政行为的材料。

（4）属于人民法院的受案范围和受诉人民法院管辖。被诉的税务具体行政行为必须是符合法律法规规定可以向人民法院起诉的行为；同时，被诉的行为必须属受诉人民法院管辖。

3. 税务行政诉讼的起诉期限

根据《税收征管法》及其他相关规定，对税务机关的征税行为及处罚的加罚行为提起诉讼，必须先经过复议；对复议决定不服的，可以在接到复议决定书之日起 15 日内向人民法院起诉。复议机关逾期不做决定的，申请人可以在复议期满之日起 15 日内向人民法院提起诉讼，法律另有规定的除外。

公民、法人或其他组织直接向人民法院提起诉讼的，应当在知道做出具体行政行为之日起 3 个月内提出，法律另有规定的除外。

公民、法人或者其他组织因不可抗力或者其他特殊情况耽误法定期限的，在障碍消除后的 10 日内，可以申请延长期限，由人民法院决定。

（三）税务行政诉讼的受理

原告起诉需出具行政起诉状，如表 7-3 所示，经人民法院审查，认为符合起诉条件并立案审理的行为，称为受理。人民法院立案受理税务行政案件，税务行政诉讼法律关系即正式确立。非经法定程序，人民法院和双方当事人均不得变更或解除这一诉讼法律关系。

表 7-3 行政起诉状

（法人或其他组织提起行政诉讼用）

原告：
所在地址：
法定代表人：   职务：
被告：
所在地址：
法定代表人：   职务：
诉讼请求：
事实与理由：

    此致
_____ 人民法院

原告：
年   月   日

受理程序中的审查是程序性的，只要行政相对人的诉情符合起诉的条件，法院就必须受理，即受理条件与起诉条件是相同的。

对行政相对人的起诉，人民法院一般从以下几个方面进行审查并做出是否受理的决定：审查是否具备起诉条件（包括原告是否具备起诉资格），受诉人民法院是否享有管辖权，起诉是否超过法定期限等；审查此案是否已经受理或者正在受理。

根据法律规定，人民法院接到诉状，经过审查，应当在 7 日内立案或者做出不予受理的裁定。原告对不予受理的裁定不服，可以提起上诉。受诉法院在 7 日内不决定立案受理，又不做出不予受理裁定的，起诉人可向上一级人民法院申诉。

（四）税务行政诉讼的审理

税务行政诉讼审理是指人民法院对税务行政案件进行实质性审查，并确认、判决税务机关的具体行政行为是否合法、正确的诉讼活动，是人民法院自受理之后至终审判决前的各种诉讼行为的总称。审理的核心是审查被诉具体行政行为是否合法，即做出该行为的税务机关是否依法享有该税务行政管理权；该行为是否依据一定的事实和法律做出；税务机关做出该行为是否遵循法定程序等。人民法院审理税务案件实行公开、合议、回避、两审终审等制度。行政诉讼的审理阶段一般包括宣布开庭、法庭调查、法庭辩论、合议庭评议和宣告判决等几个程序，其中比较重要的是法庭调查和法庭辩论。法庭辩论结束后，由合议庭评议，并在评议的基础上依法做出判决。原告和被告对人民法院的一审判决不服，均有权在判决书送达之日起 15 日内向上一级人民法院提起上诉，逾期不上诉的，一审判决即发生法律效力。

1. 税务机关审查

人民法院对决定受理的诉状，在立案之日起 5 日内将起诉状副本送被告税务机关。被告税务机关应当在收到起诉状副本之日起 10 日内向人民法院提交做出具体行政行为的有关材料，提交答辩状。人民法院在收到被告税务机关提交的答辩状之日起 5 日内，应当将答辩状副本发送给原告。被告税务机关不提交答辩状的，不影响人民法院审理。

审查决定是否停止具体行政行为的执行。起诉不停止执行，是行政诉讼的基本原则之一。但根据《行政诉讼法》的规定，在下列三种情况下可以停止执行：一是被告认为需要停止执行的；二是原告申请停止执行，人民法院认为该具体行政行为的执行会造成难以弥补的损失，并且停止执行不损害社会公共利益，裁定停止执行的；三是法律、法规规定停止执行的。人民法院应根据案情，决定是否停止执行具体行政行为。

2. 开庭审理

开庭审理是指在法院合议庭主持下，依法定程序对当事人之间的税务行政争议案件进行审理，查明案件事实，适用相应的法律、法规，并最终做出裁判的活动。经人民法院两次合法传唤，原告无正当理由拒不到庭的，视为申请撤诉；被告无正当理由拒不到庭的，可以缺席判决。

诉讼参与人或者其他人有下列行为之一的，人民法院可以根据情节轻重，予以训诫、责令具结悔过或者处 10 000 元以下的罚款、15 日以下的拘留；构成犯罪的，依法追究刑事责任：

（1）有义务协助执行的人，对人民法院的协助执行通知书，无故推脱、拒绝或者妨碍执行的。

（2）伪造、隐藏、毁灭证据的。

（3）指使、贿买、胁迫他人作伪证或者威胁、阻止证人作证的。

（4）隐藏、转移、变卖、毁损已被查封、扣押、冻结的财产的。

（5）以暴力、威胁或者其他方法阻碍人民法院工作人员执行职务或者扰乱人民法院工作秩序的。

（6）对人民法院工作人员、诉讼参与人、协助执行人侮辱、诽谤、诬陷、殴打或者打击报复的。

罚款、拘留须经人民法院院长批准。

（五）税务行政诉讼判决

行政诉讼判决是指人民法院代表国家依法对被诉具体行政行为是否合法做出的具有法律约束力的判定。行政判决是人民法院行使国家审判权的意思表示，是国家司法意志的体现，是具有法律约束力的司法判断和处理。行政判决分一审判决和二审判决。

1. 一审判决

一审判决是最初受理税务行政案件的人民法院所做的判决。对人民法院所做的一审判决，当事人（原、被告）如果不服可以上诉。

人民法院经过调查、核实证据、开庭审理之后，有权做出如下一审判决：

（1）维持判决。维持判决是人民法院对被诉具体行政行为的肯定，是人民法院对原告一方诉讼请求的驳回，是人民法院对业已形成的行政法律关系的认可。被诉的税务具体行政行为同时符合下列条件，人民法院应判决维持：证据确凿，即税务机关提供的证据确实、充分，足以证明案件的真实情况，足以证明据已做出具体行政行为的客观事实；适用法律法规正确；符合法定程序；税务机关做出具体行政行为时遵循了法律法规规定的步骤、形式和期限。

（2）撤销判决。撤销判决是人民法院对被诉税务具体行政行为做出的部分或全部否定，是司法机关纠正违法行为的最有效手段，集中体现了人民法院对税务具体行政行为的监督和制约。撤销判决分全部撤销和部分撤销以及可以重新做出具体行政行为的撤销。税务具体行政行为符合下列条件之一者，人民法院有权判决撤销：主要证据不足；适用法律法规错误；违反法定程序；超越职权；滥用职权。

（3）履行判决。税务机关不履行或拖延履行法定职责的，判决其在一定期限内履行。

（4）变更判决。税务行政处罚显失公正的，可以判决变更。变更是指对具体行政行为的实体内容直接予以改变。根据行政诉讼法确定的原则，人民法院一般不审查具体行政行为的适当性，原则上也不作变更判决。此处的变更判决是例外情况，只适用于行政处罚显失公正。显失公正是比较而言的，一般讲，具体行政行为畸轻畸重，对不同的情况相同处理或对相同的情况不同处理，都有可能被认为是显失公正。

2. 二审判决

二审判决是指一审人民法院做出判决后，诉讼当事人不服，在法定期限内提请一审法院的上一级法院重新进行审理并做出的判决。

一审的原告、被告和第三人均有权提出上诉。提出上诉应在一审判决做出后 15 日内，且必须采用上诉状的书面方式。

二审法院收到上诉后，对主体合格、未超出法定上诉期的上诉应当予以受理，并在 5 日内将上诉状副本送达被上诉人，被上诉人收到上诉状副本后应当在 10 日内提出答辩状。

二审判决是第二审人民法院所做的判决，是终审判决。对二审判决不服，不能再上诉，只能通过审判监督程序进行申诉。根据行政诉讼法的规定，二审判决的种类有：

（1）维持原判，适用于原判认定事实清楚，适用法律法规正确的案件。

（2）依法改判，适用于原判认定事实错误，或者适用法律法规错误的案件。

（3）发回重审，原判认定基本事实不清，证据不足，或者严重违反法定程序，可能影响案件的正确判决时，裁定撤销原判决，发回原审人民法院重新审理。当事人对重审案件的判决、裁定不服，仍可上诉。

（六）税务行政诉讼的执行

税务行政诉讼的执行是指人民法院依靠国家力量，按照法定程序，采取强制措施，实现人民法院对税务行政诉讼案件所做的已经发生法律效力的判决或裁定的诉讼活动，是行政诉讼程序的一个重要组成部分，也是完成人民法院对行政案件审判的最后阶段，如果不执行就不能彻底解决税务行政争议，因此税务行政诉讼的执行具有十分重要的意义。

税务行政诉讼发生执行需要具备以下条件：

（1）必须有人民法院的判决书或裁决书。

（2）判决书或裁决书所确认的给付义务必须是尚未完成的。

（3）必须是已经发生法律效力的判决或裁定。

（4）必须是对判决或裁定负有履行义务的当事人推托或拒绝履行生效的判决或裁定中所确定的义务时才能执行。

根据《行政诉讼法》规定，对于公民、法人或者其他组织拒绝履行判决、裁定的，行政机关可以向第一审人民法院申请强制执行或者依法强制执行。如果是税务机关胜诉，即人民法院维持了税务机关的原决定，是对纳税人、扣缴义务人、纳税担保人和其他当事人所负义务的确认，并不具有实际给付的问题，也就不存在执行的问题。如果税务机关败诉，并且不履行判决和裁定的，一审人民法院可以采取如下措施：对应归还的罚款或者应当给付的赔偿金，通知银行从该行政机关的账户内划拨；对于在规定期限内不履行的，从期满之日起，对拒绝履行的税务机关按日处以 50 至 100 元的罚款；对于拒不履行判决、裁定，情节严重构成犯罪的，依法追究主管人员和直接责任人员的刑事责任。

任务四　税务行政赔偿

税务行政赔偿是指税务机关及其工作人员在执行公务、行使税收征收管理职权的过程中，因做出违法的具体行政行为侵害了公民、法人或者其他组织的合法权益造成的损害，行政管理相对人有权要求税务机关承担赔偿义务，由国家承担赔偿责任的法律制度。

一、税务行政赔偿的原则

税务行政赔偿应遵循不告不理，及时、合理、依法赔偿，调解和财政列支赔偿费用的原则。

（一）不告不理原则

不告不理原则是指申请人对税务机关造成的损害不提出赔偿请求的，除法定情形外，税务机关一般不主动进行赔偿，只有申请人请求赔偿的，税务机关才按照有关法律法规的规定负责赔偿。

（二）及时、合理、依法赔偿的原则

及时、合理、依法赔偿的原则是指税务行政赔偿时效要尽量缩短、程序要尽量简单，税务行政赔偿的范围、条件及计算方法应当合理、合法。

（三）调解原则

税务行政赔偿案件和税务行政争议案件的一个显著区别就是税务行政赔偿案件可以采用调解原则。

（四）财政列支赔偿费用原则

按照《中华人民共和国国家赔偿法》（以下简称《国家赔偿法》）的有关规定，税务机关的行政赔偿费用应由各级财政列支。同时，为了监督税务机关依法行使职权，加强税务机关的责任感，规定赔偿义务机关赔偿损失后，应当责成故意或重大过失的工作人员或受委托的组织或者个人承担部分或全部赔偿费用。

二、税务行政赔偿的范围及标准

纳税人、扣缴义务人、纳税担保人和其他税务争议当事人认为税务机关及其工作人员对其做出具体行政行为，存在《国家赔偿法》规定的侵犯纳税人人身权或财产权情况之一的，可在规定的期限内向做出具体行政行为的税务机关申请赔偿。《国家赔偿法》暂将损害赔偿的范围限于对财产权和人身权中的生命健康权、人身自由权的损害，主要赔偿方式有支付赔偿金、返还财产、恢复原状。

（一）侵犯人身权的赔偿范围及标准

1. 侵犯人身权的赔偿范围

（1）税务机关及其工作人员，非法拘禁纳税人和其他税务当事人，或者以其他方式剥夺纳税人和其他税务当事人人身自由的。

（2）税务机关及其工作人员，以殴打等暴力行为或者唆使他人以殴打等暴力行为，造成纳税人和其他税务当事人身体伤害或者死亡的。

（3）税务机关及其工作人员，造成纳税人和其他税务当事人身体伤害或者死亡的其他违法行为。

2. 侵犯人身权的赔偿标准

（1）侵犯人身自由的，每日赔偿金按照国家上年度职工日平均工资计算。

（2）造成公民身体伤害的，应当支付医疗费，以及赔偿因误工减少的收入。减少的收入每日赔偿金按照国家上年度职工日平均工资计算，最高额为国家上年度职工平均工资的 5 倍。

（3）造成部分或者全部丧失劳动能力的，应当支付医疗费、护理费、残疾生活辅助具费、康复费等因残疾而增加的必要支出和继续治疗所必需的费用，以及残疾赔偿金，残疾赔偿金根据丧失劳动能力的程度，按照国家规定的伤残等级确定，最高不超过国家上年度职工平均工资的 20 倍。造成全部丧失劳动能力的，对其抚养的无劳动能力的人，还应当支付生活费。

（4）造成死亡的，应当支付死亡赔偿金、丧葬费，总额为国家上年度职工平均工资的 20 倍。对死者生前抚养的无劳动能力的人，还应当支付生活费。

生活费发放标准参照当地民政部门有关生活救济的规定办理。被抚养人是未成年人的，生活费给付至 18 周岁为止；其他无劳动能力的人，生活费给付至死亡时为止。

（二）侵犯财产权的赔偿范围及标准

1. 侵犯财产权的赔偿范围

（1）税务机关及其工作人员违法征收税款及滞纳金的。

（2）对纳税人和其他税务当事人违法实施罚款、没收非法所得等行政处罚的。

（3）对纳税人和其他税务当事人财产违法采取强制措施或者税收保全措施的。

（4）违反国家规定向纳税人和其他税务当事人征收财物、摊派费用的。

（5）造成纳税人和其他税务当事人财产损害的其他违法行为。

2. 侵犯财产权的赔偿标准

（1）违法征收税款、加收滞纳金的，应当返还税款及滞纳金。赔偿金的计算自赔偿请求人收到税务机关开具的缴款凭证之日起，至税务机关及其工作人员征收税款、加收滞纳金行为依法被确认为违法行为之日止。

（2）违法对应予出口退税而未退税的，由赔偿义务机关办理退税。

（3）违法实施罚款、没收非法所得的或者违反国家规定征收财物、摊派费用的，返还财产。

（4）违法查封、扣押、冻结财产的，解除对财产的查封、扣押、冻结。造成财产损坏或者灭失的，应当恢复原状或者给付相应的赔偿金。

（5）应当返还的财产损坏的，能恢复原状的恢复原状，不能恢复原状的，按照损害程度给付赔偿金。应当返还的财产灭失，给付相应的赔偿金。

（6）财产已经拍卖的，给付拍卖所得款项。

（7）对财产权造成其他损害的，按照直接损失给予赔偿。

三、税务行政赔偿请求人

税务机关及其工作人员违法行使职权给纳税人、扣缴义务人、纳税担保人或其他当事人合法权益造成损害的，受害人依法可作为赔偿请求人向负有赔偿义务的税务机关提出赔偿申请。有权申请行政赔偿的公民死亡，其继承人或近亲属有权要求赔偿。

四、税务行政赔偿义务机关

（1）税务机关及其工作人员违法行使行政职权侵犯公民、法人和其他组织的合法权益造成损害的，该税务机关为赔偿义务机关。

（2）两个以上行政机关共同行使职权时侵犯公民、法人和其他组织的合法权益造成损害时，共同行使行政职权的行政机关为共同赔偿义务机关。

（3）法律、法规授权的组织在行使行政职权时侵犯公民、法人和其他组织的合法权益造成损害的，被授权的组织为赔偿义务机关。

（4）受行政机关委托的组织或者个人在行使受委托的行政权力时，侵犯公民、法人和其他组织的合法权益造成损害的，委托的行政机关为赔偿义务机关。

（5）经行政复议机关复议的，最初造成侵权行为的行政机关为赔偿义务机关。但行政复议机关的复议决定加重损害的，行政复议机关对加重部分履行赔偿义务。

（6）赔偿义务机关被撤销的，继续履行其职权的行政机关为赔偿义务机关；没有继续履行其职权的行政机关的，撤销该赔偿义务机关的行政机关为赔偿义务机关。

五、申请赔偿时效

赔偿请求人请求赔偿的时效为 2 年，自税务机关及其工作人员行使职权时的行为被依法确认为违法之日起计算，但被羁押期间不计算在内。

六、税务行政赔偿的程序

税务行政赔偿的程序如图 7-5 所示。

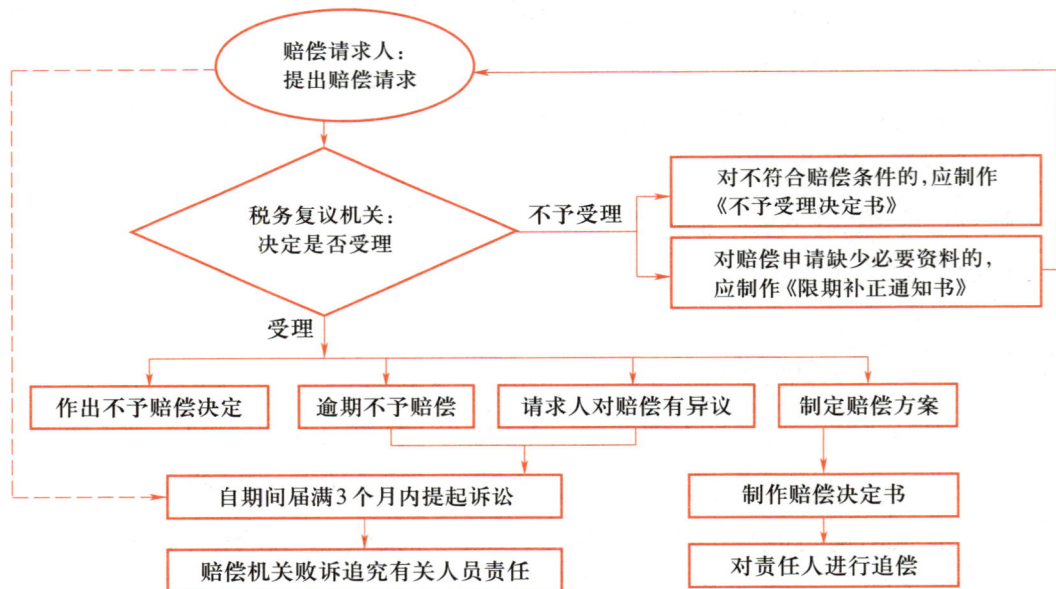

图 7-5　税务行政赔偿程序图

赔偿申请人申请赔偿时，应提供证明税务机关及其工作人员做出不当具体行政行为的有关证明材料。赔偿申请人申请赔偿时，应当首先向赔偿义务机关提出，也可在申请行政复议和提起行政诉讼时一并提出。行政复议机关对符合国家赔偿法的有关规定应当给予赔偿的，在决定撤销、变更具体行政行为或者确认具体行政行为违法时，应当同时决定被申请人依法给予赔偿。

赔偿申请人可以向共同赔偿义务机关中任何一个机关提出赔偿要求，该赔偿义务机关应当先予赔偿。申请人在申请行政复议时没有提出行政赔偿请求的，行政复议机关在依法决定撤销或者变更原具体行政行为确定的税款、滞纳金、罚款以及对财产的扣押、查封等强制措施时，应当同时责令被申请人退还税款、滞纳金和罚款，解除对财产的扣押、查封等强制措施，或者赔偿相应的价款。

七、税务行政赔偿操作

赔偿申请人申请赔偿时，应到主管税务机关领取并填写《赔偿申请书》，如表7-4所示。赔偿请求人书写申请书确有困难的，可以委托他人代书，也可以口头申请，由赔偿义务机关记入笔录。税务人员收到当事人的《赔偿申请书》后10日内给当事人答复，赔偿义务机关应自收到申请书之日起2个月内给予赔偿。逾期不予赔偿或者赔偿请求人对赔偿数额有异议的，赔偿请求人可自期间届满之日起3个月内向人民法院提起诉讼。赔偿请求人要求赔偿应当先向有赔偿义务的税务机关提出，也可以在申请行政复议和提起行政诉讼时一并提出。

表 7-4　赔偿申请书

赔偿请求人：姓名（单位名称）_____

法定代表人：姓名 _____ 性别：_____ 职务：_____

赔偿义务机关名称：_____

法定代表人：姓名 _____ 职务：_____

申请赔偿的事实经过：_____

赔偿请求的具体内容：_____

申请赔偿的理由和根据：_____

赔偿请求人（签章）：

年　月　日

《赔偿申请书》应当载明下列事项：

（1）赔偿请求人的姓名、性别、年龄、工作单位和住所，法定代表人的名称、住所和赔偿义务机关代表人或者主要负责人的姓名、职务。

（2）赔偿请求的具体内容、根据和理由。

（3）申请的年、月、日。

连一连

1. 将要求听证当事人与其罚款应满足的条件连线

公民   2 000 元以上（含 2 000 元）

法人   10 000 元以上（含 10 000 元）

其他组织

2. 将税务行政行为与其相应的复议程序连线

税款征收

加收滞纳金   必经复议

罚款等行政处罚

税收强制措施

税收保全措施   选择复议

阻止出境

3. 将税务行政复议申请与其需提出的对应期限连线

在纳税上发生争议时   自填发缴款凭证之日起 60 日内

税收保全措施、税收强制执行措施   自采取措施之日起 60 日内

阻止出境行为

拒绝颁发税务登记证   自知道之日起 60 日内

出售发票或不予答复

责令提交纳税保证金或提供纳税担保

4. 将税务行政诉讼行为与其应提出的对应期限连线

必经复议   接到复议判决书之日起 15 日内起诉

选择复议   知道具体行政行为之日起 3 月内起诉

不服判决   自判决书送达之日起 15 日内提起上诉

5. 将损害对象与行政赔偿方式连线

财产权的损害   支付赔偿金

人身权中的生命健康权的损害   返还财产

人身权中的人身自由权的损害   恢复原状

猜一猜

末代皇帝。   （打一税收法律救济手段）

📖 **看一看**

网上搜索观看视频"税收法律救济之前世今生"。

💻 **练一练**

[目的]

通过实训，能够掌握税务行政处罚听证、税务行政复议和税务行政诉讼等法律文书的写作规范并能熟练运用相关法规解决实际问题。

[资料]

大华县乐府饭店相关信息如下：

法定代表人：旺云

职务：经理

注册地址：大华县十字街 5 号

电话：0435-334287。

大华县税务局第一税务所接到群众反映，乐府饭店利用收入不入账的方法偷逃税款。2021 年 5 月 25 日，对该饭店实施检查时，税务人员在出示税务检查证后，对相关人员进行了询问，但没有线索，于是对饭店经理及其主要人员的微信账户进行检查，发现有频繁的入账记录，经查大部分为饭店经营收款，查出该饭店利用收入不入账方法，偷逃税款 50 000 元的事实。5 月 28 日，该县税务局依法下达了税务行政处罚事项告知书，拟做出追缴税款、加收滞纳金、并处 30 000 元罚款的决定。5 月 29 日，下达了税务行政处罚决定书。5 月 30 日，该饭店提出税务行政处罚听证要求。6 月 5 日，由税务检查人员主持了听证会，经听取意见后，当场做出税务行政处罚决定，并要求听证所花费用由饭店承担，并将决定书当场交给饭店代表。该饭店在缴纳税款、加收滞纳金、罚款履行后，于 7 月 8 日就 30 000 元罚款一事向该县税务局提出行政复议申请。

[要求]

1. 写一份税务处罚听证申请，认为税务机关对其处罚不合理。对税务处罚不服的理由是：

（1）税务机关检查时未履行法定程序。税务人员实施检查时应出示税务检查证和税务检查通知书，该案中该县税务局既未下达《稽查通知书》，也未出示《税务检查通知书》。

（2）税务人员超越权限行使检查权。税务机关可对纳税人的生产经营账簿资料进行检查。但没有赋予税务人员对私人账户的检查权。

（3）5 月 29 日下达行政处罚决定书不合法。当事人可在接到行政处罚通知后 3 日内提出听证申请。税务机关不能在法定申请听证的期限内下达处罚决定书。

2. 写一份行政复议申请书，认为税务机关的处罚过重。请求税务机关减轻对其处罚，并且听证费用不应当由自己承担。理由是：

（1）处 30 000 元罚款超越职权。《税收证管法》只赋予税务所 200 元以下的行政处罚权。

（2）检查人员不能主持听证会。听证必须由行政机关指定的非本案调查人员主持。

（3）听证结束当场做出税务行政处罚决定属行政越权行为。《税务行政处罚听证程序实施办法（试行）》规定，听证结束后，听证主持人应当将听证情况和处理意见报告税务机关负责人。然后才可做出决定。

（4）要求饭店负担听证所需费用不合法。当事人不承担行政机关组织听证的费用。

3. 假如该县税务局于 7 月 18 日做出维持原税务行政处罚的决定。写一份行政诉讼状。明确应提出诉讼的时间。

议一议

2021 年 2 月 10 日，某市税务局稽查局在对一家钢管有限公司进行检查时发现，该公司 2020 年度销售产品时，收取的价外费用 70.20 万元未并入主营业务收入申报缴纳增值税，该稽查局遂于 2 月 15 日向该公司下达了补缴增值税 8.01 万元的《税务处理决定书》。该公司对此处理不服，于 2 月 18 日向该市税务局提出行政复议申请。该市税务局经审查后，以该公司未补缴税款为由，拒绝受理其行政复议申请。3 月 1 日，该市税务局稽查局再次向该公司下达了《限期缴纳税款通知书》，限该公司于 3 月 9 日前缴清应补缴的税款。因该公司认为其收取的价外费用不应同主营业务收入一起缴纳增值税，故在 3 月 9 日前未能将应补交税款缴纳入库。3 月 10 日，该市税务局稽查局依法从该公司的开户银行账户上划走了应补缴的税款。7 月 21 日，该公司正式向市税务局稽查局查处的价外费用补税和从银行账户强行划缴税款一事向该市人民法院提起行政诉讼。市人民法院经审查后，以该公司诉讼时限已超为由，驳回了该公司的诉讼请求。

分析：

（1）市税务局拒绝该公司行政复议申请的做法是否正确？

（2）市人民法院驳回该公司的诉讼请求的做法是否正确？

郑重声明

读者意见反馈

为收集对教材的意见建议,进一步完善教材编写并做好服务工作,读者可将对本教材的意见建议通过如下渠道反馈至我社。

咨询电话 400-810-0598

反馈邮箱 zz_dzyj@pub.hep.cn

通信地址 北京市朝阳区惠新东街 4 号富盛大厦 1 座
　　　　 高等教育出版社总编辑办公室

邮政编码 100029

防伪查询说明

用户购书后刮开封底防伪涂层,使用手机微信等软件扫描二维码,会跳转至防伪查询网页,获得所购图书详细信息。

防伪客服电话 (010)58582300

学习卡账号使用说明

一、注册/登录

访问 http://abook.hep.com.cn/sve,点击"注册",在注册页面输入用户名、密码及常用的邮箱进行注册。已注册的用户直接输入用户名和密码登录即可进入"我的课程"页面。

二、课程绑定

点击"我的课程"页面右上方"绑定课程",在"明码"框中正确输入教材封底防伪标签上的20位数字,点击"确定"完成课程绑定。

三、访问课程

在"正在学习"列表中选择已绑定的课程,点击"进入课程"即可浏览或下载与本书配套的课程资源。刚绑定的课程请在"申请学习"列表中选择相应课程并点击"进入课程"。

如有账号问题,请发邮件至: 4a_admin_zz@pub.hep.cn。